浙江海洋大学东海发展研究院

东海发展研究（2016）

DONGHAI FAZHAN YANJIU

王颖 黄家庭 主编

海洋出版社

2016年·北京

图书在版编目（CIP）数据

东海发展研究. 2016 / 王颖，黄家庭主编. —北京：海洋出版社，2016.12
 ISBN 978-7-5027-9683-9

Ⅰ. ①东… Ⅱ. ①王… ②黄… Ⅲ. ①经济发展-研究-华东地区-2017 ②社会发展-研究-华东地区-2017 Ⅳ. ①F127.5

中国版本图书馆 CIP 数据核字（2017）第 030224 号

责任编辑：高朝君　侯雪景
责任印制：赵麟苏

海洋出版社　出版发行

http://www.oceanpress.com.cn
北京市海淀区大慧寺路 8 号　邮编：100081
北京朝阳印刷厂有限责任公司印刷　新华书店经销
2016 年 12 月第 1 版　2016 年 12 月北京第 1 次印刷
开本：787 mm×1092 mm　1/16　印张：11.75
字数：236 千字　定价：58.00 元
发行部：62132549　邮购部：68038093　总编室：62114335
海洋版图书印、装错误可随时退换

前　言

在人类发展的历史上，海洋文明和文化发挥着不可替代的作用，深入研究海洋文明和文化对于我们正确了解、把握和建设海洋具有重要的意义。自宋代以来，东海区域即成为中国经济、社会、文化发展的一个重心，形成了独特的海洋文化和深厚的海洋意识。

东海是中国海洋文化的发祥地，是中国古代"海上丝绸之路"的起点。东海航线的开辟和延伸，直接联动日本列岛、朝鲜半岛的社会文化发展，形成了东亚文化圈。开展东海区域历史文化的学术研究，将为当今的海洋开发、发展海洋文化以及应对东海地区外交战略提供学术支撑和有关政策咨询，具有重要的现实意义。

基于此，我们编写了《东海发展研究（2016）》，以推动东海海疆历史文化和发展战略的学术研究和交流。该书由浙江海洋大学东海发展研究院组织编写，以东海区域研究为学术阵地，汇集有关学术研究成果，培养和锻炼形成一支结构合理、创新能力强的学术梯队，为实现经济社会可持续发展服务，为海洋强国和"一带一路"的发展战略做出积极贡献。东海发展研究院是由国家海洋局，中国社会科学院中国边疆研究所、日本所与浙江海洋大学共建的以东海问题为主要学术研究方向的研究机构，成立于2012年。研究中心拥有一支从事东海问题研究的学术团队，团队成员涵盖中国、日本、韩国高校和学术研究机构及国内知名海洋战略、海洋经济及东亚国际问题专家。

本书坚持正确的舆论导向，坚持理论联系实际，鼓励学术争鸣与创新。在重视基础理论和全局性问题研究的前提下，更加关注东海问题研究，突出地域特色，探索经济社会文化发展的重大理论和现实问题研究，服务海洋强国战略和东海区域经济社会的可持续发展。

《东海发展研究（2016）》立足东海、面向全国、放眼世界，展示国内外关于东海区域历史文化和发展战略的研究成果，遵循国家有关学术规范，着重收录学术上有创新、对当前经济社会发展和现代化建设有现实针对性和指导意义的学术论文。内容覆盖文学、历史、哲学等人文科学和经济学、社会学、政治学、法学、管理学等社会科学，尤其关注以下领域的研究成果：东海资源环境保护与开发、东海历史文化与政治法律、海上丝绸之路、亚太战略、东亚研究、普陀山宗教文化、国际旅游岛建设、海岛旅游以及舟山群岛经济社会发展等。

希望东海真正成为和平之海、发展之海。

王 颖
2016年10月1日
于浙江海洋大学

● 舟山群岛与海上丝绸之路

3　东海与亚洲未来发展 ……………… 王　颖

8　舟山群岛新区海洋可再生能源开发利用研究
　　　　　　　　　　　　……………………… 阳立军

15　海上丝绸之路概念探析 ……………… 禹群英

23　符号学视野下的舟山乡村特色旅游产品研发
　　　　　　　　　　　　……………… 罗　俊　马丽卿

32　论大桥工程与舟山发展 ………… 李春林　王　颖

46　舟山港有限经济腹地下的集装箱吞吐量提升策略
　　　　　　　　　　　　……………… 李　奥　唐志波

56　从舟山港看浙江港航物流发展中金融的配套支持
　　　　　　　　　　　　……………… 富鹏飞　汪长江

67　陶瓷之路与扶安青瓷 ……………… 金钟云

● 观音信仰与海上丝绸之路

75　普陀山观音道场形成与中韩交往 ………… 王连胜

84　观音译名"盧楼亘"检讨 ……………… 闵泽平

93　关于对"东亚地中海世界"与"佛教之路"的考察
　　　　　　　　　　　　……………………… 尹明喆

98　东亚海上丝绸之路与观音信仰 …………… 宋华燮

103　宋代国信使徐兢的航路与群山岛 ………… 郭长根

108　史传书写模式与"不肯去观音院"的建造意图
　　　………………………………………… 楼正豪

117　中韩观音信仰的图像学考察 …………… 黄家庭

● 海洋文化与海洋民俗

133　吴语美学与舟山传统民歌的高雅再创作
　　　………………………………………… 陶芳芝

141　舟山渔村变迁中"渔嫂"生活世界的变化
　　　——以蚂蚁岛为例 ………………… 于　洋

150　"互联网+"促进涉海村落生态保护与活化
　　　——海岛民宿发展实践研究 … 陈　默　邵露雯

158　舟山海岛传统村落价值评价研究及其保护和利用
　　　……………………………… 段贝丽　陈修颖

170　普陀山诗词在旅游文化中的推广与应用
　　　……………………………… 贾　敏　程继红

舟山群岛与海上丝绸之路

东海与亚洲未来发展

王 颖

（浙江海洋大学 东海发展研究院）

摘 要 东海独特的地理位置决定了其对于亚洲的未来发展，有着极其特殊的意义，也是中国和平发展的重要战略区，充满机遇与挑战。未来东海将成为支撑和引领区域发展的重要支点，东海的和平和发展是东亚稳定的基础和前提，也是亚洲经济社会发展繁荣的重要驱动。

关键词 东海；亚太区域；和平发展；一带一路

东海的发展关乎国家的战略发展。东海安全是亚太安全的重要内容。讨论东海和亚洲发展问题，应当"跳出东海看东海"。下面从三个角度谈谈看法。

一、东海的地理位置构造了影响亚太的重要地缘关系

新加坡前总理李光耀曾经指出："21世纪将是一个在亚洲争夺主导权的竞赛，因为这里是增长所在。如果不能在亚洲保有一席之地，就不可能成为一位世界领导者。"李光耀这段话点明了亚洲在世界格局重组后的重要地位。

东亚所在的亚太地区是当今世界经济发展最活跃、政治关系最复杂、安全问题最敏感的地区之一，其政治、经济在全球的比重不断攀升。在这个区域内，有联合国五个常任理事国中的两个，世界经济体排名前三中的中国、日本两国，汇集了全球最繁忙的海运线；这个区域的各国国内生产总值（GDP）总量占世界1/2以上，出口总量占世界30%，外汇储备更占世界2/3；在这个区域，交织着几大战略势力：中国、俄罗斯、美国、日本、东盟，而美国将亚太视为"未来世界力量的中心"，并将东亚定位为它"再平衡战略"的主要目标与实施区域。

中国居于亚太地区的中心。在中国疆域面海的东、南两向，陆域国土跨过边缘海和第一、第二岛链与广阔的太平洋相连。从自然形态的纵向看，由渤海、黄海、东海和南海四大海区构成的中国海海域分为南北两大部分，形同一个巨大的"哑铃"，东海海域恰好位处"哑铃"之柄：它既处在连接黄渤海与南海位置，又是东亚大陆的当面海域；从自然形态的横向看，东海

作为太平洋边缘海，位于东亚大陆、台湾和琉球群岛之间，在第一岛链环抱下与太平洋分隔。

东海海区在地缘意义上更有重要的价值。东海是连接东亚南北沿海各国的海上必经之路，也是各大国争夺战略利益的焦点海区；而东海航线更是连接东亚与世界的战略航线。向西，跨越沿海可深入东亚大陆腹地，穿越中亚直通欧洲；向东，则可直接穿过两条"岛链"进入大洋，与美洲隔海相望。

综上可知，有着6800千米岸线和79万平方千米海域面积的东海，它的安全与发展，对于亚洲和中国的未来，有着极其特殊的意义。

二、东海是中国和平发展的重要战略区，充满机遇与挑战

东海海区在中国大陆架和领海基线中部，在海区范围内，分布着占全国总数58%的大小岛屿；其中，浙江沿海拥有面积500平方米以上的海岛2878个，福建沿海有岛屿1500个，岛屿面积达1400多平方千米。区内最大岛屿——台湾岛直面太平洋。

东海沿岸是中国现代化发展起步最早、成果最显著的地区，也是当今中国社会经济和文化科技最发达、城市化程度最高、人口最密集的地区。东海沿岸向内陆延伸200千米的陆上区域，是中国沿海经济带最重要的区段。改革开放以来，随着国家的经济重心逐渐加速向沿海地区集中，这一区域获得快速发展。在东海沿海经济带区段中，农业发达，人口稠密，城市众多。汇集了金融、贸易、教育、科技、文化等雄厚的实力，对于带动腹地经济的发展，连接国内外市场，吸引海外投资，推动产业与技术转移，参与国际竞争与区域重组具有重要作用。东海在全国经济中占有重要地位。据统计，进入21世纪，我国东部沿海经济带集中了全国41%的人口，有50%以上的大中城市分布在此；这里不仅吸纳了84%的外来直接投资，而且生产出近90%的出口产品，成为中国经济最活跃、吸引外资最多、对外影响力最大的区域。同时，东海沿岸港湾众多：上海港、宁波港、海门港、温州港、马尾港、舟山港、厦门港等，是我国对外贸易的重要出海通道。东海沿岸区域凭借区位和资源优势，正在成长为经济发展速度最快、经济总量规模最大、最具有发展潜力的经济板块。

改革开放以来，特别是进入新世纪以来，东海海区保持了海洋经济的持续快速增长。东海区域处于我国东部疆域海洋经济发达的中段，涵盖长三角与海西经济区。海区及沿海各地海洋经济的发展，对长江流域、海峡两岸乃至全国的经济社会发展具有重要的带动作用。进入新世纪以来，东海区域海洋经济发展加速，目前已成为东海及沿海区域国民经济的重要支柱。据统计，2012年东海区域海洋生产总值约为20 549亿元，占全国的41%，这一数字较2006年增加了141.6%；2013年东海区域海洋生产总值达到21 512.8亿元，较上一年增长4.69%，占当年全国海洋生产总值的40%。"十二五"以来，东海区域海洋生产总值占地区生产总值的比重始终保持在15%以上。

目前，东海海区沿海经济带已经是关

系国计民生的战略要地，它的安全与发展直接影响着整个国家经济的发展。然而，形势发展的现状告诉我们，这里不仅存在着机遇，更充满挑战：在东海，涌动着对中国、对东亚乃至对整个亚太地区的安全与稳定产生威胁的暗潮。

亚太地区是当今世界热点问题最为集中的地区之一。东亚各国之间也存在着历史与现实发展的各种矛盾，因而各种危机时有发生。对中国而言，东海是国家安全潜在与现实威胁最突出的区域。在东海方向，我国与日本、韩国等国家毗海相邻，但多处相向海域宽度不足 400 海里。这种自然条件导致有关国家之间既具有与海上邻国发展传统友谊、开展区域合作的优势，同时又存在岛屿主权和海洋划界争议。其中，中日钓鱼岛争端是当今全球九大岛屿主权争端之中，矛盾最为尖锐、对峙最为激烈者。由于我国与有关海上邻国在东海存在主权与权益严重争议，导致了在有关海域时有对抗出现，甚至有产生"擦枪走火"的可能。与此同时，中国作为世界上唯一没有实现统一的大国，台湾问题一直是中华民族复兴和中国崛起的重要制约。它涉及国家核心利益，关系到国家主权与领土完整，也影响国家生存发展和民族尊严。作为国土安全的"东南锁钥"，台湾的战略地位极其重要。其南与海南岛形成"双目"，北与舟山群岛构成"犄角"，不仅卫护东南沿海六省市及其战略纵深，而且可支撑国家海上力量走向大洋。台湾海峡是连接东亚和东南亚的重要海上通道，对亚洲社会稳定和经济发展有重要意义。目前，东海问题与台湾问题已经成为中国国家海上方向最严重的安全问题。

东海的安全问题在很大程度上是受域外大国的干预而形成的，美国因素是影响东海问题的重要因素。一段时间以来，美国全力实施重返亚太的"再平衡战略"，它一方面向世界经济最为活跃的亚太地区扩大投入军事力量；另一方面通过跨太平洋伙伴关系协议（TPP）等方式加大对亚太地区的影响和控制。对美国而言，中国东海聚集了它的两大对手：日本是美国历史上的"宿敌"，是唯一曾对美国本土进行军事打击的国家；而中国则是美国的传统战略对手。因此，美国利用各种方式牵制东海周边所有战略力量，遏制中国崛起、防止日本坐大。

今天，当我们讨论东海发展与安全时必须认识到，当代海上安全已不再是单纯的军事安全，它涉及政治、经济、科技、军事、文化、外交等各个领域；实现和保卫海上安全的手段也同样是综合性的。在关注东海经济发展的同时，我们也应强调，在未来亚洲发展进程中，海洋安全的作用将更加突出。各有关国家的海洋政策，直接影响整个亚洲的和平稳定，地区海上安全环境的变化，直接关系到地区的社会经济发展前景。机遇与挑战对各个相关国家同样存在。在多数国家已摆脱生存之忧，而发展已成为各国主要任务的大背景下，如何抓住机遇、应对挑战，在复杂的环境中争取发展的最大利益，不仅是中国必须解决的重要战略性难题，同时也是亚洲国家和其他有关国家都要面对、都必须做出战略选择的问题。将东海的安全与发展作为亚洲发展的重要组成部分，扩大利用已经取得的建设成就，妥善处理矛盾纠纷，不仅是中国实施国家发展战略的基础，也是东海周边各国为亚洲发展做出贡献的重要途径。历史已经告诉我们，区域内各国能否相向而行，决定着未来亚洲的发展。

三、未来东海将成为支撑和引领区域发展的重要支点

在现代条件下，作为人类的"第二生存空间"和资源供给的战略替代区，作为交通运输的通道和国际交往的必要中介，海洋具有越来越重要的战略地位。随着世界人口增加和自然环境不断恶化，海洋所提供的资源保障和空间支撑，对世界各国，尤其是海洋国家的生存和发展，起到了至关重要的作用。沿海国家和地区的经济社会发展越来越多地倚重于海洋。可以说，海洋事业发展与否，或许并不足以直接或完全决定一个沿海国家的存亡，但对它的发展却有着决定性的影响。因此，加强协作开发利用海洋，发展海洋经济，维护海洋安全，符合亚太各沿海国家共同的发展利益。

党的十八大提出了"建设海洋强国"的战略目标。习近平总书记曾强调指出，建设海洋强国是中国特色社会主义事业的重要组成部分，对推动经济持续健康发展，对维护国家主权、安全、发展利益，对实现全面建成小康社会目标、进而实现中华民族伟大复兴，都具有重大而深远的意义。在实施国家发展战略中，沿海目前已经或正在形成三大经济区域：以"珠三角"为主体的"南海经济圈"，以京津冀协同发展而扩大形成的"环渤海经济区"，以"长三角"和江、浙、沪、闽四省市与台湾地区组成经济共同体而形成的"东海经济圈"。其中，"南海经济圈"和"东海经济圈"中的大陆四省沿海区域，曾经是改革开放中拉动中国经济增长的主要引擎；未来，它们的区域战略价值将更加凸显。

我国东部沿海海洋经济发展起步较早、发展较快、成果显著，海洋经济对长江流域、海峡两岸乃至全国的经济社会发展具有重要的带动作用。近年来，东海海域海洋经济发展格局不断优化。按照以陆定海、陆海联动的基础原则，沿海陆域已形成以"长三角"为核心、以沿海产业带为轴线、三省一市各具特色的总体经济发展格局；而东海海域中的海洋生物超过1700种，东海陆架盆地是有良好开发前景的油气资源区。丰富的资源储藏、重要的战略位置，使东海成为中国建设"海洋强国"的战略目标区。

2013年9月和10月，习近平总书记在出访中亚和东南亚国家期间，提出共建"21世纪海上丝绸之路"的重大倡议，这是以习近平同志为总书记的党中央主动应对全球形势深刻变化、统筹国内国际两个大局做出的重大决策；是中央在复杂形势下，站在新的历史起点上规划的战略布局；是在国家发展中实现"陆海统筹"的重要步骤。其中，在海洋方向重建"海上丝绸之路"，将推动和促进我国新一轮对外开放，并将对沿海地区新的发展产生历史性影响。为推进"21世纪海上丝绸之路"建设，党中央已经做出决策，将充分发挥国内各地区优势，实行更加积极主动的开放战略。我国东部沿海又迎来了新的发展契机。当前，国家正在利用长三角经济区开放程度高、经济实力强、辐射带动作用大的优势，加快中国（上海）自由贸易试验区建设，支持福建建设21世纪海上丝绸之

路核心区和海峡蓝色经济试验区，推进浙江海洋经济发展示范区与舟山群岛新区的建设。

建设"21世纪海上丝绸之路"是一种战略布局，代表着国家整体战略的一个方向。同时，它也决定着未来数十年我国海洋事业的发展路径和模式；更令我们鼓舞的是，在"海上丝绸之路"建设中，东海海区将凸显其战略价值：其一，东海区域陆上纵深更大，腹地发展的整体基础优于南、北两向的沿海腹地；其二，东南沿海不仅是中国发展最好的经济区，而且有陆上"水动脉"长江与西南经济区连通；其三，东海海区内不仅有"海上丝绸之路"的起点区域，而且有建设"21世纪海上丝绸之路"的核心区。这里不仅是"一带一路"建设规划中"东牵"东亚经济圈的连接点，也是"海上丝绸之路"北延的起始区。浙、闽沿海位置尤为突出。在中国18 000千米长的海岸线上，浙江沿海位处居中；而闽则与台湾隔海峡相望。这里不仅有大陆型岛屿，更有横亘海岸线以外的舟山群岛。后者离岸的"中心位置"，使舟山有着与其他沿岸港口不同的位置特点。可以预计，作为东海海域中最具发展潜力的岛屿区域，未来舟山作为"长三角"南翼离岸前沿，它的沿海布局重心支撑地位将更加凸显。

国家战略已经制定，有关发展战略也已开始实施。东海的发展建设，应主动融入国家发展战略，全面对接国家建设"21世纪海上丝绸之路"的战略部署，构建具有区域特色的发展格局，充分发挥区位优势，通过将"海上丝绸之路"的"南延北牵"，即向南海延伸、向北对日本和朝鲜半岛发挥辐射乃至牵引作用，将东海区域打造成为"21世纪海上丝绸之路"的重要战略支点。要在继续发挥国家经济发展"引擎"作用的基础上，以海上安全稳定保障国家战略实施，以区域发展优势推动经济合作，引领东亚沿海地区的经济发展。为中华民族伟大复兴、为中国梦的实现、为人类文明进步做出重要贡献。

东海的和平和发展，是东亚稳定的基础和前提，也是亚洲经济社会发展繁荣的重要驱动。当前，东海问题依然困扰着亚洲乃至全球，许多现实状况依然繁复而激烈。在这样的背景下，我们需要以更高的智慧、更新的视野来面对这片海洋。东海在历史上造福了东海周边的人民，大量的文化交流形成东亚文化圈，凝聚成立东海共同命运体；而现在东海依然、人民依然、文化依然，我们需要的还是以文化驱动、以命运相连，共同努力，让东海继续造福沿岸的人民，促进亚洲的和平与发展。

舟山群岛新区海洋可再生能源开发利用研究[①]

阳立军[②]

(浙江海洋大学 经济与管理学院)

摘　要　海洋可再生资源的开发利用是保障能源供应、改善能源结构、促进经济和社会可持续发展的重要途径,沿海及海岛经济社会发展对海洋可再生能源产生稳定而持续的市场需求。从资源分布、技术条件、政策环境等方面考量,舟山群岛新区都具备良好的海洋可再生能源开发利用前景。本文在梳理舟山群岛新区海洋可再生能源资源状况、开发利用现状的基础上,对未来海洋可再生能源开发利用提出初步设想,并就如何推动舟山群岛新区海洋可再生能源的合理开发与利用提出了系列对策与建议。

关键词　舟山群岛新区;海洋可再生能源;开发利用;初步设想;对策与建议

进入21世纪以来,海洋可再生能源的开发利用日益引发社会各界的关注。从国家层面看,在我国海洋可再生能源发展的过程中,政府给予了大力的支持。在产业发展规划方面,我国出台的《可再生能源中长期发展规划》《国家海洋事业发展规划》《全国海洋经济发展规划纲要》等系列规划中,对推动近岸海洋新能源资源调查评估活动的开展给予政策支持,全面布局、规划发展海洋可再生能源产业。而《可再生能源法》和《海上风电开发建设管理暂行办法》等法规文件,更是为海洋新能源的研究与开发工作提供法律依据。浙江沿海和海岛地区是我国海洋可再生能源资源最为集中的地域,而舟山群岛新区作为浙江海洋新能源开发的核心区域,海上风能、潮汐能以及潮流能开发利用领域已走在全国的前列,正逐步成为浙江省乃至全国性海洋可再生能源开发利用示范基地与研发、调试基地。在舟山群岛新区开发建设不断加速的新阶段,如何充分发挥海洋可再生能源资源优势,培育新的战略性新兴产业,满足海洋海岛开发能源需求,是新时期区域经济发展中面临的重大课题。

一、舟山群岛新区海洋可再生能源资源概况

（一）海洋风能资源

舟山群岛区域年平均风速在 4.0～7.0m/s,其中临近外海的衢山、嵊泗列岛

[①] 基金项目:舟山市经济与信息化委员会重大横向委托课题"舟山海洋可再生能源发展研究"阶段性成果。
[②] 作者简介:阳立军(1979—　),男,湖南娄底人,副教授,主要研究方向为海洋开发规划与海洋产业发展。

等地年平均风速 6~7m/s，偏远海岛平均风速甚至在 7m/s 以上。全年有效风能密度大于 250W/m²，全年有效风速时数在 6000h 左右，可开发风能资源在 30×10^4 kW 以上。[1,2]全市风能资源总量占全省1/3，其中海上风能资源也占全省海上风能资源的1/3。可以说，舟山是建设海上风电场的优良选址区域，风电场资源是舟山继深水岸线之后的又一大战略性稀缺资源。

（二）波浪能资源

波浪在传播过程中受到水深、地形、障碍物及水流等的影响，会出现波能衰减和波高变小的现象。舟山群岛海域波高明显呈现外大内小的态势，从波高等值线来看，从嵊山和东福山一带平均有效波高约1.1m，逐步下降到杭州湾口约为 0.3m 的波高，波高等值线与岸线走向基本一致。从平均波功率密度来看，舟山群岛外侧，如东福山、嵊山海域附近平均波功率密度分别可达 6.6kW/m 和 4.6kW/m。由于受到众多岛礁的遮挡保护，舟山群岛内、杭州湾海域多年平均波功率密度普遍较小。中国电建集团华东勘测设计研究院曾对舟山海域波浪能资源进行系统调查与评估，初步估算出 2000—2008 年间舟山外围海域海图 10m、20m 和 30m 等深线上的波浪能理论平均功率分别为 537MW、953MW 和 1256MW。[3]

（三）潮汐能资源

从浙江全省来看，浙江沿海可开发潮汐能资源装机容量为 879.8×10^4 kW，占全国总量的 40.8%。[4]尤其是浙江南部沿海地区，年平均潮差在 4.0m 以上，潮流能异常丰富。相比浙江南部沿海，舟山群岛附近海域平均潮差并不算大，平均潮差在 1.8~3.5m。[5]但由于其群岛地形条件，导致部分岛屿间狭窄水道潮差较大，总体而言，舟山海域潮流能资源较为丰富。根据权威勘测数据，舟山群岛区域潮汐能装机总容量超过 7000MW，相当于 1/3 三峡工程的装机容量。

二、舟山群岛新区海洋可再生能源开发利用现状

（一）海洋风能开发利用

舟山风力发电始于 1977 年，最早在嵊泗县菜园镇安装了风力发电机解决孤立小岛用电需求。随着风力发电技术的成熟和社会经济发展的需要，自 2005 年开始，舟山风力发电规模迅速增长，风电产业开始成为舟山的特色优势产业。2010 年，舟山市委托华东勘测设计院，在与浙江省风电规划充分对接的基础上，编制完成《舟山市风电发展规划》，为海洋风能资源的开发利用提供了良好条件。在风电厂建设方面，舟山先后引入长江三峡工程开发总公司、中国华电、浙江国电等一批战略投资者主导风电开发，至 2015 年，全市已有五大风电场投入运营，尚有一批风电项目在建和规划建设中（见表1）。

表 1 舟山主要建成和在建风电场

项目名称	选址	项目内容	投资额	备注
中国华电定海长白和小沙风力发电	长白岛、小沙	长白建 16 台 750kW 的风电机，总装机容量 1.2×10^4 kW；二期选址小沙镇布设单机容量 750kW 风电机组 34 台，装机规模 2.55×10^4 kW	3 亿 + 3.75 亿	投入运营

续表

项目名称	选址	项目内容	投资额	备注
定海岑港风力发电项目	舟山市定海区岑港境内	布设30台单机容量为1500kW的风力发电机组,总装机容量为45MW,同步配套建设110kV场内升压站8座	5.12亿	投入运营
嵊泗风电场一期	嵊泗菜园镇	总装机4.95×10⁴kW,布局单机容量为0.15×10⁴kW的风电机组30台,同步建设35kV变电站1座和生产、生活配套设施	设备由德国捐赠	投入运营
金塘风电一期	金塘岛	安装17台单机容量为1500kW的风力发电机组,建设1座中央控制机楼	2.2亿	投入运营
嵊泗东绿华风电场项目	嵊泗绿华山	建设内容为1500kV风电机组13台、35kV升压站1座及其他生产、生活配套设施	1.91亿	投入运营
国电舟山普陀6号海上风电场项目	舟山六横岛东南海域	海上风电场、220kV海上升压站、海上备件平台、电缆登陆工程、陆上集控中心及陆上计量站等,总装机规模为250MW	44.46亿元	正在建设
衢山岛以西及七姊八妹岛海上风电场	衢山岛以西及七姊八妹列岛海域	项目首期建设规模20×10⁴kW,全部建成后总装机容量超百万千瓦	—	试风阶段
岱山长涂岛及拷门风电场	长涂岛及拷门	岱山长涂岛建设总装机6.5×10⁴kW风电场。同时在拷门布设100台2000kW巨大风机组成的总装机容量达20×10⁴kW的大型海上风力发电场	20亿	规划建设
国家电力嵊泗海上风电场工程项目	嵊泗菜园镇	设计装机容量18×10⁴kW	40亿	规划建设

（二）潮流能开发研究与利用

舟山群岛新区正逐步成为全国乃至全球潮汐能发电的引领者。自20世纪80年代开始，一批科研单位选择在舟山开展潮流能开发试验。岱山县也是我国潮流能开发利用研究最早的地域之一，自1996年第一个潮流能利用项目开始，潮流能开发已有20年的历史。其中2005年建成的潮流能发电实验站及配套的"海上生明月"灯塔，是亚洲首座潮流能发电站。2006年，"水下风车"模型样机在岱山港水道试验发电成功，这是我国首台新型潮流能源利用装置。从2012年开始，我国在普陀山岛和葫芦岛之间海域规划建设潮流能试验场，成为我国三大国家海洋能试验场之一，2013年，作为海上潮流能试验项目的龟山水道150kW潮流能电站投入试运行。2016年1月，世界首台3.4MW大型海洋潮流能发电机组在舟山群岛新区岱山县秀山南部海域下海安装，是我国首台自主研发生产装机功率最大的潮流能发电机组，也是世界目前最大的潮流能发电机组，预计2017年6月发电并网，其年发电量可达到600万度。

（三）波浪能等其他海洋新能源利用

除海洋风能和潮流能以外，不仅是舟山，全国范围内尚未实现其他海洋可再生能源的产业化开发。但在某些特定的海洋新能源开发利用研究领域，舟山仍走在我国的前列。2015年，浙江海洋学院自主研发的自升式平台"海院1号"波浪发电技术实现在海洋网箱养殖产业示范应用。[6]"海院1号"波浪发电装置是一种恶劣海况下自保护式高效稳定波浪发电装置,该项目获得国家海洋工程科学技术进步二等奖,已经走在了国际波浪能技术研究领域的前列。此外,舟山东海湾渔业合作社给渔船安装"风光互补装置",利用风能和太阳能进行互补供电,在不必启用辅机发电的情况下可满足渔船通信、导航及照明用电需要。

三、舟山群岛新区海洋可再生能源开发利用的初步设想

(一)发展目标

到2020年发展成为全国重要的海洋新能源利用示范基地、全国重要的海洋可再生能源装备制造基地和全国领先的海洋新能源技术研发中心;到2030年发展成为世界知名的海洋新能源技术研发中心、装备制造中心和海洋新能源产业化推进示范城市。

1. 建成四大新能源应用示范岛

到2020年,力争全面建成摘箬山岛、长白岛、东福山岛和长峙岛四大新能源应用示范岛。其中摘箬山岛为新能源研发实验基地;长白岛为新能源综合应用示范岛,开展风电、光热、光电、光照等新能源综合利用示范;东福山岛以风力发电为主建设风能应用示范岛;长峙岛建设以太阳能为主的光电应用示范岛。

2. 全国海洋可再生能源开发示范基地

积极推进系列近海和海上风电场建设,成为我国重要的海上风力发电示范区。以舟山潮流能示范工程为核心,依托潮流能开发利用技术研发能力,建成集潮流能技术研发、装备制造、海上测试以及工程示范为一体的潮流能示范基地。

3. 全国重要的海洋可再生能源研发、调试与装备制造基地

重点依托摘箬山科技岛,按照打造国家级、综合性科技示范海岛的目标,重点突出海洋新能源试验平台建设、海洋可再生能源利用技术研发和设备调试,打造全国重要的海洋可再生能源研发、调试基地;积极推进海洋可再生能源技术成果的转化,研发海洋可再生能源的成套装备和关键部件,建设以风电为主的海洋可再生能源装备研发和制造基地。

(二)重点发展领域

1. 优先发展风电

科学布局建设近海和海上风能项目,加快推进已规划布局的6个陆上风电场和四大海上风电场建设。2016—2020年,新建成陆地风电场4.5×10^4 kW、近海风电场90×10^4 kW,至2020年,全市总装机容量为182×10^4 kW左右,其中陆地风电场约32×10^4 kW、近海风电场150×10^4 kW。

2. 鼓励发展潮汐能发电

积极推进潮流能试验场建设,打造全国潮流能试验、研发和测试基地,加速推进兆瓦级潮流能示范工程设施建设,积极布局和推进若干个万千瓦级潮流发电厂区,通过若干个示范项目建设,力争在2030年实现全国规划最大且最具特色潮流能开发利用基地的目标。

3. 突破海洋可再生能源利用关键技术

大力研发和应用海洋风能、潮流能、

潮汐能、波浪能和太阳能等海洋新能源利用技术，支持具有原始创新的海洋可再生能源利用新技术和新方法，重点突破潮汐能电站工程建设和新型发电机组研制等关键技术，适合我国波浪能资源特点的易于安装布放和回收的波浪能利用技术等，支持重点开展海岛新能源发电并网和微网技术研究，尤其是风、光、蓄互补供电技术和轻型直流输电技术在孤立海岛中供电应用。

4. 鼓励发展海洋可再生能源装备制造

积极研发海洋新能源的成套装备和关键部件，引进和培育一批新能源装备制造和系统集成应用企业，发展新能源配套产业，重点发展海上风电装备、百千瓦及以上级潮流能和波浪能转换装备、海水源热泵及海洋温差能装备、海洋新能源电场电力输送及并网配套设施等为重点的海洋新能源装备制造领域。到2020年，力争打造全省最大的海洋可再生能源装备制造基地。

四、舟山群岛新区海洋可再生能源合理开发利用的对策与建议

（一）推动海上风能资源的产业化开发与利用

风力发电是可再生能源中技术最成熟、最具规模开发条件和商业化发展条件的发电方式之一。舟山群岛海上风能资源异常丰富，未来一段时间海上风能将是舟山海洋可再生能源开发利用的重点领域。一是要加速推进一批重点海上风电场项目。积极推进国电舟山普陀6号海上风电场项目、舟山金塘大桥2号海上风电项目、七姊八妹岛海域的海上风电场项目等一批重大海上风电场的建设工作，同时积极开展岱山拷门近海、大小长涂岛区域、衢山岛以西区域海上风电场的前期研究工作。二是构建完整的风电产业体系。逐步建立由风电企业骨干企业联合海上风电场勘测设计、装备制造、风电场投资建设一体化的产业联盟，注重风电设备制造产业链的延伸。力争引入大型风电整机龙头企业，整合风机制造产业链，推动风电装备制造的发展。在风力发电产业下游，以风能技术带动综合利用技术的发展，利用风力发电带动海水淡化、海水制氢、有色冶金等的发展。三是推动非并网风电发展，解决风电电网并入难题。

（二）积极开展潮汐能、波浪能等海洋新能源研发与示范

2015年，我国力推形成四大海洋能技术示范和产业集聚区，分别是山东威海海洋能综合测试及研发设计产业聚集区、浙江舟山潮流能测试及装备制造产业集聚区、广东万山波浪能测试及运行维护产业集聚区、南海海洋能产业综合示范区。一是积极推进潮流能和波浪能海上试验平台建设。应紧紧抓住国家建设"浙江舟山潮流能海上试验场"的契机，推进国家级、开放型、业务化运行的海上试验场建设，推进海洋公共实验平台和实验中心建设，提升潮流能能源开发的基础性、前瞻性和关键性技术创新与研发能力。二是谋划一批潮流能和波浪能产业化示范项目。舟山群岛的金塘、龟山、西堠门等水道是全国沿岸潮流能功率密度最大的海域，是潮流能开

发利用的理想区域。根据国家建设"浙江舟山潮流能测试及装备制造产业集聚区"的要求，在这一区域积极布局万千瓦级潮流发电厂区，通过若干个示范项目建设，力争在2030年实现全国规划最大且最具特色潮流能开发利用基地的目标。三是逐步形成潮流能、波浪能产业示范基地。利用潮流能开发利用的优势，抢占潮流能技术装备产业制高点，规划实践一长串产业链条，带动设计研发、技术装备、认证检测、运输安装、运行维护等相关产业的发展。

（三）利用可再生能源发展海水淡化

海水淡化是海岛及沿海地区解决水资源供需矛盾的重要选择之一，通过可再生能源开发利用与海水淡化联动发展，海洋可再生能源单独或互补用于海水淡化能够有效降低成本。根据《舟山市"十三五"海水利用发展规划》，到2020年，舟山市海水淡化产能达到 $25 \times 10^4 t/d$ 以上，海水淡化水对各海岛新增供水量的贡献率达到50%以上。到2025年，舟山市海水淡化产能达到 $35 \times 10^4 t/d$ 以上，海水淡化水对各海岛新增供水量的贡献率达到70%以上。[7] 可选择摘箬山岛、六横岛、岱山岛等特定岛屿，实施一批海水淡化和海洋可再生能源发电示范工程，重点开展海水淡化与可再生能源综合开发利用集成技术示范研究，自主研发适合于海岛环境和满足实际需求的潮汐能发电及其与风能发电互补技术，以及发电—提水—海水淡化集成系统，将风能发电、海洋能发电和提水技术、海水淡化技术、水力发电技术进行集成，形成一个或数个循环系统，发挥产业联动优势，降低制水成本，形成海水—风能、海洋能循环利用的产业链，为海岛地区提供稳定的电力和淡水，建立海岛循环经济新模式。

（四）推动海岛可再生能源分布式电源的开发利用

分布式发电是指靠近用户，通过配置小容量的发电设施，用于满足特定用户的需要。相对于传统集中式发电而言，它是一种新型、环保、高效、灵活的发电方式。舟山市海洋可再生能源资源丰富，但其发电具有典型的随机性和间接性特点，同时海岛地区海洋新能源发电联网困难。通过分布式发电，合理规划配置和经济有效运行，对海洋可再生能源的开发利用和规模化发展具有重要意义。未来舟山可选择可再生能源相对丰富稳定的区域开展示范，尤其在风能资源丰富的情况下，选择适合建设小型潮汐电站且负荷稳定的区域，开展风能与潮汐能等可再生能源相结合的综合性示范项目建设。同时，从能源供给需求和工程应用实际出发，海岛多能互补独立电力系统（风电+光伏发电+柴电+海洋能发电+蓄电+海水淡化）可作为重点突破方向。

目前，东极新能源示范岛对于其他地区已经具有较强的示范意义。东极岛在原有的风柴联合发电的基础上，增加了太阳能发电、潮汐发电、超级电容储能、海水淡化系统，将原有的控制系统升级为智能控制系统，根据海水淡化和综合利用的负荷，增加风电机组台数，构成完整的海岛分布式电源系统。可再生能源分布式电源的布局,是受资源分布和负荷条件双重约束的,未来舟山可根据东极岛示范工程的经验,将符合条件的边缘海岛与现行电力系统布局进行比较,优先发展联网条件差、可再生能源资源条件好的海岛,尽快改善边缘海岛能源和电力发展情况。

(五)大力发展海洋可再生能源装备制造

将海洋可再生能源装备制造作为舟山临港装备制造业的一大重点发展方向,逐步将其培养成为拉动区域经济增长的海洋战略性新兴产业。一是发展风力发电设备。积极引进发电机组发电机、齿轮箱、主轴、变桨偏航轴承、驱动电机等大中型风力发电设备制造商,支持一批开发叶片、控制系统的关键部件制造商落户,尽快形成风力装备产业集聚区块。二是兆瓦级潮流能发电装备。利用舟山作为全国潮流能试验基地的先天优势,鼓励兆瓦级潮流能成套设备开发,重点突破发电机组水下密封、低流速启动、冷却、防腐、模块设计与制造等关键技术,开发高效率的潮流叶轮及翼型叶片。在产业布局上,重点依托定海工业园区和普陀小郭巨区块实现海洋新能源装备制造企业集聚。其中定海工业园区要主动对接海洋风电这一新兴产业发展相衔接,积极发展风电装备业,渔船风光互补发电设备、环保和节能设备,力争成为舟山新能源装备工业重要集聚区块之一。六横小郭巨区块也可将海洋新能源装备制造作为其重点发展的产业之一。

参考文献

[1] 曹美兰,张勇,韩信友. 普陀区风能资源分析[J]. 浙江海洋学院学报(自然科学版),2009(3).

[2] 石一民,吴金林,王雷,等. 岱山风能资源开发利用研究[J]. 浙江海洋学院学报(自然科学版),2005(3).

[3] 王卫远,何倩倩,李睿元. 舟山海域波浪能资源评估[J]. 水力发电,2016(1).

[4] 周孝信. 浙江沿海及海岛地区能源与电力发展研究[M]. 杭州:浙江人民出版社,2012.

[5] 陈燕萍,郑雄伟,曾甄. 浙江省沿海地区潮汐能调查总结分析[J]. 浙江水利科技,2015(11).

[6] 刘浩. 深水网箱还能靠波浪能发电?舟山日报,2015-09-15.

[7] 舟山市发展和改革委员会,舟山市经济建设规划院. 舟山市海水淡化和综合利用发展规划[R/OL]. 2008.

海上丝绸之路概念探析

禹群英[①]

(浙江海洋大学 图书馆)

摘 要 对于已为学术界所熟悉的"海上丝绸之路"概念,仍然还有许多内容值得探讨,主要包括:在国内学术界谁最先提出这一概念?学术界对海上丝绸之路概念的纷争反映出各不相同的趋势,同时,对于海上丝绸之路名称的界定也是学界争论的重要问题之一。本文拟就这些问题进行梳理,并提出自己的一些看法。

关键词 海上丝绸之路;出现时间;概念;名称争论

丝绸之路这一概念最早由德国地理学家李希霍芬提出并很快得到了世界的公认。此后,有学者认为中国的丝绸不仅从陆道运往西方,而且也经由海道,因而法国汉学家沙畹早在20世纪初就指出,"丝路有海陆两道"[1]。海上丝绸之路这一名称在三杉隆敏的著作中出现后,这个概念被学术界普遍接受。我国学术界也普遍使用这一概念,但对这一概念的相关问题至今仍然没有得到完全解决,兹罗列如下,以就教于方家。

一、海上丝绸之路概念在国内学术界的最先提出

虽然海上丝绸之路概念在今天已被学术界所熟悉和广泛使用,但直到20世纪后半期,我国学术界才开始出现这一概念。我国学术界较早涉及海上丝绸之路这一概念的著作是1978年出版的《航运史话》:"'丝绸之路',顾名思义,就是运送丝绸的道路……可是,不少人可能还不知道在唐代,还有一条比它更加辽阔、更加繁荣,而且直到今天仍然是东西方贸易交往的重要通道。这就是我国同西亚各国的海上航线……由于那时我国由海运出口的商品和陆上'丝绸之路'一样,很大一部分是丝绸,今天我们也不妨借用'丝绸之路'的佳名,把它称作海上'丝绸之路'。"[2]书中明确提出海上丝绸之路这一概念。它是否借用日本学者成果,我们不得而知,但不管怎样,该著作提出了海上丝绸之路这一概念并进行了一些分析,对开启后来的研究具有一定意义。

1981年5月,陈炎参加了在厦门大学召开的中国中外关系史学会学术研讨会,后来他明确写道:"1981年我在厦门大学中国中外关系史学会暨学术研讨会上,在国内第一次正式提出'海上丝绸之路'。"[3]1982年,陈炎发表《略论海上丝绸之路》一文[4],比较系统地对海上丝绸

---

① 作者:禹群英(1971—),女,四川江油人,浙江海洋大学图书馆馆员。

之路进行了论述，文中关于海上丝绸之路的理解与框架构建为后来学者普遍接受，产生了重要的影响。朱少伟在1981年12月发表的《海上丝绸之路》一文中指出："不少人或许不知道，在古代还有一条与横跨欧亚大陆的'丝绸之路'相并行的海上商路，这就是我国通往西方的'海上丝绸之路'。"[5] 1982年，朱少伟又发表了《古代海上丝绸之路》一文，再次叙述了他在《海上丝绸之路》一文中的内容。[6]

从前面可以看出，我国国内最早明确提出"海上丝绸之路"这一概念的应该是在《航运史话》中，但陈炎先生又明确说是他第一次正式提出这一概念的。如果陈先生说得没错，那么，他一定是《航运史话》编写组成员并编写了相关内容，但在《航运史话》"参加编写工作的同志"中并没有出现陈炎先生的名字。在《航运史话》的前言《先给读者讲几句》中，编者写道："从拟订提纲、写试写稿、直到多次修改、最后定稿，都得到我国各港航部门、有关高等院校、历史研究部门、文物考古部门，以及图书资料部门的大力支持，各地许多单位和个人还寄来了许多信件和资料，给予我们很大帮助，使这项工作终于得以完成。"这里也没有明确提到陈先生，至于陈先生是否属于上述相关"部门"成员并与"海上丝绸之路"这一概念有直接关系，我们已不得而知。朱少伟在《海上丝绸之路》中提到了日本学者的研究，"显然，这篇文章受到了日本学者的影响。但我们不清楚朱少伟与陈炎之间是否受到相互的影响"[7]。因此，在我国学术界，到底是谁最先提出"海上丝绸之路"这一概念，可能还需更详细、准确的考证。但可以肯定的是，不管是否陈炎先生在国内最先提出"海上丝绸之路"概念，但他对于国内海上丝绸之路研究的开拓性贡献是不容置疑的。

二、关于"海上丝绸之路"概念的争论

关于"海上丝绸之路"概念的争论可以说是学术界一直持续的焦点，特别是在进入新世纪以后的研究中。[8]

陈高华在对海上丝绸之路概念进行概括时指出："海上丝绸之路，是指中国与世界其他地区之间海上交通的路线……也有一些学者根据海道贸易的特点称之为陶瓷之路，或香（药）瓷之路……这样，海上丝绸之路一名已为各国学术界广泛接受。"[9] 在这里，作者只是把海上丝绸之路概括为"中国与世界其他地区之间海上交通的路线"，而且主要借用了已有的对海上丝绸之路的说法。同时，陈高华等人在《海上丝绸之路》一书中，又对"海上丝绸之路"进行了全面系统的阐述。书中写道："中国的丝绸通过许多途径向世界各地传播，其中最重要的是两条大动脉……另一条是起自中国沿海港口，经过南中国海，进入印度洋，到达波斯湾和阿拉伯半岛的海上丝绸之路。此外，由中国港口出发，横渡黄海或东海到达朝鲜和日本的航路，可以称为海上丝绸之路的支线。"[10] 这部著作史料扎实，内容丰富，理论性很强，被誉为研究海上丝绸之路的奠基之作[7]，其对海上丝绸之路概念的界定虽然简短，却颇具高度和说服力。赵春晨在对国内学者关于"海上丝绸之路"概念进行罗列后，认为"海上丝绸之路"这一概念至少应具备以下四点：一是"海上"；二是贸易商

品，即丝绸；三是贸易者，即海上丝绸的贸易者只能与中国相关；四是贸易的性质，不仅是指中外之间海上航行和贸易往来的道路，而且还是指在古代长期存在的特定性质的中外间的贸易和交往关系。基于上述四点认识，作者认为，海上丝绸之路概念的含义应当界定为："它是以丝绸贸易为象征的、在中国古代曾长期存在的、中外之间的海上交通线及与之相伴随的经济贸易关系。"[11] 全洪认为："海上丝绸之路分为两路，一路由广州出发，经南洋同东南亚和印度洋沿岸各国通商，是中国同印度、古希腊、罗马以及埃及等国进行经济文化交流的海上通道。另一路从长江口岸出发，东可达日本、朝鲜半岛。唐代广州更成为东方第一大港，率先设立市舶使，是世界上香料和药品的最大港口。"[12] 后来，陈达生则更加丰富了海上丝绸之路概念的内涵，他认为："'海上丝绸之路研究'是借用已被普遍认同的、连接东西方的海上通道的名义作为研究题目。它涉及人类通过海洋进行的种种国际性交往，其中包含航海交通、经济贸易、国家关系、政治、科学、技术、文化、宗教、历史、地理、移民等方面，其领域十分广泛，内涵极为丰富，是一门跨学科综合性的研究。"[13] 以上这些对基本概念的探究，有助于我们深入理解和研究海上丝绸之路。

还有学者对海上丝绸之路进行了形象的概括。邓炳权认为："海上丝绸之路，即古代沟通中外的远洋航线。作为远洋航线，它是远程的而不只是近邻的，国际的而不是国内的，经常性的而不是偶发性的。它最初由丝绸等贸易而起，当然不限于丝绸，中晚唐起陶瓷上升至出口货物之首位，便有人称陶瓷之路；清代茶叶上升至首位，也有人称丝茶之路，实质上都是一回事。但丝绸出口贯穿始终，称丝绸之路可以涵盖全体，且更形象，更具浪漫色彩，业已被广泛接受。也不限于交通贸易，它实际上促进了东西方经济文化交流，是友谊之路、文明传播之路。作为一个美称，它是和平的而不是暴力的，平等友好的而不是欺压掠夺的。因此，海上军事活动应不在此范围，只能算是海上活动。"[14] 杨宏烈在借用《广州日报》"前沿大讲坛"的提法后，认为："'丝绸之路'是个雅称，特指古代东西方物质文明与精神文明之间的交通、贸易、文化交流的途径及其形成的有形或无形的历史文化时空网络……'丝绸之路'先以中国丝绸由陆上出使西域贸易成功开始，后以中国瓷器海上贸易远销重洋为主要途径；它是一个有'泛指'意义的词汇，一个富有历史浪漫主义美感和想象力的词汇。"[15]

也不乏学者为了自身研究对象的需要，对海上丝绸之路的概念进行界定和讨论，这其中体现最为明显的是出于对广州在古代海上丝绸之路中地位的强调而把南海海上丝绸之路界定为整个古代中国的海上丝绸之路。刘汉东认为："海上丝绸之路主要是指通过南海、马六甲海峡进而抵达印度洋、波斯湾、红海等地的海上交通贸易航线，岭南地区特别是广州成为出发的中心地区。"[16] 作者还认为广州是最早出口丝绸的地方。接着，作者讨论了海上丝绸之路上的物质文化交流，海上丝绸之路上的宗教、信仰、观念意识方面的交流，以及由于通过海上丝绸之路所实现的中外文化交流，使岭南地区各阶层变化的，不仅包括各种科技知识的丰富，还包括在观念、意识、认识论、价值系统和思维方式等方面。[16]在这里，很明显地看出作者出于自己论述的需要，把海上丝绸之路局限于南海的海上丝绸之路。杨万秀对海上丝绸之路概念进行了比较系统的定义："海上丝绸之路主要是指从中国南方沿海地区出发，经过南海、马六甲海峡、印度洋、波斯湾、红海等海域，抵达东南亚、南亚、西亚、欧洲、非洲等地的海上贸易交通线。它开始于秦汉时期。"[17]在后面，他做了进一步阐述："海上丝绸之路在地理大发现以前，主要是指通过南海、马六甲海峡，进而抵达印度洋、波斯湾、红海等地的海上贸易路线……由广州起航，经澳门出海，形成了三条与世界许多国家交往的航线。"[17]邓端木直截了当地认为"海上'丝绸之路'主要是指通过南海、马六甲海峡，进而抵达印度洋、波斯湾、红海等地的海路"。[18]曾昭璇在《岭南史地与民俗》中说："本文对我国'海上丝绸之路'采用狭义的说法，即把'海上丝绸之路'看成是我国通向西亚的贸易航道的统称。具体说，凡与东南亚、印度半岛（包括斯里兰卡）、阿拉伯海沿岸地方的海路交通，都纳入'海上丝绸之路'范围。"[19]

更有人完全为了自己论述的需要把海上丝绸之路概念直接套用在叙述对象上。张金江在《中墨友好交往的历史见证》的报道中，从中墨关系史的角度认为："海上丝绸之路，是指中国和墨西哥之间在16世纪中期开辟的横渡太平洋的通商航路。"[20]在这里，作者是为了表达中墨关系而借用的海上丝绸之路概念，具有明显的地域性特征。李英魁虽然也认为，"（海上丝绸之路）泛指东西方通过海洋进行贸易活动的通道。一般说来主要是泛指亚欧两洲进行贸易的海洋通道，宁波、杭州等港口通往日本、高丽等国的航道，自然是其不可分割的组成部分"，[21]但他只是为了讨论宁波与海上丝绸之路的关系，因此其界定范围也局限于与宁波相关的区域范围。

以上研究者们为自己服务的地区争取话语权的做法，多有削足适履之嫌，可能不是科学的严谨态度，而且有些争论可能就不仅仅局限于学术争论了，这在后来关于所谓的中国古代海上丝绸之路"始发港"的讨论和争夺中体现得最为明显。[22]

从前面所述可以看出，学术界对海上丝绸之路概念的讨论主要反映出两种趋向：第一，以整个海上丝绸之路作为界定对象，着眼于古代中国海上贸易和海外交流的全局。这种观点在前面所述的陈炎、陈高华、赵春晨、全洪、邓炳权、杨宏烈等人关于海上丝绸之路概念的界定中体现得比较明显。作为一个完整的概念或研究范畴，这些观点更具普遍性，它们实际上已经囊括了我国学术界对海上丝绸之路这一概念的主干内容，基本上代表了我国学术界对海上丝绸之路这一概念的理解。第二，表面以整个海上丝绸之路为界定对象，实际上只是为区域性甚至个别城市的地位而论证服务。如很多学者只是强调经过南海的海上贸易与文化交流路线，如刘汉东、杨万秀、邓端木、曾昭璇等学者，表面看他们都是在为海上丝绸之路的概念进行界定，但实际上他们都是在论证南海作为古代中国海上丝绸之路的地位，其最终目的又往往是为了论证广州是古代中国海上丝绸之路的最重要港口。再如李英魁对海上丝绸之路的界定，虽然看似着眼全局，但实则是为论证宁波的地位服务。当然，更有直接用自己所需要讨论的地区来涵盖整个海上丝绸之路的做法，如张金江关于中墨友谊的报道。

三、关于海上丝绸之路其他名称的讨论

自1967年日本学者三杉隆敏首次使用海上丝绸之路概念后，1969年，日本学者三上次男在其出版的《陶瓷之路——东西方文明接触点的探索》中，把古代连接东西方的海上航路称为"陶瓷之路"[23]。这一概念后来也为大陆学者所接受。不仅如此，国内学术界还就海上丝绸之路的概念问题提出了其他一些看法和讨论。

较早出现与"海上丝绸之路"相异的名称是"香料之路"。国内学者较早使用这一术语的是叶文程，他把古代东西方的贸易航路称为"香料之路"。他在《宋元时期泉州港与阿拉伯的友好交往——从"香料之路"上新发现的海船谈起》中写道："由于中阿海上交通主要是以运销香料闻名，便被人们誉称为'香料道'或'香料之路'。"[24]

有学者认为，中国古代丝绸之路应该称为"陶瓷之路"。王建辉认为"（海上丝绸之路）这种称法不甚适合，应称之为'瓷器之路'"。其原因主要有二：第一，"丝绸不是导致海上通道大畅的经济动力，因为丝绸主要产于远离海道的中国北方……瓷器输出便成为海上交通线发展繁荣的经济推动力，可以说古代海道在唐代的正式开辟，完全是瓷器输出的功劳"。第二，"在唐代，中国南方和沿海的经济有很大发展，瓷器的发展速度超过了丝绸，在海外销路很广……因此，只有将这条海道定名为'瓷器之路'，才能正确评价瓷器和丝绸的不同历史功绩，也才能正确阐明中华民族对于世界文明所作的贡献是丰富多彩的"。[25]在这里，王建辉的观点是否受到了三上次男的影响，我们不得而知。

也有人认为，这条海上航路应称为"丝瓷之路"。"东南兴起的这条以运载丝绸、陶瓷、茶叶为主的海道，被誉称为海上'丝瓷之路'（亦作为海上'瓷器之路'或'瓷茶之路'），并逐渐取代陆上的'丝绸之路'，成为中西交通要道。"[26]还有人认为："古代中西海上通道常被称为'海上丝绸之路'，此名不够贴切，容易使人对唐代以后海外贸易的实际情况产生误解。由宋迄清，海路交通在中外交往中渐居首要地位，而进出口商品则分别以香料、陶瓷为大宗。因此，对古代之中西海路之形容，宜用'香瓷之路'或'丝瓷之路'。"[27]

此外，还有人把中国与日本之间的海上航线称为"书籍之路"。王勇认为，"丝绸之路"最初是西方人针对东西方贸易路线提出的术语，不能无节制地套用于世界其他区域间的文化交流。若从东方人的立场对古代东亚（尤其是中日）文化交流史进行考察，可以发现，东亚文化交流无论在内容、形式还是在意义、影响等方面，都有别于"丝绸之路"，故应倡导"书籍之路"的概念。较之"丝绸之路"概念，"书籍之路"更能贴切地概括东亚文化交流的模式。[28]贺宇红也认为，在隋唐之前，书籍主要是通过朝鲜半岛传入日本；随着"海上书籍之路"的兴起，作为传播中介

的朝鲜半岛虽然还在发挥作用,事实上书籍传播的途径,已由间接转向直接,由陆路转向水陆,宁波港作为"海上书籍之路"始发港之一日渐显示出它的特殊地位,在书籍向日本传播过程中承担了极其重要的角色。"[29]这些讨论对于我们深入理解海上丝绸之路都具有积极作用,但在名称上是否有必要纠缠可能值得思考。

对于以上名称的争论,早就有学者提出过质疑:"近年有些史学家认为海上中西直接通航和海上'丝绸之路'的最终形成,是距东汉400年后的'唐代正式开辟,主要是用于瓷器输出',因而'海上丝绸之路'应称'瓷器之路'。这种观点,我们不敢苟同。"[30]更有学者明确反对对"海上丝绸之路"这一名称的改用,刘迎胜教授在谈到海上丝绸之路名称时明确指出:"能够涵盖古代东西方之间物质、文化交流的丰富内容,而且又为世界各国学者所接受的,唯有'丝绸之路'这个词。"[31]王连茂等人在谈到这些名称时,也表示反对:"尽管有些学者更喜欢用各自不同的提法,如'丝瓷之路''香料之路''陶瓷之路''香瓷之路'等等,来命名中世纪东西方的海上交通。但'海上丝绸之路'这一提法依然被学术界所普遍接受。尤其是1987年联合国教科文组织将'丝绸之路研究项目'列入'国际文化发展十年规划',并发起规模空前的'海上丝绸之路'综合考察活动,这一称呼越发变得时髦和无可替代。"[32]陈达生则更进一步认为:"有的学者提议,应当以'海上陶瓷香料之路研究'替代'海上丝绸之路研究',因为通过海路进行的国际贸易是以西来的香料和东去的陶瓷为主,并且在世界各地留下了丰富的遗物。从历史考古学的观点来看,这个意见是有道理的。但是,他们只是把这项研究单纯看成是对古代海外交通史或海上中外关系史的研究,却又是不全面的。今天所谓的'海上丝绸之路研究'仅仅是借用已经被世界各国人民所认识并接受的、贯穿东西的陆上丝绸之路的名义,作为研究题目……所以,'海上丝绸之路研究'实际上涉及人类通过海洋进行的种种国际性交往,其中包含交通、经济贸易、国家关系、政治、科学、文化、宗教、历史、地理等方方面面,其领域之广泛、内容之丰富,无法一言以蔽之。"[33]

以上对海上丝绸之路概念进行标新立异的"再创造",如"瓷器之路""丝瓷之路""香料之路""陶瓷之路""香瓷之路"等,虽然都具有一定的道理,但它们同样不能令学术界完全信服。它们反对用"海上丝绸之路"作为整个东西方海上交通与贸易的代名词,认为"丝绸"不足以代表整个东西方海上贸易全部内容,然而,如果用这些标新立异的名称去代替整个古代中国海上贸易与交流,不仅可能更不能令人信服,而且可能会造成更大的混乱,与其如此,还不如沿用至今仍得到大家认可的"丝绸之路"这一概念。因此,我们认为,"丝绸之路"及"海上丝绸之路"这些提法已经为学术界广泛接受,而且也知道其含义并非只限于"丝绸"的中外贸易,因此完全没有必要对这一概念进行篡改。正如有人指出的那样:"其实,无论是丝绸、瓷器、茶叶,还是香料、书籍,都仅仅是古代中国与海外各国进行海上贸易的诸多商品中的一种,除了这些商品外,我们还可以列举出许多,如钱币、刀剑、玻璃、大米等。而且，在不同的时代，针对不同的区域，中外海商所贩运的主要商品是不同的。因此，根本不可能用某一种商品来全面概括古代中国与海外各国的海上往来，正如'丝绸之路'也不能完美地概括东西方之间的陆上交通往来一样。由于'丝绸之路'已经成为表示东西方陆上交通路线的约定俗成的概念，所以，将此概念移植到海上交通线上，把古代中国与海外各国的海上航线称为'海上丝绸之路'，也是完全可以的。我们认为，没有必要放弃'海上丝绸之路'这个约定俗成的概念，而且，也不可能提出一个能够被所有人接受的新概念来取代'海上丝绸之路'这个概念。经过30多年的使用，'海上丝绸之路'已经成为一个被普遍接受的概念了。"[7]

最后需要指出的是，提到海上丝绸之路这一概念时，学术界对它的书写是比较混乱的，有些学者在它上面加上了引号，有些学者又没有加；加引号的又有不同的加法，有的写成"海上丝绸之路"，有的写成海上"丝绸之路"。其实，笔者认为，海上丝绸之路作为学术研究的分支领域，已经普遍被学术界接受，因此，没有必要再加上引号以示提示或者强调，就像敦煌学或者中外关系史一样，没有必要加上引号写成"敦煌学"或者"中外关系史"。

参考文献

[1] 陈炎. 海上丝绸之路与中外文化交流[M]. 北京：北京大学出版社，2006.

[2] 《航运史话》编写组. 航运史话[M]. 上海：上海科学技术出版社，1978：144-145.

[3] 陈炎. 回顾在"海上丝绸之路"研究中的一些收获和体会[C]//陈炎. 海上丝绸之路与中外文化交流. 北京：北京大学出版社，2002：381-391.

[4] 陈炎. 略论海上丝绸之路[J]. 历史研究，1982（3）.

[5] 朱少伟. 海上丝绸之路[J]. 历史知识，1981（6）.

[6] 朱少伟. 古代海上丝绸之路[J]. 海洋，1982（3）.

[7] 龚缨晏. 中国"海上丝绸之路"研究百年回顾[M]. 杭州：浙江大学出版社，2011：105-108.

[8] 冯定雄. 新世纪以来我国海上丝绸之路研究的热点问题述略[J]. 中国史研究动态，2012（4）.

[9] 陈高华. 海上丝绸之路[C]//王戎笙. 马克思主义历史观与中华文明. 重庆：重庆出版社，1991：394-425.

[10] 陈高华，吴泰，郭松义. 海上丝绸之路[M]. 北京：海洋出版社，1991.

[11] 赵春晨. 岭南近代史事与文化[M]. 北京：中国社会科学出版社，2003：393-401.

[12] 全洪. 广州出土海上丝绸之路遗物源流初探[C]//广东省文物考古研究所，广州市文物考古研究所，深圳博物馆. 华南考古1. 北京：文物出版社，2004：138-146.

[13] 陈达生. 福建省海上丝绸之路研究十年[C]//陈达生等. 海上丝绸之路研究2——中国与东南亚. 福州：福建教育出版社，1999：15.

[14] 邓炳权. "海上丝绸之路"上的几处中国南方港口（摘登）[C]//中国人民政治协商会议文史资料委员会，北海市委员会文史资料委员会. 北海文史 第18辑 合浦与海上丝绸之路. 2004：52-55.

[15] 杨宏烈. 广州泛十三行商埠文化遗址开发研究[M]. 广州：华南理工大学出版社，2006：1.

[16] 刘汉东. 海上丝绸之路与中西文化交流的关

系［C］//赵春晨,何大进,冷东. 中西文化交流与岭南社会变迁. 北京：中国社会科学出版社,2004：16-31.

[17] 杨万秀. 广州简史［M］. 广州：广东人民出版社,1996：42-43.

[18] 邓端木. 广州与海上"丝绸之路"的兴起与发展［C］//广州市国家历史文化名城发展中心,广州历史文化名城研究会,广州古都学会. 论广州与海上丝绸之路. 广州：中山大学出版社,1993：3.

[19] 曾昭璇. 岭南史地与民俗［M］. 广州：广东人民出版社,1994：47.

[20] 张金江. 中墨友好交往的历史见证［N］. 人民日报,2002-3-1(5).

[21] 李英魁. 试论宁波"海上丝绸之路"兴起的历史上限［J］. 东方博物. 2004(4).

[22] 冯定雄. 新世纪以来我国海上丝绸之路研究的热点问题述略［J］. 中国史研究动态,2012(4).

[23] 三上次男. 陶瓷之路——东西方文明接触点的探索［M］. 胡德芬译. 天津：天津人民出版社,1983：251.

[24] 叶文程. 宋元时期泉州港与阿拉伯的友好交往——从"香料之路"上新发现的海船谈起［J］. 厦门大学学报(哲学社会科学版),1978(1).

[25] 王建辉. "海上丝绸之路"应称为"瓷器之路"［J］. 求索,1984(6).

[26] 廖渊泉,黄天柱,郑焕章. 海上"丝瓷之路"［J］. 航海,1982(1).

[27] 陈佳荣. 古代香瓷之路刍议［C］. 中国与海上丝绸之路论文集. 福州：福建人民出版社,1991：17-19.

[28] 王勇. "丝绸之路"与"书籍之路"——试论东亚文化交流的独特模式［J］. 浙江大学学报(人文社会科学版),2003(5).

[29] 贺宇红. 宁波与中日"海上书籍之路"［C］//宁波"海上丝绸之路"申报世界文化遗产办公室,宁波市文物保护管理所,宁波市文物考古研究所. 宁波与海上丝绸之路. 北京：科学出版社,2006：310-320.

[30] 黄启臣. 广州海上丝绸之路的兴起与发展［C］//广东省人民政府外事办公室,广东省社会科学院. 广州与海上丝绸之路. 广州：广东省社会科学院,1991.

[31] 刘迎胜. 丝路文化(海上卷)［M］. 杭州：浙江人民出版社,1995.

[32] 陈达生,王连茂. 海上丝绸之路研究(1)——海上丝绸之路与伊斯兰文化［M］. 福州：福建教育出版社,1997：206.

[33] 陈达生. 中国海上丝绸之路研究的策略［C］//潮汕历史文化研究中心,汕头大学潮汕文化研究中心. 潮学研究(第3辑). 汕头：汕头大学出版社,1995：292.

符号学视野下的舟山乡村特色旅游产品研发

罗 俊　马丽卿
（浙江海洋大学　经济与管理学院）

摘　要　本文从符号学的视野，运用皮尔斯的符号学理论来解释舟山乡村旅游产品的符号化意义并提出舟山乡村旅游产品的多种代表性符号。游客对于这种旅游产品符号信息的解读和识别是一个复杂的过程，所以笔者在提出相关舟山乡村旅游产品符号研发的策略时充分考虑和分析了影响游客解码过程的多种因素。

关键词　舟山群岛；乡村旅游；符号学；乡村旅游产品研发

我们生活在一个充满着符号的世界，小草是绿色和坚强生命力的符号，花朵是美丽的符号，乡村旅游产品也是整个旅游系统里的一个符号，将舟山乡村旅游产品符号化将有利于我们对其进行研发以及有利于游客更好地解读舟山乡村旅游产品编码的符号意义。符号是一种载体形式，有着自己的某种意义，但是当符号离开所要替代和传递的内容时便不再有什么意义。舟山旅游产品的符号目的在于体现舟山的乡村性，是这种特性的载体符号，也就是说这种符号能够准确地传达舟山乡村旅游产品的特性给游客，即游客在符号的象征、图像和指索下能够精准地识别到符号传达的信息。

一、舟山乡村旅游产品的符号意义

色彩一般可以用来表达我们的情感，如蓝色象征忧郁、红色象征热情、黑色象征压抑沉重等。舟山旅游产品在进行设计时要注意色调的把握，不同色彩能够传达不一样的氛围和情感，色彩符号可以直接刺激我们的视觉感从而影响我们的心理感受。色彩符号就是指我们对于色彩的视觉感应或对色彩符号的辨认度及其给我们带来的心理反应。色彩符号的主要作用在于可依其指示作用，直接给我们带来文化性和心理性上的感受。色彩符号具有丰富的内涵效应，国内大都偏爱于红色的喜庆和吉利，所以我们在设计旅游产品的色彩时可以增加红色的色彩符号，让游客在游玩时保持愉悦的心情。除此之外，舟山乡村旅游产品不同于一般的旅游产品种类，我们要紧靠其海洋的主题背景，在设计乡村旅游产品时可以以蓝色的色彩符号为主，蓝色色彩符号可以让游客想到大海和舟山海岛的文化背景。总的来说，我们在设计舟山乡村旅游产品时要紧靠其海洋性、文化性和乡村性的背景，用蓝色的色彩符号准确地将其内涵传达给游客。

文化作为贯穿整个旅游产品的灵魂，具有浓重的识别性和地域性等特质。从某种意义上来说，文化是一个民族传承的产物，贯穿着一个民族的整个历史发展，具有极强的导向性和传续性。舟山乡村旅游产品的文化符号主要在于向游客传达舟山的本土内涵，通过象征性意义来表达舟山的各种特色。文化符号虽然是一种无形的物质，但是可以通过有形的物质表达出来，例如我们提到普陀山时，游客立马会联想到舟山的佛教文化和观音道场。每个旅游产品都有其独特的符号文化传达着其意义，旅游产品一旦离开了其特有的文化符号将变得没有任何意义和价值。舟山的乡村旅游产品文化符号主要体现在海岛文化性和乡村文化性，文化符号使其变得有意义和有吸引力。

产品的材质组成多种多类，有木材、金属、塑料和石材等。旅游产品中的材质符号不是指材料本身的成分，而是指其背后的经济意义及其价值。也就是说，游客在接触一类旅游产品时，首先所注意的是其背后的材料符号，这种符号可以让人产生一定的心理感受，影响游客的审美情感。不同的材质符号给人带来不一样的心理感受，舟山乡村旅游产品作为一种具有"乡土性"的旅游产品，我们应该减少金属类这样比较现代化的材质符号，应该多用些木材或石头类的材质符号，木材可以代表乡村的原始感和淳朴感，石头可以代表舟山的山水。我们在研究舟山乡村的旅游产品时应该联系舟山乡村的文化背景，避免出现"张冠李戴"的尴尬局面，准确地运用材质符号来传达舟山乡村旅游的真正内涵和文化。

舟山乡村旅游产品的色彩符号、文化符号和材质符号都主要依靠舟山乡村旅游的灵魂进行研发，代表着舟山乡村旅游的特性，即海洋性、乡村性、本土性和淳朴性。舟山乡村旅游产品的符号化是作为一种信息传达媒介的形式将舟山乡村旅游产品的特质传达给游客，游客接收这个符号后，通过自己的文化背景和阅历对其进行解码而获得相应的符号意义。也就是说，舟山乡村旅游产品的符号化都是为了更好地提升舟山乡村旅游的市场竞争力。除此之外，舟山乡村特色旅游产品符号化的一个很大特点就是象征性，当游客接触这类旅游产品时能够马上识别到这是舟山的乡村旅游产品。将旅游产品符号化可以说升华了一个简单物体的精神意义，面对一个旅游产品我们不再是用眼睛客观地解读表面信息符号，而是通过这些表面现象主观地通过自己的个人素养解读到更内在的符号信息，从而可以通过视觉的盛宴带动大脑精神和内在心灵的享受。

舟山群岛新区作为一个完全坐落于海上的城市，拥有着绝对的地理环境优势，四周被碧海包围，是真正的"海天佛国"。海洋性是舟山乡村旅游的一种符号化特点。舟山群岛新区拥有宽阔的海域面积，游客来这里进行旅游体验活动都会感受到浓烈的海洋景点盛宴。如东极岛屿，游客在那里能感受到浓烈的渔家气息、海上建筑奇迹的"海上布达拉宫"青浜岛和清澈的蓝色海域等。可以说海洋性是舟山乡村旅游的一种"符号化烙印"，已经深深地刻在了舟山乡村旅游的形象中。除此之外，舟山乡村旅游产品海洋性的符号化特点可以将游客引入到一座世外桃源般的海上古城境界里面，产生一种大海般宽广的情怀，让人回味无穷。

舟山群岛新区拥有众多的乡村性渔村，这些渔村是舟山历史见证的物质形式。这些渔村是组成舟山乡村旅游的一个个符号，其符号化是舟山非物质文化的物质形式载体，具有浓烈的乡土气息。如朱家尖具有传统民俗文化和渔家风情的渔村漳州村。漳州村是舟山乡村旅游符号化的一个典型代表，其拥有丰富的正宗渔家文化传承和现代化的农园观光型乡村景点。除此之外，漳州村紧邻舟山乡村旅游另一著名景点乌石塘，其以本土的渔家乡村气息为出发点，通过大面积的如鹅卵般乌黑色的小石子铺盖在海岸旁边而受到游客青睐，这种乌黑色的鹅卵石除了表达出一种壮观的景象以外，还是对本土"乌石砾塘"即"大乌石塘"和"小乌石塘"的一种信息传达。游客到此进行旅游活动，通过视觉效应能接收到此类乡村性符号，从而读懂景点里面的历史文化。

舟山乡村旅游本土性符号化的代表莫过于以渔家文化为创作源泉的渔民画了。舟山渔民画是本土渔民画家将自己对于大海的无限崇拜之情和自己"依海为生，靠海吃海"这种传承的生存历史以作画的形式来传达自己的情感。渔民画是舟山乡村旅游的一种本土性符号体现，游客可以通过这种符号信息获取到舟山乡村旅游里的历史核心文化和贯穿整个舟山乡村旅游发展的灵魂线索。可以说舟山乡村旅游的本土性符号化是整个舟山旅游产品研发的主线，也是最能凸显舟山乡村旅游的内在形式。舟山群岛作为一个拥有悠久历史的海上古城，不同于一般的陆地乡村旅游地，它融合"渔"和乡村旅游地，具有别样的风味。

舟山乡村旅游依靠的是乡村景点和海洋性为主的渔家气息风俗，可以说这种旅游模式从骨子里就透露着舟山乡村旅游的淳朴性。舟山乡村旅游淳朴性的符号化代表可以用舟山定海区的南洞即"太阳谷"来体现。南洞以淳朴的农家新区、独特的房屋壁画农趣和火车头吸引了大批的游客。南洞是一个汇聚了大自然的景点和独特旅游规划的小山谷，南洞之所以在竞争激烈的旅游市场里赢得了自己的一席之地，主要是其以淳朴为特色的符号信息，游客来这里不只是身体的旅游，更是一场游走于心灵的洗礼，是一种升华的心理旅游。舟山拥有许多像南洞这样以淳朴的传统美学为宗旨和出发点的乡村旅游景点，这种旅游景点向我们展示的是一种人与自然和谐的传统农业美，也是现代城市化冲击下所缺少的传统乡村意境美。

二、基于皮尔斯符号学理论的舟山乡村特色旅游产品研发

将皮尔斯的符号学理论与舟山乡村旅游结合起来，在以此理论作为舟山乡村旅游产品研发理论支撑的基础上，从游客对旅游符号信息的现实解读兴趣出发进行旅游产品研发。

皮尔斯将符号学详细地分成指索符号、图像符号和象征符号这三类，并指出符号只有出现在特定的媒介中，即解释项、代表者和对象这三者之中时才具有自己的符号意义。符号作为一种特定的媒介信息也有自己的信息意义，是一种特殊的物质信息存在。

舟山乡村旅游产品不只是一种物质存在，更是一种符号信息，是连接游客和舟

山乡村旅游之间的桥梁，是有形的舟山乡村旅游信息表达形式。旅游产品符号化的形式多样，舟山乡村旅游产品的符号化根据皮尔斯理论可以归纳为：指索型旅游产品符号，即旅游景点里能传达方向或传达方位信息等的符号；图像型旅游产品符号，即指能为游客提供相关舟山乡村旅游信息的存在于现实或电子网络上以图像形式存在的符号；象征型旅游产品符号，即在向游客传达旅游信息的同时，能让游客意识到这个景点是直接或间接承载舟山乡村旅游信息的符号。

舟山群岛作为一个海岛旅游地有着鲜明的海洋旅游特色和自己的独特性。舟山群岛是一个由岛屿组成的海上城市，具有自己的独特地理位置，除此以外，舟山的1390个岛屿都各具特色。随着电影"后会无期"的上映，东极岛一时成为游客所向往的旅游地，即便到了现在仍是很多游客的首选旅游地。随着摄影师在网上公布的舟山几个无人岛，舟山岛屿又再次在游客出游地搜索里占据着"头条"位置，无人岛同时有着丰富的海洋资源，有着深刻的旅游开发价值。无人岛屿包括无常年居住人口或季节性有人暂住的岛屿、岩礁和低潮高地，以及居民迁移岛屿两种类型[1]，无人岛中的季节性有人暂住的岛屿里的村民房屋以及特有的文化等都是一些独特的乡村旅游产品，都有重要的旅游价值。这些都说明舟山群岛有着许多的旅游开发价值和许多吸睛的旅游产品。相较于舟山群岛的海岛旅游，舟山群岛的乡村旅游也是一大亮点。舟山群岛农村的渔民都是"靠海而渔，靠山而作"，有着别样的海岛乡村特色。舟山群岛融乡村旅游和海岛旅游于一体，在旅游市场中有好的口碑，相对于海岛旅游的知名度和开发程度，乡村旅游相对落后。舟山的乡村旅游具有浓厚的海洋性是由其独特的海上城市的地理性所决定的，这种海洋性和掺杂着不一样的乡村性是一种海岛乡村旅游。

舟山乡村非物质遗产特色旅游产品具有浓厚的本土特色，不同于一般的乡村旅游，舟山群岛作为一个海上城市历来与外界处于隔绝的状态，拥有着许多完整的非物质文化遗产、纯正的乡村文化传统以及较完整的遗存古迹等乡村旅游产品。笔者对舟山乡村非遗特色旅游产品总结有如下五种：

一是舟山乡村民俗（渔民画）特色旅游产品。海岛与陆地交通的隔绝，产生了某些海岛的特有民俗活动，这些也是重要的人文性旅游资源。[2] 舟山作为海岛旅游地，自然少不了本地渔民的渔民画特色旅游产品。渔民靠海为生，经过祖祖辈辈的文化传承到现在，拥有丰富而可贵的历史性。渔民画家通过绘画的形式，以祖祖辈辈传承的文化、自己的情感和美好的愿望以及对大海的奇异构思和淳朴幻想通过绘画的形式表达出来。舟山首届渔民画展览于1980年举办，舟山渔民画的大胆创新、随意的创作和夸张的造型使舟山的渔民画艺术感表达得更具体，从而淋漓尽致地反映了舟山渔民对大海的无限崇拜、对大海文化的完美体现以及对美好生活的完美演绎，这次渔民画展览获得了国内外专家的一致好评，在渔民画业界取得了非凡的成绩。渔民画的创作灵感主要来源于日常的生活和劳作，画家以海和海洋动物为主要创作的物质载体，通过夸张的色彩、粗略的线条、巧妙的组合将狂风巨浪和传奇故事、生活的感想、未来的期望等内心感受完美地表达出来。如林国芬的《剖鲞》和《拣鱼》主要反映渔家的传统风俗，张定康的《穿龙裤的菩萨》主要反映"青浜庙子湖，菩萨穿龙裤"的渔家故事，从而表达自己对于大海的无限崇拜和信仰之情。

二是舟山乡村特色观光旅游产品。学者辛建荣指出，依托空间环境特色的旅游资源可以说是旅游目的地吸引旅游者的重要因素之一，也是区域旅游进行开发的基础。[3]舟山群岛有"广而利用少"的旅游观光资源、山海自然景观、海岛渔俗景观以及佛教文化景观等千余处，主要特色涵括海、航、渔、岛、港、商等特色方面。舟山群岛可以说是融合了海岛风光、佛教文化和海洋文化于一体的多类型海洋旅游资源地，舟山群岛是中国东部的著名海岛旅游地，且其独特的地理位置使其在长江三角洲城市群地区里独具风采。[4]舟山群岛的乡村特色旅游观光产品主要以名胜古迹、自然风光和主题公园为主。相对于舟山的其他乡村旅游产品，乡村观光旅游产品的层次性相对较浅。因为观光旅游产品给游客的大都是"走马观花式"的短时间游玩，游客从中读到的符号只是一些粗略和表面的东西，并没有发掘到更深层次的故事或内涵。舟山乡村观光旅游产品有名胜古迹，定海千年古城竹山公园的鸦片战争纪念馆及炮台，东极岛庙子湖的手握火炬男神"柴伯公"和文物"里斯本丸"号纪念馆，海上布达拉宫青浜岛等富含历史意义和独特建筑风格的景点旅游产品。舟山乡村特色观光产品的自然风光主要有东极岛海水绿而宽广的海景、朱家尖南沙细而有质感的沙景和沈家门鲜而肥美的海鲜景等具有舟山海岛特色的旅游产品。舟山乡村特色观光产品的主题公园主要有秀山岛滑泥主题公园、岱山县海钓主题公园等根据本地特色资源而开发的乡村旅游产品。

三是舟山乡村历史文化旅游产品。学者李芸提出拥有历史文化的名城是我国珍贵的文化遗产，拥有独特的城市风貌、众多的风景名胜和丰富的文物古迹，因此为旅游业的发展打下了坚实的基础。[5]可以说每个旅游地都有着自己的核心文化在支撑着旅游地的运行，外在物质有形的旅游载体会随着时间一分一秒地流失或破损而被新型的旅游载体所替代来满足游客和旅游市场的竞争需求，但是旅游地的历史文化则是永恒不变的，它会随着一辈辈人传承下去，是旅游业生存的灵魂。舟山乡村历史文化旅游产品的独特特质是区别于其他旅游地的本质体现，是改不了学不来的"唯我独有"的特性。随着社会的快速变迁，很多优秀文化没来得及以记录的形式传达给后人，我们也只能通过文物这个符号形式来寻找丢失的一些文化，所以对于一些乡村历史文化旅游产品在开发时应注重保护性来维持其固有的民族性和文化艺术性。舟山也有许多乡村历史文化旅游产品，如"里斯本丸"号和定海鸦片战争纪念馆等，这些作为历史文化旅游产品的物质载体向后人传达了一种舟山人民的爱国主义精神和后人对于这种优秀历史文化的崇拜情怀。舟山乡村文化历史旅游产品可以直接为我们提供舟山的历史文化符号，我们在接收到这些符号的时候能马上抓住舟山乡村旅游的文化内涵和历史发展。

四是舟山乡村宗教朝圣产品。舟山著

名的宗教朝圣地可以说是普陀山,舟山群岛建设以普陀山为核心的"金三角"旅游地,从而树立具有佛教旅游品牌和形象特色的普陀山[6],普陀山"海上有仙山,山在虚无缥缈间",同时与山西五台山、四川峨眉山和安徽九华山并称为中国佛教代表的四大名山,以观世音菩萨教化众生的道场而闻名于世,并在2007年经国家旅游局批准为国家5A级旅游风景区。乡村宗教朝圣产品具有很大的市场潜力,如社会的快节奏使都市人倍感压力,可以通过宗教朝圣产品来净化自己内心的压力来得到安静的心灵,宗教的追随者遍布全球,有着广泛的旅游资源,且游客量只增不减,在21世纪大数据的冲击下寻求短期的返璞归真是一种不错的选择。舟山乡村宗教朝圣产品算是舟山的一个品牌符号,每年都会接待很多到普陀山朝拜的游客,可以说普陀山是舟山旅游景点里最吸睛的旅游产品。舟山乡村宗教朝圣产品是指以围绕"走心"而散开的多种旅游产品,宗教朝圣品的核心是把这种宗教信仰渗入到游客的内心,让其感受到自己信仰的成分。以宗教产生产品的核心"信仰"生成了许多连带旅游产品,如节事、文化传统内容和相关宗教人物的参观等。相对于其他旅游产品,宗教朝圣产品具有严肃和诚恳的成分在里面,在开发此类乡村旅游产品时要充分考虑历史的真实性和传承性。

五是舟山乡村度假产品。在我国,乡村度假旅游产品还是一个新事物,但其发展势头比较迅猛,慢慢地成为了乡村旅游发展的宠儿[7],舟山乡村度假产品作为舟山乡村旅游中的一种高级形式,能够缓解城乡两级间的不平衡局面,同时也能促进乡村的开发发展从而间接地提升农村经济发展,除此之外,乡村度假旅游产品可以为农民提供更广的就业面,因为作为乡村旅游中的高级形式,乡村度假产品对于旅游专业人士的综合要求更高,无疑可以提高农民的学习动力。乡村度假产品还有一个重要的积极因素,就是可以减慢乡村居民向城市转移的移民潮,乡村度假产品的推广和热捧让不少农民看到不用去城市打工,单纯地在自己家乡经营就可以赚大钱,这种形式的创业也得到了政府的大力支持和财政支持。黄远林认为:"乡村度假是指在乡村地区、以特有的乡村文化和生态环境为基础开展的休闲度假活动。"[8]由此可以看出,我们在合理开发舟山乡村度假产品时要注意沿着"乡村性"这条主线不动摇。乡村度假产品的"乡村性"不同于一般的文化乡村性,而是指原生态环境的乡村性,即乡村风情和田园风光等原生态自然乡村环境,同时乡村度假产品对于乡村的环境要求较高。

三、舟山乡村旅游产品的符号信息识别及品牌传播

在对舟山乡村旅游产品进行研发以后,为了更好地扩大旅游市场,要将这种旅游产品信息符号化,然后综合游客对于这种符号信息接收和解码的特点进行及时有效的信息传播。除此之外,舟山特色旅游产品的品牌建立对于提高舟山旅游市场的竞争力和扩大旅游市场的影响力有一定的现实意义。

游客接触到舟山乡村特色旅游产品传达的符号时,做的第一件事就是去识别这些符号并从中获取相关的旅游产品信息。

Norton提出旅游符号生产者必须要考虑到旅游符号解码者的译码机制，从而以更好的方式来表达旅游符号。[9]所以我们在设计乡村旅游产品符号时要考虑游客对这些符号信息的识别特点，这些符号信息识别是游客在计划出游前的一种思想意义上的旅游体验。了解和熟知游客对于舟山乡村特色旅游产品符号的识别特点对于我们在研发旅游产品符号时有着重要的意义：

第一，提高舟山乡村特色旅游产品的知名度。我们一旦掌握了游客对于符号的识别特点，研发出与此相适宜的产品符号，借助符号这一媒介将旅游产品的准确信息传达给游客，游客接收到这种符号时，发现此类符号是其想要接触的符号，即使游客最后没有将这一符号识别实践，但是我们的旅游产品信息已深深地扎入游客的头脑，大大地提高了我们旅游产品的知名度，可以说当游客有想法实践类似旅游产品符号时，舟山乡村旅游产品符号是其首选的符号。

第二，塑造舟山乡村旅游产品符号的形象。旅游地的良好形象可以说是这个旅游地潜在性的无形资产，可以为其带来不等程度的经济利益和社会良好形象效应。我们掌握和熟知游客对于旅游产品的识别特点以后，研发出其识别特点的舟山乡村特色日旅游产品符号，让其准确地解码到舟山旅游产品符号的意义，这样游客会对舟山的旅游有一个好的印象，从而让舟山乡村旅游产品符号有一个好的形象，这种好的形象可以间接地把舟山旅游市场引入到一个有利的竞争位置，以不断地占有一定份额的旅游市场来提升舟山旅游产业的经济链，从而形成好的舟山乡村特色旅游产品符号品牌口碑。

第三，明确舟山乡村特色旅游产品符号的研发主体。舟山乡村旅游产品符号资源丰富、种类繁多，游客和市场的需求更新换代较快，我们要及时跟上这种快节奏步伐是有一定难度的。在了解游客对于舟山乡村特色旅游产品符号的识别特点后，我们在旅游产品符号研发时顺应游客的识别特点，将此符号信息传达给游客，如果这种符号信息正是游客所追寻的出游动机，我们以后就以此来加大此种旅游产品符号的设计成分，并用这种符号来作为研发设计的主体，进而找到自己的旅游市场竞争出发点的产品符号。

旅游产品品牌的出现是为了区别不同的旅游产品生产者，以及代表这个旅游产品生产者的基本特质。旅游产品生产者将自己的产品特质灌输在品牌符号里，然后通过品牌符号这个媒介将自己产品的符号信息传达给游客，游客将产品的品牌符号信息记忆在脑海里储备起来，而形成品牌记忆符号，在下次遇到识别旅游产品时用以作为决策的参考标准。旅游产品品牌符号同时有利于向游客宣传自己的产品，以此来加深游客对自己产品的认识度和关注度，从而培养游客的品牌符号忠诚度。将舟山乡村特色旅游产品品牌符号化有利于舟山对于代表特色旅游产品的研发，除此之外可以侧面满足游客对于旅游产品精神面追求的需要，从而使旅游产品的价值从物质层面提升到结合精神层面更高的符号价值。因此，将舟山乡村特色旅游产品品牌符号化是提高舟山旅游产品价值的一种有效形式，是一种增值效应，更是一种潜在的无形旅游资产。

舟山乡村特色旅游产品符号传播是指以舟山乡村旅游产品符号为核心价值信息，通过广告、旅游宣传册和公共关系等多种传播方式将这些符号信息有效地传递给游客，从而提高舟山旅游市场的知名度、美誉度以及游客对舟山乡村特色旅游产品符号的忠诚度，以此方式来实现增加舟山旅游市场的竞争力和提升舟山旅游市场经济的目的。从符号学的角度来分析舟山乡村特色旅游产品符号的传播其实就是舟山旅游市场通过将自己的乡村旅游产品社会化的过程，也就是说通过将自己的乡村特色旅游产品的意义和具体内容灌输在符号里面，然后通过多种推广方式运用符号载体将其代表的意义和内容传达给游客的一种符号社会化过程，从而以此来实现符号的媒介载体价值。

舟山乡村特色旅游产品符号传播的最终目的在于提高舟山旅游市场的知名度和旅游市场竞争力，我们可以利用舟山现有的旅游资源，将其通过符号媒介来传达本土的信息提供给游客，其具体策略有：

第一，导游。导游作为一种特殊的旅游符号，具有重要的符号意义。导游在向游客讲解有关旅游地的文化和历史时就已经在为旅游地做形象宣传，除此之外导游的服装和谈吐也是一种符号现象，有重要的代表意义。导游的服装有一定的景点品牌代表意义，如导游在普陀山给游客讲解"不肯去观音院"的文化和故事时佩戴一些佛珠或佛教信徒的首饰符号元素等，能在给游客带来更好的旅游体验的同时宣传舟山旅游的特色产品符号。除此之外，导游的谈吐举止在一定程度上能影响旅游地的形象和美誉度，如导游乐观幽默的言语能给游客带来好的心理旅游体验，在游客心里形成美誉度，间接地为舟山旅游地的知名度扩大影响。所以我们对导游这种特殊的符号要有专业的技能培训并加强其综合素质。

第二，门票。门票是一种旅游景点的品牌符号，也是游客的入场券，具有重要的本土文化性和地方特色。游客花一定的金钱来换取一张"入场券"，这种符号上面有详细的关于景点的介绍，可以说是景点的"明信片"，游客从这种符号上面得到的信息多少会对其心理旅游体验有一定的影响，所以我们在设计景点门票时要注意信息符号元素、色彩元素和门票大小的设计，旨在向游客传达准确的符号信息的同时带来好的旅游体验。门票不仅仅是游客消费的"入场券"，同时也是旅游景点的"明信片"，具有很强的本土宣传作用，我们要充分利用其特点来传播更多的舟山旅游元素符号信息。

第三，宣传册和景点游览指南。宣传册和游览指南的主要作用是向游客提供具体的景点信息，以此来方便游客完成旅游体验。宣传册和游览指南具有极强的品牌符号和景点特色作用，游客可以从这两者中得到及时的景点符号信息和更顺利地完成自己的旅游体验。游客在获取景点符号信息和进行旅游体验时，不知不觉地融入了旅游地产品符号的识别过程中，我们要设计好此类旅游元素符号来方便游客识别自己的旅游产品，好的宣传册和景点游览指南符号可以直接地传达景点信息和加深游客对旅游地的印象，是一种有效的传播旅游地信息的符号。

参考文献

[1] 马丽卿. 论我国无人岛屿旅游资源的开发与保护 [J]. 商业经济与管理, 2009 (2).

[2] 王跃伟. 舟山市海岛旅游发展战略研究 [D]. 辽宁师范大学, 2006.

[3] 辛建荣. 旅游区规划与管理 [M]. 天津: 南开大学出版社, 1999: 119.

[4] 胡卫伟. 浙江舟山群岛海洋旅游发展与产品结构优化 [J]. 全国商情 (经济理论研究), 2008, 17: 24-26.

[5] 李芸. 历史文化名城旅游产品体系的开发 [J]. 连云港师范高等专科学校学报, 2001 (4).

[6] 马丽卿. 海岛型旅游目的地的特征及开发模式选择——以舟山群岛为例 [J]. 经济地理, 2011, 10: 1740-1744.

[7] 徐清. 乡村度假旅游产品开发探讨 [J]. 现代商贸工业, 2008 (4).

[8] 黄远林. 我国乡村度假的发展趋势与开发模式选择 [J]. 商场现代化, 2006, 10 (481): 309-310.

[9] Norton. Experiencing Nature: The Reproduction of Environmental Discourse through Safari Tourism in East Africa [J]. Geo forum, 1996: 27 (3), 355-373.

论大桥工程与舟山发展

李春林　王　颖[①]

（浙江海洋大学　东海发展研究院）

摘　要　舟山跨海大桥全线贯通后，舟山实现了从"孤岛"到"半岛"的跨越，迎来了发展的最好机遇。大量涌入的人流、物流、信息流等，带动各产业迅速发展，在产生不菲的经济效益的同时，也产生了巨大的社会效益，真实地改变了舟山人的生活方式。"十三五"期间，舟山还将建设两条跨海通道，使舟山宁波连成一个圈，同时，还规划建设沪舟甬大通道及甬舟铁路等一系列跨海工程。可以预见，未来的舟山将跨越梦想，不断向前！

关键词　跨海大桥；舟山；经济效益；社会效益

一、舟山市概况

舟山市是我国第一个以群岛建制的地级市，境内有大小岛屿1390个，地处我国东南沿海，长江口南侧，杭州湾外缘的东海洋面上，是甬江、钱塘江和长江出海口的咽喉和门户，战略地位非常重要。舟山市介于长江口和杭州湾之间，位居我国海岸线的中端，接三江而通四海，形成对内对外两个辐射扇面，地理位置优越，区位优势突出。舟山市自然资源丰富而独特，素以"渔盐之利、舟楫之便、景色秀丽"闻名全国，"港、景、渔"是千岛之城舟山的三大特色。

二、舟山跨海大桥简介

舟山跨海大桥始于舟山本岛，途经里钓、富翅、册子、金塘四岛，跨越五个水道和灰鳖洋，至宁波镇海登陆，与宁波绕城高速公路和杭州湾大桥相连。大桥全长约50千米，由岑港大桥、响礁门大桥、桃夭门大桥、西堠门大桥、金塘大桥五座跨海大桥及接线公路组成，总投资约130亿元，是中国规模最大的岛陆联络工程，也是舟山历史上规模最大、最具社会影响力的交通基础设施项目。舟山跨海大桥建设过程中，其技术难度之高、规模之大，创造了多项国际、国内之最。岑港大桥、响礁门大桥、桃夭门大桥三座桥作为地方项目于1999年9月开工，2006年1月1日建成通车；西堠门大桥、金塘大桥两个特大跨海大桥项目概算总投资100.6亿元，于2005年由国家发改委分别核准立项全面开

[①] 作者简介：李春林，助理研究员，研究方向为区域经济学，电子信箱：licl@zjou.edu.cn；
　　王颖（通信作者），教授，研究方向为海洋文化，电子信箱：wying@zjou.edu.cn。

工，2009年11月建成。2009年12月25日，舟山跨海大桥建成通车。从此海岛变通途，舟山与大陆的交通变得十分便捷，通行所耗时间也大大减少。陆岛建桥，为舟山经济发展与社会进步添加了翅膀，成为舟山经济发展的晴雨表，通过每天大桥车流量的变化就能感知舟山经济脉动。

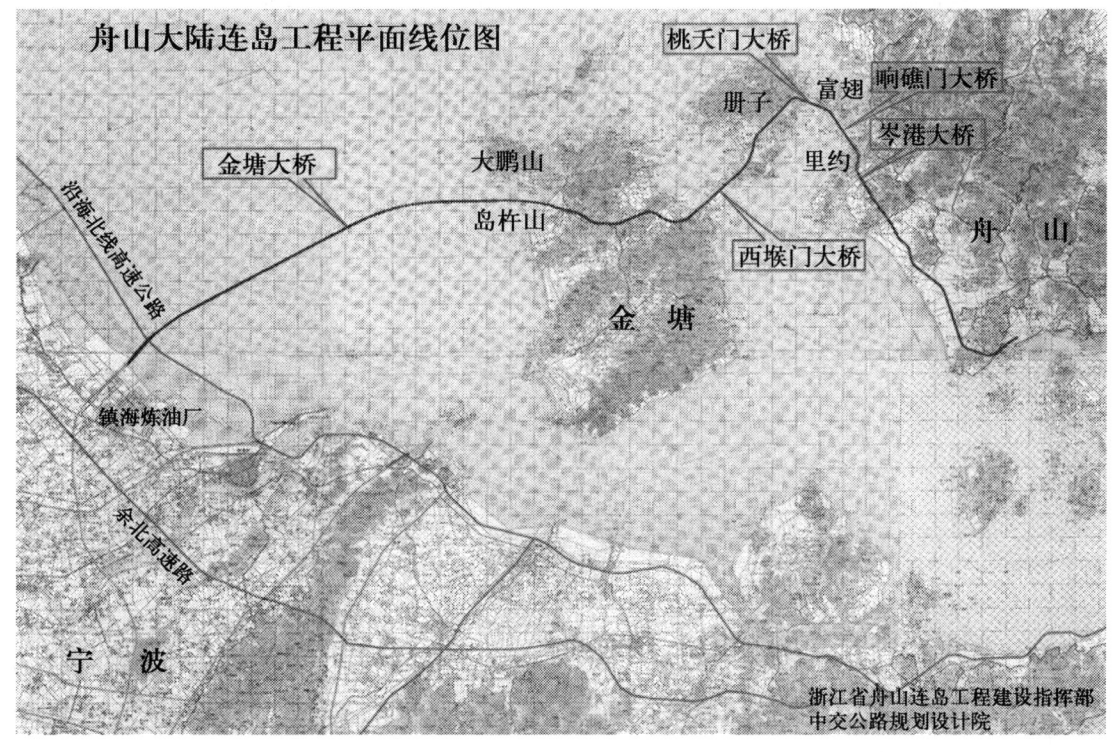

图1 舟山跨海大桥平面线位图

三、跨海大桥带来的经济效益

（一）完善了交通网络，拓展了发展腹地

长期以来，因一水之隔，舟山孤悬东海，与大陆非舟楫不能往来。舟山跨海大桥建成后，使得舟山能够岛连桥、桥通陆，实现了由岛登陆。"岛城登陆"这个舟山人的世纪梦，舟山人走了整整十年最终得以实现。

舟山跨海大桥具有完善的交通服务网络，对提高舟山陆海空运输能力起到了非常重要的作用。通过跨海大桥，舟山能够便捷地连接宁波及更远的地区，连同杭州湾跨海大桥和东海大桥，形成舟山至宁波、杭州、上海的1、2、3小时以内的交通运输。[1]这一交通格局的变化，使舟山在经济及社会各方面受到了宁波、杭州、上海等发达城市的全方位辐射，更好地融入了杭州湾城市圈，成为了杭州湾城市群中的桥头堡；使得舟山区位、资源优势更好地接轨长三角，有力地推动了长三角一体化进程，使得长三角区域的战略空间格局发生新的演变和整合，未来的长三角将更趋同城化。通过发挥跨海大桥的公路运输优势，扩大了舟山与大陆的联系，能够直接面对开放的国内和国际市场，极大地拓展了发展腹地，获得了广阔的市场空间。

（二）促进经济快速发展和产业结构合理调整

跨海大桥建成前，舟山孤悬海外的地理位置，使舟山长期处于长三角的边缘地带，交通不便成为阻碍经济发展的瓶颈，加之缺乏市场纵深腹地，舟山经济发展缓慢，在长三角城市群中，舟山经济总量长期居于末位。舟山想发展必须打破交通瓶颈。然而跨海大桥建设所需的巨额投入，对于还处于"吃饭财政"的舟山来说，无疑是天文数字。1999年舟山市地方财政收入4.98亿元，按当时财政收入来看，即便不吃不喝不花一分钱，跨海大桥建成也需要20多年。当初，好多人对于跨海大桥并不看好。大桥建成后，舟山的飞速发展证明这项工程的合理性和远见性。跨海大桥不单提供了一条交通大动脉，更是一条舟山全面对接大陆的纽带。大量的物流、人流、信息流、资金的涌入，使舟山迎来发展的新机遇，经济取得快速增长。

（1）跨海大桥自身带来的收益。跨海大桥自身带来的收益集中在三个方面：

第一，跨海大桥作为当年浙江省"五大百亿"工程之一，总投资130多亿元，在当年施工建设过程中，对于扩大舟山人就业、拉动内需、促进经济发展起到积极的作用。工程建设期间，每年对舟山市GDP贡献值都超过1%[2]；跨海大桥建设期间也给舟山市提供数以万计的就业岗位，工程建成后，大桥管理、维护等也提供了较多长期就业岗位。

第二，来往车辆的过桥费收入。舟山跨海大桥小车通行费为100元/辆，代收舟山本岛通行费10元，共计110元。30座的大客车通行费用为200元，代收舟山本岛通行费20元，共计220元。载重30吨的货车全程过桥费为415元，其中包括舟山本岛通行费20元。

跨海大桥建成后，舟山跨海大桥车流量迅猛增长，至2015年末进出舟山本岛车辆总量约为3050万辆次。2015年全年通过车辆达669.2万辆次，同比增加7.2%，日均通行量为18 300辆次，单日最大通行量为64 750辆次。大桥设计时预计通车10年后日均通车量达到8000辆，这个数字在2014年就已被超过；原本预计在10年之后达到盈亏平衡，在2014年这一目标也被提前5年完成。此外，工程建成后，还带来了降低运输成本、节省时间成本及减少交通事故（2013年实现"零死亡"，2014年因事故死亡人数仅为1人）等社会效益。

第三，跨海大桥本身就是一道景观。造型优美、风格迥异的大桥恰如美轮美奂的项链悬挂在蓝天碧海间，形成一道亮丽的风景线，成为舟山旅游的一个新品牌。

（2）产业结构不断优化，催化出新经济形态。舟山岛内物资较为贫乏，在大桥建成前，舟山所需物资大多经由水路运入，水路运输受制于气候经常停航，"台风一刮，死蟹一只"是对舟山这一状况的贴切比喻。加之岛屿的分散性，使物资运输成本大大增加，舟山生产成本往往比内陆高出5%~6%，这是制约舟山这个长三角先行开发城市引进资金、人才、调整产业布局的最主要因素。进而导致舟山经济基础薄弱，产业以渔业为主，包括冷库、水产加工、船舶修造业等相对低级的加工业，缺少规模企业。

跨海大桥建成后，舟山由"孤岛"变"半岛"，实现了与大陆的陆路无缝交通对接，降低了产品和要素的运输成本，进而带来了资源重组、要素流动、信息沟通、市场扩张、产业集聚等一系列有利于舟山社会经济发展的有利影响，为舟山经济提供了新的发展契机和加速发展的动力。

大量物流、人流、资金流、产业流、信息流的涌入，紧跟而来的是大量企业抢滩舟山。扩大了基础设施的共享效益，产业集聚和规模经济的形成，也极大地降低了生产成本，加快了舟山的工业化和城市化进程，使产业结构得到了合理的调整，促进了国民经济第一、第二、第三产业的协调发展。跨海大桥通过连接海岛与大陆，组合优化了海洋与大陆的优势，极大地推动了舟山市海洋经济的发展。[3]也有力地培育和壮大了优势行业，船舶修造、临港石化、大宗物资加工、港口物流等临港产业和港口物流业、山海旅游业发展迅猛。

传统的渔业也获得了新的发展空间，企业的涌入带来了大量的就业机会，就业环境也得到逐步的改善，渔民从业结构渐趋多样化，实现生产力从第一产业向第二、第三产业转移，加速了城市化进程。同时，渔民经营方式也从近海捕捞向海水养殖、远洋渔业等方向发展，有助于保护近海渔业资源，减缓近海渔业资源的减少和衰退速度。大桥建成前水路运输海产品受气候影响大、易变质、运输成本高，这些都制约着舟山海产品销售的市场范围，使渔业损失严重。大桥建成后，为海产品的运输提供了便捷无缝的交通运输、借助"互联网＋"等新的销售方式及海产品的精深加工等，舟山的传统渔业寻找到了更加直接的市场联系，扩大了销售范围，获得了广阔的市场空间。

跨海大桥建成后，带来的资源重组、要素流动、信息沟通、市场扩张等一系列有利于区域经济发展的效应，促进了经济结构优化，催化出一个更具特色、更加稳健、更高层次的新经济形态。

（3）土地增值，政府宏观调控能力增强。跨海大桥建成后，缩短了舟山与经济发达地区的时空间隔。舟山夏无酷暑，冬无严寒，空气清新（2014年空气质量全国第二，2015年全国第四），气候宜人。兼具"面朝东海，春暖花开"、山清水秀、人文宗教气息浓厚的优势。优越的居住环境吸引了大量的外地人来舟山置业，同时，外地房地产企业也进入舟山市场，带动了舟山市土地开发规模不断扩大，土地利用集约化水准不断提高，土地需求进一步增加，房地产市场竞争加剧，政府财政收入增加。强化了政府宏观调控能力，便于筹措基础设施建设资金。

（三）盘活优势资源，招商引资显著
交通天堑的阻隔，岛与岛之间交通

相对不便，使生产要素流动不畅。舟山优越的区位优势、深水岸线资源和深水港区域优势难以得到发挥，招商引资受阻。跨海大桥建成后，舟山的战略空间和战略资源发生了重大变化，舟山从边缘海岛地区变成了资源优势明显的沿海地区，从交通最末端地区变成通向海洋的最前沿。

（1）区位优势。从地理位置看，舟山位于我国东部南北大通道和长江黄金水道入海口的"T"字形交汇区域，是进出上海、杭州和宁波的"海上门户"，也是长江经济带向东最前沿的城市。对内紧靠长三角大中城市群，并延伸至长江内河流域，腹地较为广阔；对外面向太平洋，距台中、长崎、釜山等港口500海里上下，距高雄、首尔约600海里，距香港、神户、大阪等港口约700海里，构成一个近乎等距的海运网络。[4]跨海大桥建成后，舟山区位优势更加明显。舟山抓住了这一机遇，着力打造长三角地区重要的集中转、贸易、加工、分销、配送为一体的现代化港口物流基地，努力从历史上的偏塞之地转型为国际物流与国内物流相结合的重要桥头堡。

（2）深水岸线资源和深水港区域优势。海洋是舟山人最引以为豪的资源。舟山区域总面积2.22万平方千米，其中海洋面积就有1440平方千米。这片广袤的海域，使舟山成为世界上深水岸线最长的一个城市。舟山拥有岸线2444千米，港域内适宜开放建港的深水岸线54处，总长282千米。其中水深大于15米的岸线长198.3千米，水深大于20米的岸线长107.9千米。舟山的海岸线占全国的7.6%，深水岸线占全国的18.4%，相当于海南、上海、广西三地的深水岸线相加的总长度。但与大陆岸线相比，舟山的岛屿岸线资源缺乏广阔的经济腹地支撑。跨海大桥建成后，舟山的岛屿岸线也成为大陆岸线，开发价值得到成倍的放大，使舟山港不但有了广阔的腹地，集疏运条件也大为改善，在传统的水水中转基础上，还发展了水陆中转，实现了港陆联动。舟山通过引进大项目，加快港口开发建设，充分发挥港口的辐射带动作用，延伸港口产业链，充分发掘了港口岸线资源的内涵价值。

跨海大桥建成后，来自全国乃至世界各地的一些特大型企业都把投资目光对准了舟山，借着工程建设的东风，中国石化、中远集团、中化集团、淡马锡等国内外知名企业，纷纷加大了在宁波－舟山港域的港口及临港工业的投资力度。舟山的绿色石化、船舶与海洋工程装备、港贸物流等一批产业发展迅速。

（3）推进了宁波－舟山港的一体化。宁波港是长三角除上海港外唯一拥有远洋航线的港口，是世界五大港口之一，中国前三大港口，货物吞吐量居全国第一，集装箱吞吐量居全国第三。但是宁波港港口建设已经接近饱和，要想有新突破，就必须开拓新的岸线、航道等港口资源。一水相隔的舟山则拥有世界罕有的建港条件，深水岸线资源丰富，紧挨国际航运主航道，各岛与国际主航道的航距均在1小时内，穿越港区的国际航道能通行30万吨级以上的巨轮。但拥有如此优良资源的舟山港,由于没有直接的纽带相通,舟山的很多岸线、航道资源像是养在深闺的少女,当时只有不到10%的深水岸线得到开发。跨海大桥建成后,舟山与宁波之间实现了公路通道相连,时间、资金成本大为降低。更为关键的是,宁波与舟山的港口岸线将连接成有机的整体,这对推进宁波-舟山港口一体化进程,建设国际贸易中转储运基地有根本性的积极意义。

2016年2月,过去10年共用一个锚地与航道的宁波港和舟山港,终于实现整合。此次重组将加快宁波舟山港实质性一体化,有利于实现两港优势互补,借助宁波港的资金优势、管理优势和国际影响力,挖掘舟山港的资源优势和发展潜力,放大"1+1>2"的整合效应。整合后的宁波舟山港是中国大陆重要的集装箱远洋干线港之一,同时是大陆铁矿、原油、液化品中转储存基地和华东地区主要的煤炭中转储存基地。[5]

2015年,宁波舟山港完成货物吞吐量8.9亿吨,位居全球第一;完成集装箱吞吐量2062.7万标准箱,首次超过香港港,位居全球第四,同比增长6.1%。

(四)促进旅游业快速发展

舟山被誉为"千岛之城"。中国佛教四大名山、观世音菩萨教化众生的道场——普陀山,金庸笔下的桃花岛都在舟山。舟山旅游以渔、港、景为特色,海岛特有的景致赋予了这里无穷的迷人魅力,蓝天、碧海、绿岛、金沙、白浪营造了不可多得的度假胜地。

跨海大桥建成前,要来舟山旅游没有陆路交通,坐轮渡经常需要排长队,碰上恶劣天气还要停航数日,从上海来舟山往往需要5个多小时,许多游客因此放弃了来舟山旅游。跨海大桥建成后,无疑给舟山旅游业带来了前所未有的机遇。

(1)区位和资源优势得以发挥,为旅游业发展营造了良好的外部环境。舟山是长三角和长江流域海上的开放门户,北邻上海,南望宁波,背靠长三角城市群。长三角是中国经济发展最活跃和最发达的地区之一,被视为中国经济发展的重要引擎。长三角地区经济的迅速发展,使得区域内居民可支配收入迅速提高,人们对旅游的需求也急速增长,这为舟山旅游业的发展提供了潜力巨大的客源市场。跨海大桥建成后,阻碍舟山旅游业发展的交通瓶颈不复存在,畅通、便捷的旅游通道大大降低了来舟山旅游的时间和费用等旅游成本,大量游客通过陆路交通来到舟山,舟山可进入性大大增加,舟山旅游业的优势在长三角地区更加凸显。

舟山的旅游资源地方特色鲜明,资源种类齐全,集聚度高,其中有代表性的为佛教文化旅游资源、海岛自然风光旅游资源和渔文化旅游资源。舟山共有A级以上旅游区12个,其中普陀山为国家首批5A级旅游区,朱家尖、桃花岛为国家4A级旅游区,秀山岛为国家3A级旅游区。普陀山、嵊泗列岛为国家级风景名胜区,岱山、桃花岛为省级风景名胜区,定海为省级海洋历史文化名城,沈家门渔港为"全国工农业旅游示范点",桃花岛为省级生态旅游示范区。已开发景点达1000多个。[6]跨海大桥建成后,凭借着资源优势和良好的地理位置,舟山旅游业发展迅速,已成为舟山市的战略产业。

(2)加剧旅游行业竞争,完善了旅游配套服务设施。跨海大桥建成后,舟山迎来丰富客源的同时,也面临着周边发达地区同行的激烈竞争,它们拥有更加完善的服务设施、更加丰富的娱乐项目、更加充足的专业人才,这些都给舟山旅游业的发展带来了挑战。舟山面对挑战,不断完善旅游配套服务设施,优化岛际交通,改造码头,更新客船,常态化空中旅游航线,减缓了旺季旅游交通的压力;为提高景区公共服务能力,加速了旅游集散体系建设,增设旅游交通标示引导系统,增设旅游咨询服务平台,不断扩建停车场,增建旅游厕所等;同时与跨国连锁酒店品牌合作,吸引其入驻舟山,提升酒店服务质量。截至2015年,舟山有星级宾馆41家,客房3752间,床位6689张,星级宾馆客房入住率为49.2%。

(3)增强了旅游业国际知名度,提高旅游经济效益。跨海大桥建成后,舟山依托国际生态休闲岛和海上花园的打造,不断优化旅游发展环境,推动了旅游业态的创新。借国际海岛大会和国际邮轮港开港的契机,扩大了舟山旅游在国内外的知名度和影响力;游客数量持续增加,旅游产业链不断延展,提高了旅游的经济效益。2015年,舟山接待国内外游客共3876.22万人次,比上年增长14.1%。其中,接待国际游客32.24万人次,增长2.1%。从主要景区看,普陀山景区接待游客663.96万人次,增长6.1%;朱家尖景区接待游客558.20万人次,增长15.8%;桃花岛景区接待游客229.45万人次,增长10.5%。全年实现旅游总收入552.18亿元,增长15.7%。

(五)促进金塘岛的发展

跨海大桥建成前,金塘可以说是一个孤岛,四面环海,进出都只有水路。跨海大桥建成后,金塘这个曾经孤悬于东海的偏僻小岛变得热闹和生动起来。金塘人和大陆隔海相望、世代靠舟楫相渡的生活已成为历史。

跨海大桥带来的全天候便捷无缝的陆路交通,不仅降低了企业生产和销售成本,也减少了因气候恶劣货物超时违约等带来的不必要损失,同时也带来更多的信息和人流。使金塘许多曾经因交通瓶颈而起了搬家念头的企业留了下来。仅2015年前7个月,金塘岛就实现螺杆产值26.2亿元,占工业总产值的82%,出口交货值2053万美元。

金塘岛东与舟山本岛最近岸距6.25千米,南与宁波北仑港相隔仅3.5千米。面积77.35平方千米,岛周围的海岸线水深都超过了15米,有着建设深水良港的优质条件,又有舟山本岛做屏障,不易受台风影响,非常适宜建大型集装箱码头。但由于没有进出的通道,不具备建造集装箱码头的条件。跨海大桥建成后,为金塘岛深水岸线资源的开发提供了陆域集疏运的有利条件。金塘岛也适时提出了建设现代化、国际化集装箱物流岛的合理目标。金塘大浦口集装箱码头是宁波舟山港一体化的起步工程和示范项目，同时也是舟山的第一个大型专业化集装箱码头，这对缓解宁波-舟山港集装箱泊位通过能力不足的矛盾，适应集装箱吞吐量不断增长和运输船舶大型化的要求，加快和推进宁波、舟山港口一体化具有重要意义。跨海大桥建成前，在整个宁波-舟山港体系中，舟山港的集装箱吞吐量很小，要知道每增加一个标准集装箱，可增加6000元的GDP效应。而集装箱比例的过低，让舟山难以获得这样的GDP效应。而今，金塘大浦口集装箱码头实现了集装箱吞吐量新突破。截至2016年5月2日，金塘大浦口集装箱码头集装箱吞吐量已累计突破304万标准箱，实现了生产新发展。

跨海大桥建成后，特别是舟山群岛新区成为第四个国家级群岛新区后，舟山在《浙江舟山群岛新区（城市）总体规划（2012—2030年）》中提出了"一体一圈五岛群"的概念。一体，即以舟山本岛为新区开发开放的主体区域，着力打造南部花园城市带、中部重点生态带、北部海洋新兴产业带。一圈，即港航物流核心圈，依托岱山岛、衢山岛、大小洋山岛、大小鱼山岛和大长涂岛等

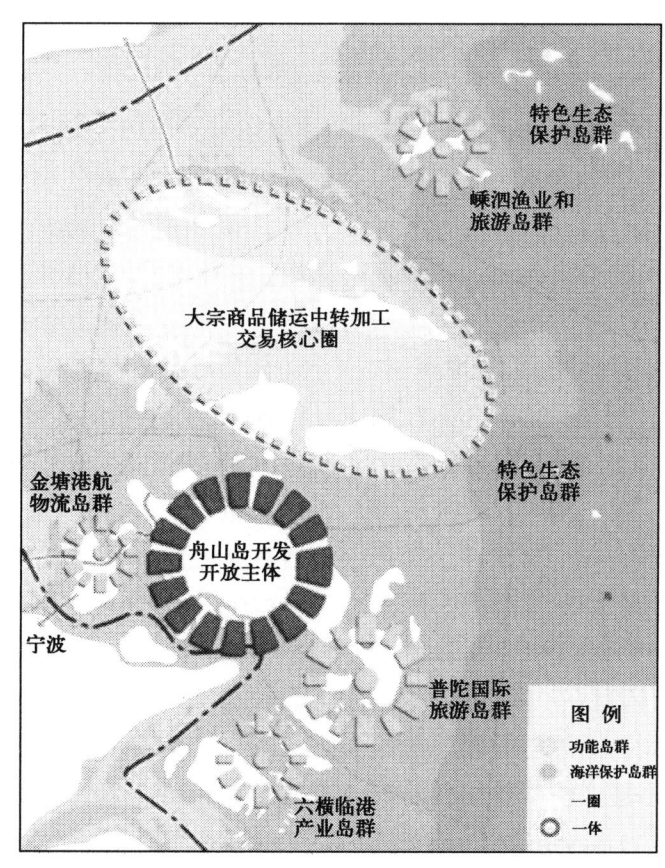

图2 舟山群岛新区"一体一圈五岛群"空间分布图

深水岸线资源最佳、发展潜力和空间最大的区域，建设大宗商品储运中转加工交易中心的核心区域。五岛群，即五大功能岛群，根据岛屿自身特点，合理确定主体功能和开发利用方向，培育形成普陀国际旅游岛群、六横临港产业岛群、金塘港航物流岛群、嵊泗渔业和旅游岛群与重点海洋生态岛群。

跨海大桥的建成，以及"一体一圈五岛群"总体规划的颁布，对舟山均衡岛域经济的发展起到了积极的推动作用。

四、跨海大桥带来的社会效益

跨海大桥的建设，不单单给舟山带来了经济效益，产生的社会效益是远远超过经济效益的，工程真实地改变了舟山人的生活方式。跨海大桥建成后，舟山人站在了"新生活"的起点上。

（一）舟山"第二次解放"，美好生活踏桥而来

"第二次解放"是舟山人对这一世纪工程最简明扼要的概括。跨海大桥建成前，从事传统销售和网络销售的商家，因水路运输受制于气候影响较大，经常因未能及时交货蒙受经济损失或被差评；跨海大桥建成后，因交通不畅带来的履约风险可降到最低，失去的好评，也可以慢慢赢回来。跨海大桥建成前，因舟山市场狭小，好多大商超和专卖店都未入驻舟山，即使有入驻的也因运输成本高，缺乏竞争，价格较高，所以，舟山人喜欢到宁波、杭州、上海购物；跨海大桥建成后，在舟山人外出购物更加方便的同时，一些大商场、超市和专卖店也陆续落户舟山。跨海大桥建成前，交通不便、就业机会较少，使得在外读书的舟山年轻人不喜欢回家乡发展。跨海大桥建成后，大量企业落户舟山，促进经济的发展；也带来众多就业机会，大量在外的舟山人返乡就业或创业。跨海大桥建成后，使舟山与大陆连成一体，实现了与大陆基础设施共享，全面实施水、电、交通、信息等基础设施"登陆"舟山，为发展经济、改善人民生活创造了条件。跨海大桥建成后，消除了制约舟山社会发展的种种不便，舟山人直接从中受惠。之前，受制于海岛地理环境，处于较低水准的城市发展水平、科教文卫等诸项社会事业都得到了进一步的提高。

（二）解放了"岛民"思想，洗礼了"岛民"文化

跨海大桥不是一个仅局限于经济发展的战略概念，而是一个涵盖经济、政治、文化和社会建设综合发展的战略概念。它促进了舟山经济、社会、文化建设全面发展，甚至影响了舟山人的精神世界，使人们的思想观念、思维模式、生活方式都发生了深刻的变化。[7]跨海大桥建成前，舟山孤悬大海，对外交通、信息交流的封闭，使得舟山人有意无意地产生一种边缘意识，形成了舟山的岛民文化。岛民文化的特征是：小富即安、即时消费，不愿冒险，故步自封，缺乏的就是一股闯劲，一股拼劲。[8]岛民文化的形成和历史上海岛不太安全的生产方式有直接的关系，这也在一定程度上制约着舟山的发展。跨海大桥建成后，舟

山与外界的交流更加广泛、灵活、频繁，伴随着人口流动、职业转移和产业的集中，长三角较发达地区的文化习俗和生活方式也逐渐扩散并渗透到舟山，使得舟山经济社会的发展和人们的思维模式、生活方式也发生了深刻的变化。

跨海大桥带给舟山人的不仅仅是往来大陆的便利，更为重要的是，深刻影响了舟山人的思想观念和生活方式，带来舟山发展条件的历史性改变。相对狭隘的"岛民"文化，接受了一次较为全面的洗礼，其中一些落后的文化意识被摈弃，更好地与成熟的都市文化相融合；同时海洋文化中包含的积极向上、开放性和探索性，作为舟山文化的精髓得到了保留并被发扬光大。

（三）推进了人才集聚和科技创新

舟山的发展离不开人才，尤其是高级人才。跨海大桥建成前，舟山"舟楫摆渡"的交通状况，在一定程度上增加了引进人才的难度。跨海大桥建成后，舟山着力人才队伍建设，凭借资源和政策优势引进了一大批高端人才和创新团队；强化了载体建设，完善了平台体系。浙江省海洋开发研究院建设扎实推进，浙江大学海洋学院建设进入新阶段，浙江大学舟山海洋研究中心建设加快推进，上海船舶工艺研究所（611所）舟山船舶工程研究中心建设成效初显；同时深化了与大院名校的务实合作，集聚了创新资源。其中与北大共建的"北大舟山新区海洋研究院"、与国家海洋局第二海洋研究所共建的"国海舟山海洋科技研发基地"进展顺利，与中科院声学所共建的"舟山施诺声学监控技术研究中心"，与浙江工业大学共建的"舟山浙工大技术转移中心"已开展前期服务，与上海交通大学已拟定合作协议，正在商议签约时间。[9]人才、高校和科研机构的引进，营造了良好的科技创新氛围，科技对舟山市经济社会发展的引领支撑作用不断增强。创新驱动不断得到强化，推进了高新技术产业的发展，培育了众多新兴产业，优势产业得到升级，产业结构得到优化。

五、规划建设中的连岛新通道

《舟山市国民经济和社会发展第十三个五年规划纲要》中也提出：进一步推进连岛通道建设，开工建设宁波舟山港主通道（舟山绿色石化基地疏港公路）、六横公路大桥、甬舟铁路。开展沪舟甬大通道（岱山—洋山段）、甬舟第二陆路通道、舟山本岛轨道交通、舟山本岛南部诸岛景观通道、普陀南部大通道等前期研究工作。根据规划，"十三五"期间，舟山交通计划总投资将达到500亿元。[10]

（一）沪舟甬大通道

舟山正在研究规划沪舟甬大通道，此通道，从宁波舟山港主通道向北，经岱山岛至大洋山岛附近接东海二桥，最终接入上海高速公路网。通道全长近130千米，建设形式为公铁两用。大通道建成后将在杭州湾上架起一个大环线，把上海、宁波-舟山港连为一体，使舟山从交通末端变成交通枢纽。

在《上海城市总体规划纲要概要》

中也提到：提升上海与沿海城市联系的南北向通道，辟建沿海交通廊道。沪舟甬大通道属于"沿海交通廊道"的一部分，对舟山来说，这条沿海廊道，将使上海、宁波、舟山形成最短的陆路交通，以更"高大上"的交通基础设施体系支撑海洋经济发展。

宁波舟山港主通道由富翅门大桥、舟山-岱山大桥、鱼山大桥组成，它是舟山市规划的沪舟甬大通道重要组成部分，线路全长约42千米。它将连接舟山和岱山两岛，主线起于富翅岛，连接甬舟高速，经舟山本岛西端、长白岛，止于岱山岛西端双合，主线全长约30.68千米，支线从岱山延伸至鱼山。预计总投资160.6亿元，其中主线约为138.12亿元，鱼山支线约为22.48亿元。

宁波舟山港主通道的建设对完善区域路网布局，改善舟山市区位条件，带动江海联运核心港区建设与重大产业配套，推进宁波舟山港一体化，实现港口联动、港城联动和陆海统筹，加快舟山江海联运服务中心建设均具有非常重要的意义。

富翅门大桥已于2016年2月21日开

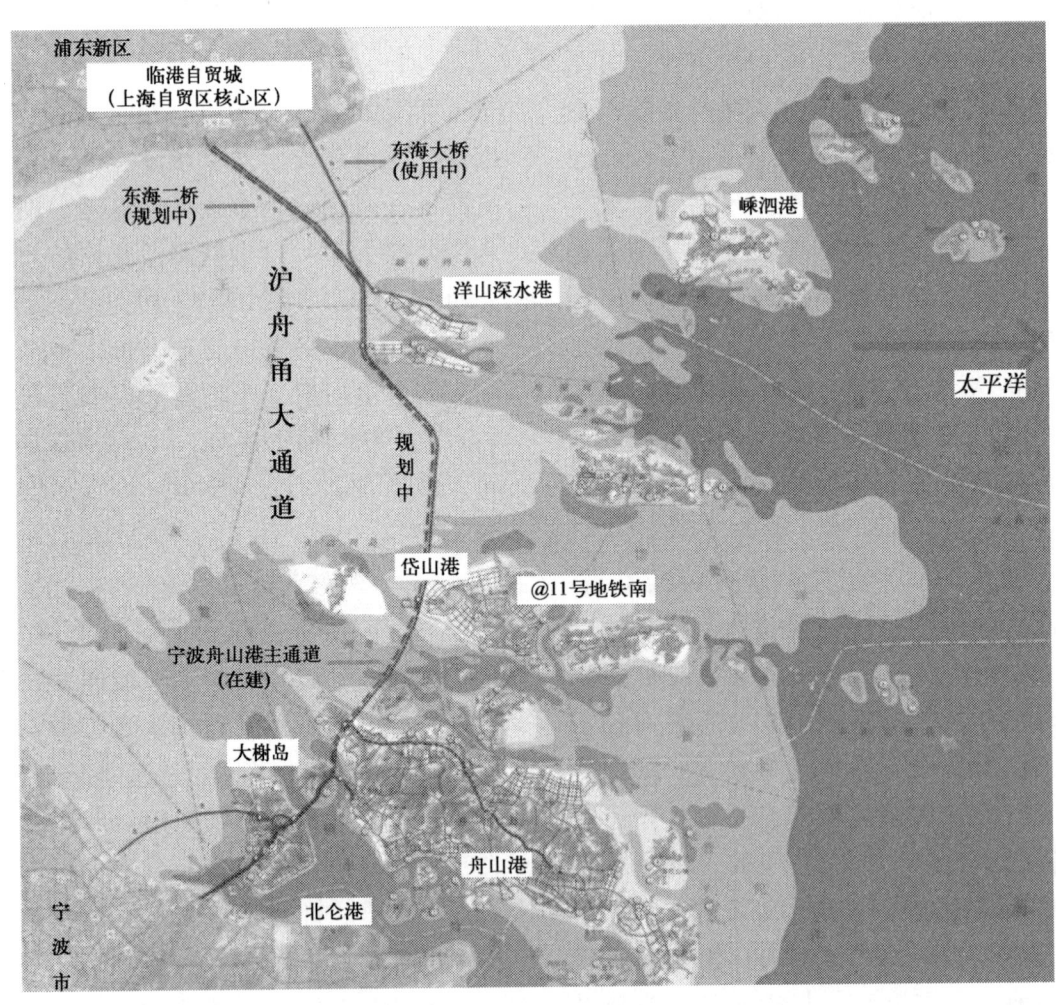

图3　沪舟甬大通道

工建设，目前已完成部分主桥平台建设。大桥将实现甬舟高速与宁波舟山港主通道及329国道舟山段的快速连接，有助于进一步发挥甬舟高速公路功能，加强舟山对外交通联系。同时，大桥作为舟山江海联运服务中心基础的配套设施，建成后将为舟山再打通一条对外的交通"主动脉"。

（二）六横公路大桥

六横镇是舟山的第一大镇，也是舟山着力发展船舶修造、港口物流、临港石化等临港产业的重镇。但是因缺少陆路交通，六横的发展空间受到极大制约。2013年3月，国家发展改革委批复同意建设宁波舟山六横公路大桥。宁波舟山六横公路大桥横跨舟山六横和宁波北仑，路线全长30多千米，舟山境内约16.8千米，宁波境内约14.6千米，总投资约175.34亿元。

六横公路大桥与舟山跨海大桥相比，功能略有不同，靠北的跨海大桥主要方便游客进出舟山，而靠南的六横大桥则主要承担港口物流的重任。大桥建成后就可以看到大量装满集装箱的货车，往返于宁波与舟山的第二条跨海大桥之上。[11]

六横公路大桥将于"十三五"期间开工建设，建成后从六横岛到宁波市区的通行时间将至少缩短1个小时，六横港区的深水良港作为大型物流中转基地的得天独厚的地理区位优势，将充分得到发挥。六横港区和梅山保税港区的联系将更加紧密，有利于进一步提高宁波舟山港的竞争力。

图4 六横公路大桥

（三）甬舟铁路

甬舟铁路指宁波至舟山的铁路建设工程项目，西起宁波市鄞州区，经宁波市镇海区（备选方案为北仑区）、舟山市金塘岛，东至舟山本岛定海区白泉镇。线路全长87.708千米，项目估算投资约240亿元，初步计划的设计时速是200千米，基本上半个多小时就可以从舟山到宁波。[12]甬舟铁路的初步功能定位是客运为主，兼顾货运。规划中，宁波至金塘岛段为客货混运线路，舟山段为城际客运铁路，并规划在金塘岛设置集装箱货运站。

甬舟铁路是舟山市最核心最重要的基础设施建设项目之一，该项目争取2018年开工建设。铁路建成后，将结束舟山不通火车的历史，成为舟山融入我国快速铁路网络的重要纽带。届时，甬舟铁路不仅是舟山市的重要运输通道，还将大大便利游客和市民的交通出行，促进舟山旅游和交通运输业的发展。同时，对于完善宁波铁路枢纽以及宁波港运输通道也有重要意义。

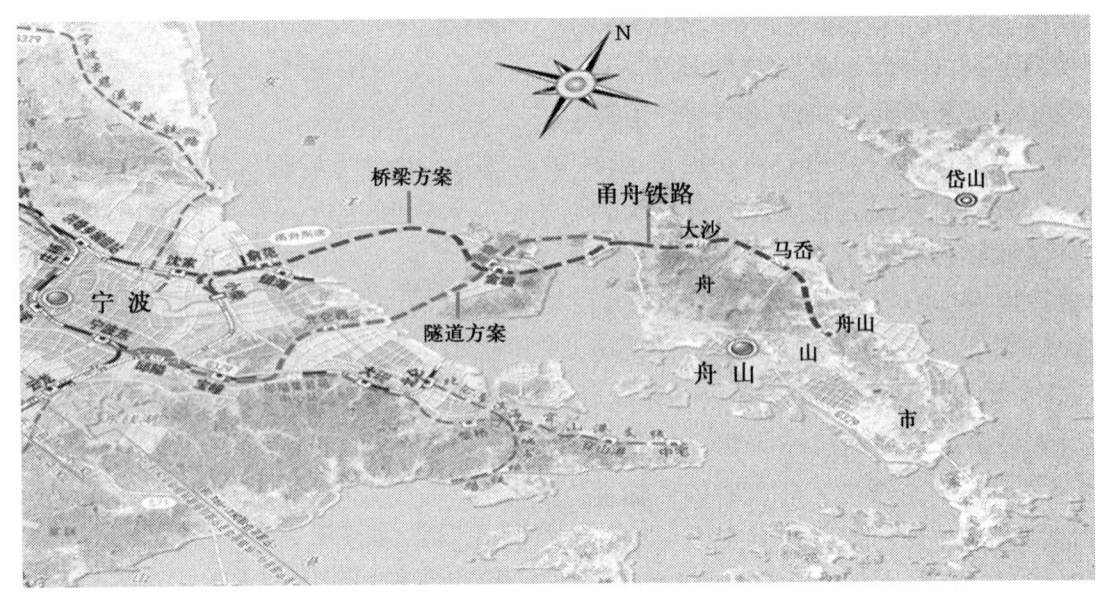

图 5 甬舟铁路

根据中铁第四勘察设计院和中铁大桥勘测设计院的方案，甬舟铁路目前形成两套方案，一个是跨海走桥梁，另一个是跨海走隧道。跨海走桥梁方案将从镇海接轨，这个方案新建双线长约35千米，其中双线隧道3座约3.6千米，双线桥梁6座约27千米，新建金塘岛站和镇海客站。预算工程投资90亿元。镇海接驳方案对既有的金塘公路大桥存在冲刷影响，且不利于引航和通航。更主要的是，如果选择在镇海接驳，将对周边业已紧张的锚地资源造成破坏。备选方案选择在北仑走海底隧道，新建双线长约42千米，其中双线隧道4座约21千米，海底隧道1座约17千米，预算工程投资120多亿元。但这个方案相对来说存在安全隐患更大、施工难度更大、所需资金更多等问题。

除上述工程外，舟山在建的跨海连岛工程还有秀山大桥、小干二桥等，小干二桥建成后将成为世界自锚式悬索桥的第三跨度，组合梁自锚式悬索桥的第一跨度。20多座跨海大桥，如同精美的项链，将舟山的大小岛屿串联在一起，有利于特色鲜明、定位明确的功能岛群更好地发展。

六、结语

2011年6月，国务院批准设立浙江舟山群岛新区，新区成为国内首个以海洋经济为主题的国家级新区。新区也是国家"海洋强国"战略的基点，舟山应利用独有的区位优势和自然禀赋，积极接轨"一带一路"和长江经济带建设，完善国家海洋经济战略布局。同时，利用独有的优势建设舟山江海联运服务中心，形成长江经济带和长三角发展的重要战略支点。

利用好现有的舟山连岛工程并加快规划建设新的舟甬跨海通道及舟沪北向

通道等一系列跨海工程，将有助于加快新区建设步伐，巩固建设海洋强国的桥头堡位置；为打造舟山江海联运服务中心及推进"海上丝绸之路"、长江经济带建设提供基础支撑；便于更好地接轨沪甬，推进长三角一体化进程；有利于舟山实现大跨越、大发展，成为浙江新一轮发展的新的增长极和长三角发展的焦点地区。

参考文献

[1] 许高峰，罗丽. 大桥时代：浙江舟山民营经济的发展［J］. 上海商学院学报，2010，11（5）.

[2] 刘秋民. 论跨海大桥建设对舟山经济发展的影响［J］. 浙江国际海运职业技术学院学报，2007，3（1）.

[3] 肖昭升，屠书荣. 舟山跨海大桥建设的意义［J］. 综合运输，2004，（1）.

[4] 杨益波. 舟山新角色："画龙点睛"的战略支点［N］. 中国经济时报，2015.

[5] 腾讯财经. 宁波舟山港合并集装箱吞吐量超香港居全球第四［EB/OL］. 2016－02－17［2016－07－20］. http://finance.qq.com/a/20160217/055674.htm.

[6] 舟山市统计局舟山统计信息网. 舟山市2015年国民经济和社会发展统计公报［EB/OL］. http://www.zhoushan.gov.cn/web/zhzf/zwgk/tjxx/ndtjgb/201603/t20160316_818401.shtml.

[7] 曾沛源，蔡勤禹. "大桥时代"背景下舟山村落经济社会结构变迁探析［J］. 浙江海洋学院学报（人文科学版），2008，25（3）.

[8] 薛曹盛，王颖. "六横现象"探寻文化融入［N］. 现代金报，2009.

[9] 舟山市科技局. 2014年工作回顾和2015年主要工作安排［EB/OL］. 2015－02－03［2016－07－20］. http://www.zhoushan.cn/zdzt/6thrdwc/gonggao/201502/t20150203_687301.htm.

[10] 舟山市人民政府. 舟山市国民经济和社会发展第十三个五年规划纲要［EB/OL］. 2016－03－22［2016－07－20］. http://www.zhoushan.gov.cn/web/zhzf/zwgk/ghjh/ztgh/201603/t20160322_818881.shtml.

[11] 程鹏宇. 舟山再建一座跨海大桥［N］. 杭州日报，2016.

[12] 薛曹盛. 甬舟铁路有望2018年开工坐火车去舟山只要半小时［EB/OL］. 2016－07－15［2016－07－20］. http://biz.zjol.com.cn/system/2016/07/15/021228369.shtml.

舟山港有限经济腹地下的集装箱吞吐量提升策略

李 奥 唐志波

(浙江海洋大学 经济与管理学院)

摘 要 本文以舟山港为研究对象,在对其现状分析的基础上探讨如何在该港有限腹地情况下加大集装箱运输的吞吐量,并对舟山建设集装箱码头进行一系列分析以及列举对集装箱集散方式的改进方案,以此作为制定港口发展战略的依据。

关键词 舟山港;集装箱;腹地;吞吐量;物流

舟山港作为一个潜力港口,已成为重要的国际集装箱海上交通枢纽。在对港口集装箱进行规划前,对港口集装箱运输的内外环境现状和发展趋势的把握,显得尤为重要。对集装箱运输发展中问题的分析,尤其是对舟山经济腹地有限条件下的分析,是当下发展舟山港的重要一环。

一、舟山港口集装箱物流发展现状及存在的问题

舟山港是长三角地区的重要港口,深水海岸线足有近300千米,目前有8个主要港区主要进行大宗散货交易,近来舟山群岛新区对集装箱物流的重视加强,所以新建3个规划区(金塘港区、刘横港区、小洋山港区)主要进行集装箱运输发展建设。舟山港作为长三角地区的重要组成部分,港口相关产业是舟山未来最具潜力和竞争力的产业。

舟山港跨海大桥的快速发展以及铁路的规划实施,极大地加强了长江流域、京杭大运河流域、上海港等周边海域与舟山港的联系,使其影响范围扩展至整个东部地区,同时舟山港作为货物中转重要枢纽,能够远达东亚和环太平洋流域,沟通了国内外的各大线路。

舟山港目前的整体发展趋势,首先在于港口国际化。舟山港作为我国的新兴潜力大港,负责着世界性物流运输的服务,向人们提供着报关服务、搬运、储备、配送的重要服务项目,加快了国内外的物流联系。其次是管理系统化。系统化的舟山港进一步带动港口运输工作的加速,由一开始的单一的服务逐渐发展成集配送、加工、包装于一体的综合服务港口,保证了物流程序的系统化,加强各个流程的联系,带动了整个物流线的正常运转,并产生众多的工作岗位,促进了舟山当地的经济发展。再次是产业多功能化。舟山港的发展,港口推动产业的分销工作,将产品细分到各大流通渠道,包括零售、运输等不断提高港口的服务水平,满足现在的物流需求。最后是物流标准化。一个国际性的港口必须满足各国的物流需求,这就产生了标准

化需求。舟山港在商品包装、信息加工、搬运过程中都注重与国际接轨，采用国际化需求标准，保证了舟山港在未来发展中占据国际物流的重要地位。

最新数据显示，目前舟山港主要有港区11个，其中主要发展集装箱运输的港区有3个。

1. 洋山港区

舟山市嵊泗县西部小洋山岛的洋山港区由于其北靠上海港，是连接上海港与舟山港的重要港口，也是天然的大型物流港口建设场地。包括大、小洋山港以及沈家湾港三大港。2015年12月10日，洋山深水港开港已经过了10年，共累计完成近1亿箱吞吐量。据统计，在2015年初始，洋山港吞吐量仅仅只有324万标准箱（TEU），如今每年吞吐量已超过1000万TEU，其潜力巨大。

可看出，舟山港作为国际中转枢纽在集装箱物流中也起着不容忽视的作用。10年来，洋山港的成就真实地摆在了数据上：每100米岸线的年平均贸易量可达到29万箱，位居国际排名第一；与此同时，大洋山港区也成为中国第一个保税港区和第一个靠泊1.8万TEU超大集装箱船（Maersk Mc-Kinney Moller）的枢纽港。

自2005年12月10日小洋山港正式开港运营以来，不断推动沿海港口由"江河时代"向"海洋时代"跨越。现如今大洋山、小洋山作业区已各自建成专属集装箱码头泊位，与此同时，正在规划修建的国内最大自动化码头——洋山作业区第4期建设，极有可能在2016年年底运行。与此同时，在两会期间为了响应"一带一路"最新战略，洋山港也面向长三角经济带沿线36个国家的50个港口先后推出了"洋山港主航道双向通航"等服务举措。

2. 金塘港区

金塘港区位于东京宫山与龙蛇咀头之间的金唐山，海岸线长约22千米，从其水域条件、陆域状况以及岸线使用现状分析可看出，整个港区作业区从岛屿岸线顺序排列，逐步形成海岸连接线，港区水域外边线与码头前沿线间的最小距离为1000米。目前金塘港区六大作业区码头与陆域面积分布较为平均，金塘港区的功能与其附近北仑港区运行相近，作业区都是共用一条进出港航道。从《金塘港区用地现状图》可看出，港区腹地面积广阔，适宜发展集装箱码头运作。

金塘港区特点在于水水通关，对舟山港卸载的货物省略了公路运输至内地，简化了烦琐的异地报关环节，而是直接通过当地报关后即刻通过水路继续运往目的地，此举对舟山港未来发展有重要意义。"水路直通关"是对金塘港特点量体裁衣定制的通关方式，也是激活金塘港口活力、构筑港口与大陆通关新通道的又一有力举措。

3. 六横港区

截至2015年12月，六横港区国际船舶来往已经突破800艘船次，同比增长近40%。六横港区规划以集装箱为主的大型港口建设，如今除了集装箱运输外，舟山石油、煤炭等运输的装卸、堆场能力也逐步提升，六横港区意在向国际化枢纽港发展。

舟山市港航局相关人士介绍，在当下经济低迷、港口不景气的情况下，全力开拓市场、争取货源是六横港区当前最需要重视的环节，结合长三角近期发展和扶持，发挥港区优势，以优质服务为支撑，提高港区运转效率。

腹地有限、集装箱码头能力不足、供求紧张的问题短期内难以得到解决，从而也将导致舟山港口短期内货物通关和物流相关服务不到位，综合服务以及海上运输优势不能完全发挥。对此，为满足船舶大型化和专业化，尤其是海上船舶设施专业化要求，舟山港应大力推进筹备目前舟山港集装箱码头规划建设，着力解决集装箱码头深水泊位不足、海水淤泥严重等问题。

对于刚刚成立的舟山港，提升集装箱吞吐量的路径选择将是一道难题。

有业界人士对舟山港集装箱数据与宁波、上海等邻近港口数据进行集中比对分析看出，舟山港在集装箱发展上确实不占优势，然而这并不代表舟山港不能发展集装箱运输。近期港区规划显示，最新港区规划都偏向发展集装箱运输。

但有人认为，舟山群岛特殊的地理环境使得其工业底子薄[1]，只能够依赖海岸线优势发展的渔业、农业等，对大型码头尤其是对港口设备要求颇高的集装箱码头建设和发展有一定难度。

同时，舟山港作为国内与国际贸易来往重要枢纽，有着举足轻重的国际地位，受腹地工业发展影响，港口本身发展不足也导致中转枢纽未完全发挥其效用。舟山港域因得天独厚的深水港口资源与适宜的区位优势，水转运系统已经具备相当规模且一直作为石油、矿石、煤炭、粮食等大宗散货的主要转运方式之一，已经非常成熟。以宁波保税区为参考，舟山即将建"大宗商品国际物流基地"[2]，发展有特色的海洋资源商品加工、储备物流，着力加强舟山大宗商品交易，为打造舟山自由港区奠定基础成为了当前舟山群岛的最新发展战略。大宗商品在舟山港的主流地位对于集装箱发展有一定的影响。

事实上，舟山港域相应的集疏运网络系统建设和发展的重点就是指以集装箱为重点的集疏运系统及多种转运方式的发展，尤其是在2009年舟山跨海大桥正式通车后，舟山港口集装箱集疏运、转运方式从水运系统逐渐向水陆、水桥等多样化运输方式转变。

相比较而言，国内外发达港口的内陆运输成熟，集疏运体系发达，但是，舟山群岛公路发展尚不完善，舟山港虽然岛屿众多，但大多为独立的孤岛，岛屿之间交通极不发达，这导致了即便有适合做港口的岛屿，也因其内陆联运条件不成熟而无法建设。交通相对较发达的舟山本岛主要运输方式只有跨海大桥，且公路扩容能力有限；同时铁路运输只是在规划中，还未正式建设，所以舟山港在海铁联运方面发展尤其不足，建造跨海铁路经费浩大，虽然铁路规划已逐渐提上日程，但即便修建完成铁路，若不充分考虑集装箱的运达地与主要出口源地间的距离，反而会产生成本增加的副作用。

二、舟山有限腹地对集装箱吞吐量的影响

港口腹地，也可称之为港口经济腹地，其主要用途在于港口或码头对旅客的集散、货物运输中转，主要可以分为直接腹地和间接腹地、陆向腹地和海向腹地。[3]经济腹

地是以经济中心为准向周边地区可辐射的区域范围能够达到经济发展标准的区域统称。港口腹地范围的大小受港口与腹地之间交通的便利性、港口区位优势、物流成本、周边竞争港口服务质量等多方面因素的影响。舟山港主要依赖于海洋港口物流以带动自身经济发展，在最近几年成效颇佳，但随之而来的主要问题是港口的供不应求。

多年来舟山港不遗余力地发展，成效显著，现如今舟山港有六大主要基本腹地。

（1）位于舟山市嵊泗县泗礁岛附近的腹地区域，现主要联结长三角与长江沿岸，服务于以大宗散货为主的马迹山港区、泗礁港区和六横港部分港区。

（2）位于华东沿海电厂附近以集装箱运输和大宗散货运输为主的六横港区，同时也是煤炭中转主要基地。

（3）位于舟山西北部与杭州湾毗邻的衢山、岱山腹地区域，主要港区为马岙港区，因当地石油丰富，所以主要以液体散货、油品贸易输出为主。

（4）位于老塘山的腹地区域，目前服务于以运输木材、粮食等散货为主的老塘山港区。

（5）位于马岙山为中心的腹地区域，主要是以大宗散货为主的马岙港区。

（6）位于金塘大浦口的腹地区域，主要以集装箱物流为主，现主要作为金塘港区港区建设。

据2013年9月《宁波-舟山港规划》[4]中总结得出，舟山群岛新区规划并实施港区有11个，主要是旅游为主的定海港区、普陀山港区，大宗散货为主的老塘山港区、衢山港区、泗礁港区、高亭港区和还在建设中的马岙港区，以集装箱运输为主的洋山港区、金塘港区、六横港区以及水上作业的绿华山港区。

近几年，宁波-舟山港由于港口吞吐箱量的迅速递增，舟山港原来相对充足的堆场趋于饱和，至2015年年底，舟山港由于集装箱堆场饱和问题已经影响到集装箱吞吐量，2015年1—10月的集装箱吞吐量虽整体呈上升趋势[5]，但同比增幅较2014年有所放缓，尤其是舟山群岛与内陆的联结方式仅限于跨海大桥，形式单一，导致码头堆场作业压力加大，集疏运系统压力逐步增强，有时船舶压港现象严重，极易造成船舶公司抬高港口泊位价格，甚至出现哄抢泊位的不良现象，使得集装箱货柜出现不同程度的压港现象，集装箱到港却不能及时出运、流通对码头管理也造成了极大的影响，在一定程度上削弱了港口的竞争力。此外，舟山港单就与宁波港相比，其在装卸效率上远远落后于宁波港，使其与宁波港集装箱吞吐量差距悬殊，一时难以追上。

从宁波-舟山港区域经济一体化到2015年宁波舟山港集团正式成立期间，舟山港物流产业链不断向海外、内陆两侧延伸，逐步形成系统化的产业集群，直至2015年年底，宁波舟山港已经同世界近200个国家和港口建立起航运贸易往来，对舟山腹地甚至整个舟山群岛新区的经济发展、结构优化都起到了不容忽视的促进作用。不仅如此，宁波舟山港还提升了浙江三角洲地区基本物流设施以及运输水平，带动三角洲地区相关产业的发展，为日后舟山港集装箱物流的发展打下了坚实基础。

由于其天然深水港优势，舟山港更适

于商品大进大出经济,因此也为适宜大型货物运输的集装箱物流产业奠定了基础。舟山群岛新区70%以上货物均来自海上中转运输,其中80%左右的外贸运输和90%以上的集装箱运输都分散于舟山各大港口。

舟山集装箱码头相比于宁波、上海等地发展较晚,至今舟山码头主要集装箱设备在现有的30台跨运车集装箱装卸系统上应用;20万TEU吞吐能力的码头以及影响深远的、最复杂的各个领域实时电子数据处理系统集成,所有有关数据都要在HLA的合作伙伴,如船东、代理、远洋和支线船舶、铁路、货运与有关政府机构之间通过联机或邮政信箱交换。集装箱吞吐量增长速度高于港口吞吐量的平均增速,而空间又很有限,这一矛盾只有依靠智能化的电子数据处理(EDP)[6]系统来解决。若投资于高新技术装卸设备的问题得到解决后,单这些设备就能使码头一年的吞吐能力增加30万~210万TEU。

腹地数据管理提升集装箱吞吐量。应用卫星定位[7],同时码头内的LADOR系统独立进行扫描,也能指出集装箱的位置变换,因此,每一个集装箱的定位都在两个系统的监控之下,即使在外界环境条件干扰一个系统的读数时,另一个平行进行的系统仍会提供确切的坐标。信号收到后,集装箱的位置即由跨运车上的计算机加以运算,数据比例传输到码头计算机主机,对有关的集装箱箱位做出修正,整个程序在几秒钟之内即可完成。HHLA和其客户通过这一数据网络可随时获得所有集装箱实时准确的位置信息。布查特港池码头同一时间能够提供多达350TEU的实时位置查询服务,这样码头工作组织便很容易掌握,集装箱装卸也变得很简单,而且更有弹性。

经济腹地与集装箱物流相辅相成。从理论上讲,集装箱物流对港口腹地需求相对较大,并且需要必要的集装箱流通空间,但舟山腹地所能拓展的内陆空间并非广泛,多为岛屿的地理条件使得修建港口腹地花费较大。长江流域集装箱发展意味着其经济发展的重要转折点,长三角经济带一直是我国经济发展命脉之一,其工业产值超过全国总产值的30%,国家"十一五"规划中[8],也将长三角经济带定位为我国未来航运需求的重点发展对象。目前,舟山港地处长三角地区,港口腹地北部与上海港毗邻,南部与宁波港及浙赣、长江流域相交融,地理位置优越,被列为亚太地区国际港口重要中转枢纽,集装箱物流发展空间较大,所以舟山港腹地开拓成为了长江流域的重点规划。

舟山港经济腹地的位置优越性带动了港口的发展,与此同时,港口物流的发展也对链接舟山群岛腹地与其他经济腹地区域起到了不容忽视的作用,舟山港作为舟山群岛产业集群中的重要一环,对整合群岛物流需求、社会资源、服务等起到了巨大的作用。同时,港口仓储、金融贸易往来为舟山经济腹地带来了相当大的进步。可以说,腹地资源与港口集装箱物流在共同促进的过程中,也起到互补的作用。

舟山群岛腹地广泛,但大多都是孤立的小岛并多为山区,其陆向腹地发展空间并不大,且岛屿间交通运输受限导致集疏运系统不发达,舟山经济腹地的拓展较为艰难。

岛屿交通运输限制导致区域经济的发

展不均匀，有的港口由于地域受限，设施设备建设周期长、回收效益缓慢，对舟山港发展产生影响。

舟山港与南部宁波港口和北部上海港两地相距较近且拓展区域海域相同，导致港口拓展产生冲突。上海港海上贸易几乎涉及整个长江三角洲、华东地区及周边沿江区域。上海港作为全国"龙头老大"，凭借着沿海优势和得天独厚的航运中心、国家金融中心条件，其庞大的集装箱物流产业日趋完善。以此来看，舟山港两面夹击竞争优势可谓一般，但不可否认的是与宁波港的一体化对舟山港发展有推动作用。

三、舟山港集装箱吞吐量提升对策建议

一是发展科技，提升可利用腹地面积。

舟山港由于港口腹地有限，可着力加强对"海上集装箱"的运用，包括增加大型海上装卸机械设备，加强"浮动集装箱"即大型驳船、滚装船[9]的应用，增加集装箱专用船只的投入，建立集装箱船海上枢纽站场等，以解决经济腹地不足以及码头较少的问题，有助于扩大集装箱多式联运。

不仅局限于舟山港，纵观国内国际，几乎所有港口都在大力开发海洋经济，尤其是对想要打造成国际化现代枢纽港但却有着腹地困扰的舟山港来说，海洋腹地的开发尤为重要。舟山港具有海岸线优势，较为适宜开发海向腹地，同时，国际集装箱的中转量是能否成为国际枢纽港的重要标志，其舟山港海向腹地的主要拓展方向为加强舟山港在国际中转枢纽的地位，打造集装箱中转港。

面对金融危机的影响，舟山港应尽快向国际中转港靠拢，加快国际中转一、二程船转换速度，充分利用此系统带来的高效、便捷，才能够更多地吸收国际上世界级航运商队将国际中转衔接点从其他大港转移至舟山港。

舟山港应加快跟进国外先进物流器械引进，包括进口国外大型智能化[10]、自动化装卸设施，提高工人的熟练程度，有效地加速物流周转，从而实现集装箱码头装卸效率的提升，周转期的缩短，得到减少经济腹地运用成本以及提升集装箱的流转搬运效率，达到提升集装箱吞吐量的最终结果。

码头基础设施逐步走向科技化、自动化，可以有效地对码头腹地进行规划管理，容纳更多大型船舶靠岸，使集装箱运输向专业化、量化方向发展。同时，在舟山群岛海域广阔、深水资源优质的前提下，打造集装箱深水港码头，进一步减少船舶压港现象，缓解目前码头经济腹地越来越紧缺所带来的码头堆场压力。

二是统筹规划，发挥有限腹地的利用率。

集装箱码头及其堆场、腹地等硬件设备均不属于短期投资，大部分物流园区成本回收预期为1.5~2年不等，有成本高、回收慢的特点。[11]但舟山港近期的快速发展导致了集装箱运输、大宗散货运输等数量递增，所以现实基础要求我们在腹地无法短期内增加的基础上提升货物装卸速度，最大限度地提高码头堆场利用率。

提高码头利用率、放眼长期发展，形成规划、引进、招商引资三点一线的流水化物流项目，加速创建集装箱物流操作平

台，加大力度引进国内外投资客户，主要在于提高码头堆场集疏运效率以及码头堆场箱区、箱位安排的合理性并减少翻箱等意外事故的情况发生。

通过合理地安排集装箱码头箱位、箱区，可以有效弥补集装箱码头经济腹地不充足的缺陷：首先，做到流程统一、操作标准化。即集装箱从进入堆场开始就有标准的进场、出场顺序，并由专门人员进行操作，以此保证流程顺畅。其次，调配统一、中控规模化。即保证整个码头或物流园区的核心领导和指挥，便于进行统一的分配。再次，分工明确、各司其职。每一位工作人员都应对自身业务了如指掌，加强对设备的熟悉程度，方便提高集装箱码头运营效率。最后，易于核算、量化考核。管理者应对码头各项设备管理信息了如指掌，并对每一笔业务都加以核算、清算，从而实现成本控制。

增强与内陆地区的长期有效发展合作机制。港口与内陆的合作是发展港口码头不容忽视的一环。首先，舟山港应利用其天然的地理优势，努力发展大型货物中转港，鼓励干线船舶公司将舟山港作为中转枢纽港，以此提高干线、支线路过舟山的频率，带动舟山港口的集装箱经济；其次，舟山港在发展大宗散货的基础上，对内要重点加强集装箱码头与内陆的对接，实现低成本的集装箱物流运输，同时对外也要加强港口与船舶的有效对接，实现双方长期的合作、通力发展[12]；与此同时，舟山港发展要切实对接政府相关政策，并尽量发挥市场的主导作用，以企业作为发展主体，实施多方参与、通力合作、信息互通的战略思维，积极完善集装箱运输与公路运输的长期合作平台，加强二者之间的联系与合作；最后，紧密连接集装箱船舶公司、码头公司之间的关系，实现水、港、陆互利互惠、相互促进、共同发展的有效机制体系。

发展电子商务产业园，加强物流数据信息网络建设。舟山市商务厅政务网2014年8月1日报道，中国舟山国际水产城电子商务产业园[13]一期1300平方米，共有18家电商企业入驻，主要在天猫、淘宝和一号店等网络平台经营海产品及海洋旅游产品。中国舟山国际水产城电商产业园区正式建成后，经过一年的实际运营，已经成功孵化出了舟山地区的中小电商。

就目前国家提出"大众创业""万众创新"[14]以及"互联网+"新格局下，电子商务成为当下最新热门话题，集装箱电子商务产业园也开始被物流业重视起来。近年来，舟山市着力推进"培育电子商务领头企业、培养电子商务人才部队、打造电子商务产业园、推进电子商务平台建设以及筹备电商换市项目"，电子商务在舟山本地以至于全国开始普及起来。

加速推进电子商务的建设，对集装箱港口进行数据管理以及集装箱物流的发展有着莫大的支持，加速了集装箱货物的集散效率，减轻了港口腹地、集装箱码头堆场货物囤积的压力。

三是加速畅通集疏运系统，打造国际化综合枢纽港。

舟山群岛目前只有舟山跨海大桥，海桥联运是舟山港口与内陆实施多式联运的有效方法，但跨桥中转就会相应增加手续和费用。舟山港应在开通舟山—上海、杭州以及舟山—宁波跨海大桥的规划上，进一步规划通往区域经济腹地的铁海联运，同时完善舟山港与周边省市的公路网，加大陆桥建设，进一步对接内陆腹地，加快与内陆地区的贸易往来。

加强码头内部集疏运系统，主要在于提高集装箱码头作业效率，提高码头堆场集装箱流动速度，主要通过电子商务打造网络综合服务平台，对集装箱码头堆场进行网络化、数据化管理，打造电子商务综合产业物流园区，才能在港口腹地有限的条件下缓解港口腹地压力，充分利用腹地，提升舟山港总体生产水平。

舟山港内陆运输80%以跨海大桥运输为主，其公路运输方式在舟山口岸集装箱吞吐量中占近80%。虽然舟山群岛本身已然形成较具规模的公路运输网体系，同时大陆连岛工程的规划实施，也将进一步加强舟山港与宁波港之间的陆桥运输。舟山港自建设港口公路运输以来，至今港口公路集疏运格局已形成大致规模。直至2015年年底，舟山群岛进一步完善港口集疏运体系，如今已经成功运行连岛登陆工程，例如六横港区—宁波跨海大桥、大小洋山跨海大桥建设、S215岱山县至秀山公路，适时开展S215秀山至定海、朱家尖经桃花到虾峙公路、金塘大浦口至宁波北仑疏港公路等前期工作。

舟山群岛内陆运输虽然已形成规模，但其公路集疏运目前还没有构成完整的网络体系，此外，舟山港内陆运输对跨海大桥的依赖过多，对外运输缺乏四通八达的公路运输网。所以应当在保证舟山港集装箱吞吐量稳步增长的同时，进一步提高舟山港自身的综合竞争力，进一步加强公路交通建设，全面发展公路交通网。

现阶段舟山多半是江海联运和海桥联运，海铁联运作为舟山群岛目前最具发展空间的联运方式，成为舟山港集装箱多式联运中最迫切需要投入的经济环节。此外，海铁联运因运量大、运费低的特点在多式联运中成为最普遍的联运方式，因此舟山政府主管部门应在水运企业和铁路行业下功夫，加快修建跨海铁路或铁路越海隧道进程。近几年舟山政府对群岛铁路规划极为重视，这对于目前极其不成熟的铁路集装箱运输有着重大帮助。舟山群岛集疏运系统的不完善使得舟山港口大量集装箱货源流失。所以发展铁路运输成为除公路运输外最急于提上日程的规划。依据规划，舟山群岛将于今后10年逐步展开铁路一期、二期建设，铁路将会变成舟山港集装箱运输得到持续发展势头保证的重要环节。就近期而言，浙江甬舟铁路规划已经于2015年年底前敲定方案，远期还将与舟沪通道预留至上海的铁路贯通，种种建设条件将更加有针对性地扩大舟山港的铁路运输能力。随着铁路全线贯通，舟山港口物资将会持续运往内地，并且作为中转枢纽，舟山群岛内地对海外经济的合作也会使得港口运往内地的集装箱运输总量逐步增加。

在海铁联运方向，舟山港应加强与周边铁路发达城市的联通，比如重庆、安徽、长沙、武汉等省市兴建集装箱货运站[15]，待到经过铁路直接抵达舟山港时，集装箱可通过货运站直接"登船"；在海空联运上，可以注重拓展舟山机场，逐步开展集装箱货运海空联运，才能够更加全面地发展舟山港多式联运进程。

舟山港想要持续稳步向前发展，必须着力发展国内国际多条航线。宁波航线近几年得到了较大的发展,它的发展主要得益于近年来的干线与支线相辅相成的战略,与欧洲、美洲之间形成了系统的支线并进一步巩固了日本、韩国、东南亚等原有支线,用来支撑补助集装箱运输体系。

自普陀山机场建成以来,舟山群岛对海内外联系进一步增强,但由于航空运输自身的局限性以及机场在硬件和软件方面的局限性,群岛航空主要偏向于旅游、客运或小型货物运输,对舟山集装箱运输以及对外贸易并未有太大的贡献,但不得不说,空运运输的通货量若能持续增加,对缓解舟山港口集疏运系统的压力也不容小觑。

四是紧跟政策,进一步加大对集装箱物流业的支持力度。

受到国家"一带一路"政策的影响,舟山港建设已经被列为国家重点发展项目,浙江省有关部门应在国家政策支撑力度下在舟山港域设立多个大型自由港区[16],比如金塘港区、六横港区以及小洋山保税区等。这些自由港区包括集装箱码头、大宗物流港区等全部归为浙江省的自由港区,与上海洋山港区与宁波北仑港区南北呼应、相互支撑。

加大集装箱物流政策支撑力度、加速发展集装箱码头建设。舟山有关部门应当不遗余力地向国家争取在集装箱物流业的相关政策扶持,促进集装箱堆场、集装箱中转业务和国际贸易的开展。同时,舟山政府也应当重点制定相关措施对集装箱物流进行扶持,设立专门的物流产业专项资金,并顺应服务市场,重点加大物流企业对集装箱物流了解、基础设施建设和信息化普及等方面的力度。

提高集装箱港口综合服务能力是把握港口物流连续性不容忽视的一环,同时对提升物流业的服务水平、物流业办事水准的要求也日益增高,而这些要求最终需要加强的仍是人才问题。从整个物流业的综合竞争力考虑,若要提高物流集散效率以及港口对外融资数量,必须加大物流业人才培养培训和重点人才引进。首先,政府着力培养物流人才;其次,要积极引导人才流动以及支持相关科研工作,特别是充分带动院校和科研机构的积极性,培养更多的物流人才,提供人才与工作积极配合的平台;再次,公司、企业以及院校组织应当针对各类物流知识对相关从业人员进行系统培养,以提高当前物流业人力资源的整体素质。

为尽快优化集装箱物流业发展环境,建立政府为主导、各相关部门协调,加强各部门之间的内在协作性,应建立有利于当下集装箱物流发展的相关体制、筹划、措施和物资环境。

如果想要吸收更多的集装箱物流企业更加频繁地来往于舟山港域,提升舟山港域竞争力,除了当地政府给予的优惠政策,同时也要与舟山其他部门一起研究减少集装箱物流运输中一系列不必要支出等相关政策。比如取消舟山跨海大桥对集装箱卡车收费政策[17]、高速公路集卡运输优惠政策等。事实上,此举已经在上海港普遍实行,宁波港也已经加入此行列,所得收益效果显著。

参考文献

[1] 张轶华. 临港工业区土地及岸线集约利用评价研究[D]. 北京:清华大学,2009.

［2］周鸣. 努力把舟山群岛建成大宗国际商品国际物流基地［J］. 中国港口，2011，10：10－11.

［3］郭启松. 青岛港港口物流与腹地经济协同发展研究［D］. 青岛：中国海洋大学，2013.

［4］李雪. 宁波舟山港一体化的资源整合［J］. 湖北经济学院学报（人文社会科学版），2015，12（2）：38－39.

［5］朱小檬. 沿海港口集装箱吞吐量与国内生产总值关联模型研究［D］. 大连：大连海事大学，2014.

［6］蔡观. 采用高新技术的汉堡港集装箱码头［J］. 中国港口，1995（6）：40.

［7］李新然. 辽宁港口物流产业集群与腹地经济的良性互动发展研究［J］. 辽宁经济，2012（6）：24－27.

［8］刘祖春. 如何看待当代资本主义国家对社会经济的干预和调节［J］. 湖北大学成人教育学院学报，2001，19（6）：60－61.

［9］王天文. 集装箱码头装载计划问题建模［D］. 沈阳：东北大学，2011.

［10］任爽. 集装箱码头关键作业设备配置优化仿真研究［D］. 大连：大连海事大学，2011.

［11］徐盈. 舟山集装箱物流业发展的现状及对策建议［J］. 太原城市职业技术学院学报，2010.

［12］朱胜清. 上海城市物流空间演化与机制研究［J］. 2014，107（6）：76－77.

［13］王丹. 基于电子商务的铁路货运业务流程再造研究［D］. 长沙：中南大学，2014.

［14］张逸耀，周波. 扬帆驶向"二次创业"新征程——写在宁波港集装箱吞吐量突破700万标准箱之际［J］. 宁波通讯，2007，1：11－14.

［15］乐美龙，于航. 考虑箱区利用率的出口箱资源配置启发式算法［J］. 计算机工程与应用，2013，49（8）：231－235.

［16］王爱虎，匡桂华. 中国沿海集装箱港口群体系结构演化与竞争态势［J］. 经济地理，2014，34（6）：92－99.

［17］汪自书，李王锋. 舟山群岛新区海洋经济产业发展路径研究［J］. 资源与产业，2013，15（5）：145－149.

从舟山港看浙江港航物流发展中金融的配套支持

富鹏飞 汪长江

(浙江海洋大学 经济与管理学院)

摘 要 本文以舟山港航物流与金融支持的相互作用展开,分析和阐述了浙江港航物流发展现状及其对金融需求的分析。在此基础上对浙江港航物流业发展所面临的金融瓶颈进行了细致的总结和概括,最后从战略高度出发,全面解析了浙江港航物流业对于金融支持的思考,并提出了构建金融支持的总体构想和设计。

关键词 港航物流;金融支持;战略思考

舟山群岛新区的地理位置在我国相当重要,并且地理环境也比较好,这些都为港航物流的进步提供了地理上的条件。最近几年,在世界经济一体化趋势不断增强的形势下,港航物流的地位开始变得越来越重要,再加上国家关注舟山群岛新区的发展,在很大程度上推动了其港航金融的进步。但是现阶段,舟山群岛新区的港航金融还是不够完善,从舟山群岛新区的实际情况出发,分析怎样建立起全面的港航金融服务结构,制定相应的金融支持政策非常重要。

一、浙江港航物流发展及其金融需求现状分析

最近几年,在舟山港建设不断完善的形势下,浙江省的港航物流也得到了较快的发展,舟山港加快了物流资源的发掘速度,建立起港口、水路运输、物流彼此推动的港航线路,在很大程度上促进了港口物流业的进步。现阶段舟山港内已经建立起了11个港区,慢慢建立起了水陆物流的集散中心,2014年浙江省港口完成货物吞吐量13.8亿吨,特别是含金量较高,对周边相关产业拉动大的集装箱吞吐量达2150万标准箱,同比增长12.3%;宁波-舟山港货物吞吐量连续6年蝉联世界第一。

2011年,浙江省全年的沿海港口吞吐总量的1/3来源于舟山港,吞吐量达到2.61亿吨,13年来都是国内规模最大的港口之一。现阶段,舟山港已经建立起了343个生产性泊位,在国内的生产性泊位中占据6.4个百分点,其中包括40个载重量超过万吨的深水泊位,在浙江省中占据38个百分点;还有5个载重量超过25万吨的深水泊位。

虽然总量已初具规模,虽然浙江省的港航物流业的发展已在我国领先,但在其发展过程中仍存在着明显的不足,在这里用浙江省具有代表性的港口舟山港说明浙江港航物流业体现出来的不足:

一是公共码头数量不足,资源无法最大化利用。舟山港域在之前的发展中,认

识到自身实力不足,还需发展的问题,其港口项目的开发多选用招商的形式进行。港口初期,资金不足,认知有限,招商开发则弥补了此缺陷,为港口初期发展提供了很大的动力,加速了发展,但后期的发展出现了乱象,业主码头数量太多,导致港区并不能形成统一的体系,自成其业,岸线的利用率不高且十分凌乱,港区内的布局也出现了问题,这就是规划出现了问题。舟山港域总共有近350个码头泊位,但共用泊位只占其中的3/10,其余的7/10都为业主码头泊位,政府的掌控力严重不足。影响着港域的运营,降低了效率,资源分配不合理,产业布局凌乱,难以管理,严重阻碍日后的发展。

二是港口物流过于分散,物流园区建设不齐全。位于浙江省的舟山市是由群岛组成的,其地理环境本身就不利于集中港口物流,另外园区建设也不齐全。港口物流要想发展,形成规模,带来经济效益,成为支柱产业,必须先为其建设配套的平台,也就是要加强物流园区的建设。我国出台的《国家标准物流术语》中指明,物流园区是将物流设施聚集于区域内,并将物流运作形成统一的体系,抑或是为了根据城市发展状况,使其物流设施的布局符合发展的情况,选择在城市周边或其他区域内,将物流产业聚集于此,并建设相关的完善的物流设施。所以依照此说法,再审视舟山市的实际情况,可以说舟山市的物流园区并不严格地符合定义,并不是真正的物流园区。

三是港航缺少互动,没有实行对航运产业的带动促进作用。港口的发展和航运业的发展脱离不了联系,是相辅相成的,

航运业更是港口发展的一种路径,可为其带来无法估量的经济效益。舟山港口是全国港口中的领先者,其发展和形成时间较早,经验丰富,极具特色,港口每年的吞吐量都在持续平稳地增长,但舟山市的航运业却没有得到相应的发展,每年仅承担少量的港口货物运输,深究其原因是舟山港口并没有形成物流体系。2011年,舟山港口吞吐货物达2.61亿吨,但大多数都是经由业主码头交于外地航运运输,舟山本地航运业所运输的货物只占很少数,这正是因为港航之间缺少互动,港口并没有带动航运业的发展。除此之外,舟山港口虽吞吐货物超过2.5亿吨,但却只有很少的一部分货物进行了贸易活动,港口只体现了物流的功能,并没有带动贸易的发展,物流和商流还是没有融合为一体。另外,由于舟山的地理位置特性,水路的优势远高于陆路,海陆联动并没有得到发展,更多的是水水中转。

四是港口缺乏人才,配套服务不完善。任何行业的发展都需要人才的驱动,港口物流也是如此,但浙江省缺少港口物流人才。据统计,2011年年底,舟山市交通运输业中具有本科以上学历的仅占总人数的5%,而港口仓储业的人才总共也只有不到2000人[1]。在这些人中寻找掌握足够的理论知识,拥有特殊技能,又能熟悉管理运作,设计运作体系,制定相关决策的人更是十分难得。除此之外,相关配套服务产业的完善才能进一步促进港口的发展,但舟山缺乏完善系统的信息平台,其金融能力也十分有限,已经和现在的需求脱节,完全不能满足更高的需求,并且港口内的服务能力也十分有限,需要提高和完善。

五是港口物流信息化处在初级阶段，发展进程缓慢。世界港口物流业发展历史久远，共经历了四个阶段[2]。第一阶段为传统物流阶段，包括货物运输或转运和货物的存储；第二阶段发展为配送物流阶段，在第一阶段的基础上新增了管理和加工的功能；第三阶段已经发展成为综合性的物流，将信息、资金、商品汇集为一体；第四阶段则是港口已经形成供应链。但目前舟山港口的情况还属于第一阶段，是最初级的阶段，只有提供货物运输转运和存储的功能，不具备现代化港口的特征。最主要的原因之一就是舟山港口的信息化程度太低，脱离了世界主流的发展，仍是传统方式，信息设备也不先进，比较原始，致使管理方面出现了较大的问题，服务方面也因此被限制。舟山港口内也有少数的科技化设备和较完善的信息平台，但并没有得到普及，以致信息传递和互动总是比市场发展慢半拍，也影响了信息的准确性，导致了其运营成本的不断升高，无法有效地采取必要的措施进行控制，自然现代化的设施也不能被利用。传统物流模式下，港口的发展会被限制，效益也无法最大化。

浙江港航物流业的金融需求具有一定的特殊性，区别于其他产业，其所要求的融资数目巨大，力求达到最高的实际效率和方便程度，其客户来自不同地域、不同产业的各个领域，对传统的金融服务而言具有很大的挑战性，其金融需求需要依据港口发展规律，结合其特性和需求，将服务形成网络体系。

在我国经济生产总值逐年持续上升、产业转型的关键时期，港口物流业在新经济发展行列异军突起，是新兴产业中的代表性行业。出于其自身产业、信息、技术、资本的特殊性，港口物流业的发展对金融支持的规模、类型提出了较高要求。以舟山港口物流业的发展为案例，根据调查研究发现，金融机构在其发展进程中，拥有着不可或缺的重要功能。

在浙江省内，最能代表浙江省的港口是舟山，它主要以水中转为核心业务。舟山港口物流业的发展路线分为客运与货运两种——通过开设大量定期客运班轮的方式，与上海、福州等国内著名港口频繁联系，达成港口间的合作关系。除和国内沿海城市存在货运交流外，国际间的业务来往也不在少数。凭借地缘优势，与日韩两国、东南亚国家乃至中东地区均存在长期、密切的联系。依靠国内外日益增多的业务，舟山港口物流业在金融发展上已经取得了很大的成绩。

随着我国对港航物流业的发展越来越重视，近些年我国也不断推出了一系列关于港航物流发展所需要的金融支持的相关政策。不仅仅只是国家面对全国港口颁发了一定的支持政策，一些省份和部门也各自发布了一些支持港航物流业金融发展的政策，来提高各地港航物流业的发展并给予保障。

金融管理部门出台的一系列金融政策为支持新区港口物流业的进一步发展、提升金融在港口物流业发展进程中的地位提供了保障。政府也发布相关政策要求各金融机构要加大对港航物流金融发展的投资力度，加快宁波-舟山港三位一体化建设工作的效率，高度重视港口建设项目的信贷融资，对其发展进程给予支持。

《关于金融支持浙江舟山群岛新区建设

的指导意见》这一涉及舟山群岛港口建设的文件于2012年7月由中国人民银行杭州中心支行发布，其主要目的是促进舟山港口物流产业的发展，并在金融资金方面给予政策上的支持。其内容主要有以下几点：其一，明确建设以大宗商品储运中转加工贸易为核心的港口物流平台，并给予金融资金服务，服务范围包括商品的转运基地、商品的贸易平台、商品的航运服务等；其二，为促进舟山群岛新区的建设，吸引各金融机构在此地分设机构，将资金主要用于对舟山新区港口物流以及海洋经济的服务，独具特色；其三，根据产业发展对存货、仓单、应收账款等金融类业务进行补充完善，用以促进存货浮动质押、动态质押以及未来提货权质押等新型金融业务的设立，将企业核心以及产业链作为融资目标；其四，通过贷款、物流保险理赔等金融手段进行融资以实现服务于港口航运系统的存储、转运、贸易等各环节的资金需要。

二、浙江港航物流发展所面临的金融瓶颈分析

港口物流产业作为物流管理产业进一步深化细分的结果，其逐渐发展成为一个具有重要经济地位的新兴产业，对我国经济发展具有战略性意义，但其发展需要其他产业的支持与引导[3]，所以说，这一产业的继续深入发展需要金融资金的支持，因而与金融产业息息相关。

舟山港口物流产业是在金融产业的影响下成功获得发展的，其对港口物流产业的支持主要以两大层面为主：其一在于保障港口物流在建设初期大项目融资的顺利完成；其二在于港口物流产业经营期间，保障资金正常周转以及资金的安全使用。港口物流在前期的融资对于其项目的开展具有重要作用，这部分融资资金是作为该项目的启动资金，资金落实到位后，项目的现实运作便不再成为问题。但港口物流真正实现高效运作，仍需要资金对后期经营过程中的资金结算以及资金的周转做出保障，处理好这一问题才能真正地使舟山港在港口物流产业中占据一席之地。

金融与物流产业的结合在舟山港口物流产业中得到了体现，其融合方面主要在于金融模式的创新，其作用体现在盘活存量资金，这样能够通过转移风险的方式将风险降低并能够高效地使用所拥有的资金，从而使舟山的港口物流业得到快速的发展。金融行业对港口物流产业的支持一方面在于保障港口物流相关业务的进行、项目的启动以及运作的维护，另一方面体现在对这一产业与金融产业结合后创新开发出的新产品进行资金支持。如此一来，港口物流在低成本的运作下得以在行业市场占据有利地位，增强其在本行业的竞争实力。如今，物流金融作为一种新模式，在理论与实践中被广泛地研究与讨论。舟山港口物流项目发展物流金融模式有着充足的理论知识可以学习，如仓单质押、权利质押、贴现、信托、融资租赁、保险、有价证券的交易和担保等[4]，因此对物流金融的实践检验有了理论支持，进而使其获得跨越式发展。

港口物流这一产业的投资具有较大的风险，这类风险存在的因素主要反映于其投资周期较长，投资金额规模较大，此外这类投资具有较大的流动性，投资机构投

资后不能及时获得反馈信息，因此金融机构对这一产业投资运作不能及时操作，具有较高风险。针对这一情况，投资机构需要时刻关注资金的动态，完善信息反馈系统，使机构在投资过程中对资金的使用及投入保持理性，避免资金的积压，使资金得以高效地利用。目前，舟山各家银行对港口物流业的贷款比重都比较低，这同样是一个很大的缺口。

港口物流产业的最终形成需要大规模的投资、长时期的周转经营以及政府部门的大力扶持，组成这一产业需要保障港口、物流园区、公共信息平台等基础设施的完善，而这些基础设施的建设需要大规模的资金支持，且投资后实现资金回收的周期较长，因此需要政府在政策上的倾斜以及合理的安排，特别是政策性融资渠道的保障。这一融资平台作为港口基础设施建设的主要资金来源，其具有清晰的投资方向以及政府给予的投资优惠，从而形成一条由政府主导的特殊的金融体系，其功能与政府将港口物流产业作为货币调整手段相似。政府对港口物流产业建设的影响使银行等金融机构与港口物流相关企业能够进行信息的平等交流，并提高了这些企业的信用额度级别。

舟山港口物流产业的融资平台是由政府一手主导的，政府在给予政策上的倾斜后，着手对该平台建立了一套完整的融资系统，政府在这一过程中的地位毋庸置疑。一方面，政府作为这一平台的主要策划者，需要对参与其中的各方进行管理协调，设立相关必要的组织机构；另一方面，政府需要发挥其领导者的角色，推动符合港口物流企业与金融企业双方利益的融资平台的建立，此外政府为推动这一平台的顺利完成，需要出台相关刺激政策与管理规定。针对这一平台建立过程中的信息反馈，需要政府机构做好监控工作，将信息及时披露公布，并落实到现实工作中，即对信用等级评定的体系进行完善，并且建立信息收集系统。与此同时，当地政府需要积极争取中央政府代地方政府发行证券的份额，进而将舟山港口的核心产业作为发展重点进行管理，实现港口产业的迅速发展。对于港口物流产业的建设，政府可以对其划拨专项资金进行管理扶持，一方面完善港口的基础设施，另一方面能够对某些重要产业项目实现重点建设。政府将公共财政资金应用于舟山港口物流产业的建设，是通过政府政策支持的融资平台实现的，这对于这类资金的使用是一种新方式与新尝试。

物流金融属于突破物流服务的创新型产品，它既能给予客户高品质的物流服务，还能达到金融增值的目的；在使用物流服务的一方来看，它的流动资产可以作为它在运输中的保障，接着再从金融机构商讨合作获得资金。所以物流金融利用物流服务的企业之间是互利互生的，若想实现真正的"物尽其用"，就需要双方达成这样的共识，共同做出努力。物流金融的创新需要使其合作的各个机构都从其中获得利益，共同促进。物流金融为了获得信任，在运输中经常要把自身资产和所属权利做抵押，这类资产与权利大多流动性较大，为了整个物流金融系统的稳定运作，对这些资产监督管理是必不可少的，然而想要实现这一目的又恰恰不易。参与保税物流平台的大企业所拥有的关系网和信息系统都十分丰富，利于对抵押物的监控，提高物流金融的稳定性与可靠性。保税物流平台还可以解决很多物流金融业务发展过程中所面对的困难。专业性物流企业数量的持续增加使得金融机构的可容性与可选性变高。大多大型国际物流企业都有着监控性极强、全程透明化的监控信息系统，目的是保证货物的安全，在不妨碍其流动性的情况下进行交换所有权，对金融机构来说，可以既方便又安全地对价格起伏明显的质押物加强管理监控。所以说，保税物流平台的开发空间与可利用空间非常大，属于物流金融创新的一个新起点，利于开展更有追求的新项目。

放眼舟山群岛新区所具备的资源条件，计划建设大宗商品交易中心便成为了最好的选择。舟山群岛新区不仅拥有优越的地理条件和政策支持，并且还是大额重量港口，计划将其打造成以大宗商品交易中心为主要内容的专用物流地域，将其各部分服务部门培训趋于国际化有利于使大港口的规模与功能得到飞跃式提升，同时有利于扩大我国储备大宗商品的能力。舟山大宗商品交易中心综合了6个基地，集商品货物中转处理、资金管理等功能于一体，是综合能力较强的国际化物流中心。为了迎合当下资金结算体系服务水平的迅猛发展，不论在线支付还是跨境支付，在交易中心的发展道路上和促进舟山物流产业都是必须面对的问题，若要解决它就必须再对大宗商品交易中心进行创新：①尽力与贸易中心及银行建立可靠的合作关系，达到互利互助的目的，共同促进双方发展。②在实践与理论中共同探究适合当下结构的交易结算体系，使得其他服务体系得到融汇与完善，提升整体的服务质量。③开设更多有利于企业且促进大宗商品交易平台建设的服务，比如离岸账户试点，既能降低企业财务成本又提供了极大便利，使整个交易中心更加求实务本。④向政府提议推出有利于将舟山市建设得更好、更有发展空间的政策。加强对舟山市的指导与管理，争取在短时间内把舟山市的各大企业提上上市日程。⑤积极开展有利于大宗商品交易平台建设的项目，在不压缩本市财政利益的情况下，寻求用于发展舟山市大宗商品交易平台的资金补助。

三、浙江港航物流金融支持战略思考

就目前世界的经济形势来说，港航金融对于经济发展有着重要的推动作用。加大发展港航金融的力度，可以让困扰航运产业已久的融资不便、集资困难等资金周转问题得以有效缓解或解决，同时能够使航运产业更好地整合利用其特有资源，充分发挥其优势，提高航运对经济增长的贡献率，更好地体现其价值。

近年来，金融行业信贷投入逐步增加，贷款增量也稳步提升。各沿海城市抓住机会，积极筹集资金，发展港航经济。经调查，截止到2015年9月份，舟山各大金融机构对港航物流行业发放的贷款数目高达173.93亿元，同比增加了24.54亿元。[5]而在2011年，其发放的贷款数目仅为47.25亿元。2010年以前，为港航经济提供金融服务的金融机构大多为农业银行、工商银行以及农村合作社等。[6]2010年后，由于国家的扶持，国内沿海城市海洋经济的发展速度提高，加大了对港航经济链各个环节的资金投入，港航物流业由此迅猛发展，国内各大金融机构纷纷参与发放贷款，支持港航经济发展。图1为2010—2015年舟山港航物流的贷款情况。

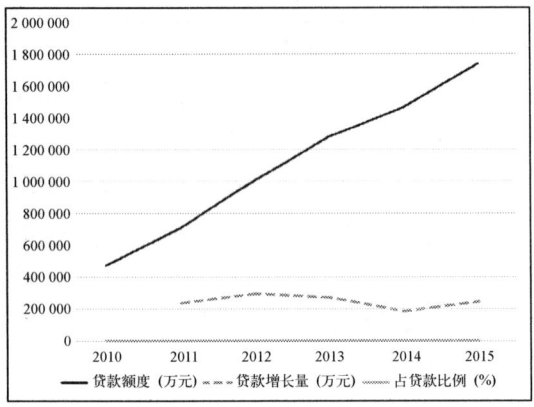

图1 2010—2015年舟山港航物流业贷款图

2010年，舟山市银行对海洋经济的投入仅仅停留在航运业下。2010年后，港航经济兴起，金融机构加大对港航物流业的投资力度，并不断创新业务项目，投资方式呈多元化发展（表1）。

表1 2010—2015年舟山港航物流业贷款情况

年份	贷款增量（万元）	贷款余额（万元）	占各项贷款比例（％）
2010	297 396	1 008 182	15.57%
2011	273 685	1 281 867	15.01%
2012	185 436	1 467 303	14.42%
2013	245 417	1 739 254	16.32%
2014	263 546	1 763 014	18.21%
2015	301 489	1 802 145	20.33%

根据以上信息与数据，可行性与必要性这两点舟山港航金融业都具备，应大力加强对舟山港航金融的扶持，鼓励其高速发展，从而带动相关产业的兴起，提高经济实力。

根据浙江省自身的优势和条件，借鉴和学习国内外先进港口的金融支持配套形式和发展目标；通过不断发展来完善浙江省港航金融的服务机构并合理地提高参与者的金融服务效率；完善港航金融的外包体系；增加专业机构、完善相关的法律体系、招收高端人才。

2011年，国务院审核通过了《浙江海洋经济发展示范区规划》，自此，浙江海洋经济发展示范区建设成为国家重点发展战略目标[7]。

2011年6月30日，经国务院批复，浙江舟山群岛新区正式设立，而且是我国第一个以海洋经济为发展目标的国家战略高度的新区。

《十二五规划纲要》明确了"十二五"期间重点发展海洋经济，并指出"浙江舟山群岛新区"是东部地区发展的重要目标，以发展港口物流业、航运业为主[8]。以上这些文件不仅仅促进了舟山港航物流业发展，同时也给予了舟山港航物流业发展战略上的支持，也为接下来更加重视其发展做了铺垫，完全把舟山港航物流业的发展提到国家发展的重点层面上来。

1. 创新金融服务和信用担保体系

港航物流业的发展会产生更多的金融服务需要，所以更有必要加快舟山金融服务机制创新。

现在部分资金的结算仍处于低水平，即便依赖现有支付工具的使用和改革，也无法有效填补现在的资金结算体系的需求。舟山应当以国际港航物流发展的需求，实行保税港区离岸金融服务的相关措施，不反对企业单位设立离岸账号，推动资金跨国结算以及境外资金结算。与此同时，要使国内金融机构的资金结算更加快捷，鼓励人民币跨国结算，加强港航物流业外贸的改革开放，以应对舟山港航金融结算的实际需要。

2. 创新金融产品和服务方式

推行更为开放的经济战略，向大宗商品、航运等方面的经济产品发展，拓展发展海洋经济的经济服务项目。全力争取贷款，适当给予项目、企业集资支持。建设多个层次的金融体系。鼓励组织建立银行、保险、融资租赁等有利于推动海洋开发产业政策、地区发展政策的区域专业经济组织。

3. 创新信用担保体系

现在最重要的是改良社会信用环境，改善信用担保体系以及打造适合舟山港航物流业发展特点的评级办法和模式。因为金融服务的多元化给金融监管与信用体系带来了麻烦与挑战，但多元化对港航物流企业得到融资取得长久发展有一定的好处。应大力支持专业化地评级机构的成长，并且使用第三方信用评级机制加强市场的供给层次，继续完善失信的惩罚制度和违约信息通报制度，信用担保体系也要加强力度进行宣传，第三方信用评级机构的监督也要加强管理，合理规划以避开风险，将政府的监管机制进行改进，将社会信用环境进一步优化。

4. 发展直接和间接的融资方式并合理、有效地结合

债券、股票和直接借款合同都属于直接融资[9]。资金需求者与资金供应者通过一定的金融工具直接形成债权债务关系的金融行为就是直接融资[10]。为推动经济发展与积累资金，可以通过政府的支持、与资金提供者进行协商，通过税收的优惠获得资金，也可以在市场上公开发行股票和债券等来达到获得资金的目的，才可以解决港航的物流发展与金融配套服务建设消耗资金巨大的问题，也可以使资金的配置更加合理化。

间接融资不仅增多了企业获取融资的渠道，也能使企业第一时间了解一些必要的融资与资金信息，而且安全系数高，能够保护企业的商业机密。

直接融资与间接融资相结合，使港航融资体系的功能相对完整[11]。舟山港航物流业需要大量相关配套资金与大量建设资金，是因为现在是舟山港航物流业发展的最好时机。解决港航和临港地区的资金问题可以通过发行融资券和债券取得资金，也可以通过财政拨款、银行贷款与资本市场筹资。使用间接融资方法，通过信用市场发挥金融中介作用，然后优化在市场机制下产业结构的调整。金融机构不但能够对区域内的港航物流产业实行高效的监督与评价，也能够投放信贷激发消费的需求来达到良性循环。

5. 加强国际合作与交流

就当前情况来看，中国航运指数衍生品市场刚刚起步，所以在各方面都会遇到不一样的困难，来自强国间的竞争接踵而来，但与此同时，带来的也不完全是挑战，还有很大的机遇。以目前正在进行的舟山建设为基础，再加上上海航海事业的长久经历，对舟山海上事业的发展制订完善的计划，研究适合舟山生产的航海衍生品并加以发展，增强与各国之间的沟通与交流，

促进舟山海上事业长期发展。

6. 完善财税支持政策

加大对舟山地区的建设与支持，政府给予相应的资金帮助，在税务方面适当放宽，制定合理的经济管理制度并为其资金方面做出相应的保障措施，使其能够有一个良好的发展环境并稳步发展。对于舟山港口与海上方面的发展，政府应给予相应的保障和鼓励，稍微偏向一点也是无可厚非的，对港口和航海的货物流通要进行一定的管理，不能采取放任政策，不然结果会适得其反，为此就需要制定相应的管理体系和保障制度。在此期间，政府还应该积极配合公司建设，提供相应的资金保障制度，充分发挥服务型政府的作用，增强其长远发展的可能性。特别是对于舟山发展，政府更应该在某些方面进行合理的帮助。而那些不合法的发展项目应及时制止并实施相应的惩罚措施，资金方面更应严格控制。公司与政府在财务方面进行合理分配与交流，合作互补，实现港口与航海项目的完美发展。

7. 积极培养和引进人才

如果舟山想要从长远角度考虑其发展，各行各业的人才是必不可少的，但仅仅从舟山本地高校招揽人才是很难达到要求的，毕竟地区有限，对人力资源的培养也有一定的限度，所以就需要从世界各地的高校全方位选拔人才。舟山要充分利用其刚开始发展的优势来实现对人才的招揽，实行开放的政策，宣传本地优越的环境及良好的待遇以吸引各地有才能的人，设定丰厚的工资待遇，给予精英的身份象征，让这些人才在此长期发展。加强对各行业人才的培养与招揽，发掘各领域的骨干，使其在合适的岗位发挥自己的最大才能，拟定适合港口与航海长期发展的规划。明确舟山目前情况，挑选各领域能够更好发展的高层人员，增强各企业之间的沟通与发展，实现公司的各种长期发展。

合理的策划以及计划是港口物流进步的重要条件，可是港口已经成为带动非内陆地区发展的关键力量，因此，相关政府都日益重视港口的发展状况，也更加关注相关法律条文和有关政策的制定，因此，政府提出的扶持政策和费率的实施额一定会影响海港未来的发展潜力和发展方向。依照当前的发展趋势，海港趋向于以团体、巨型等形式，增大了海港在市场上的综合实力。与此同时，积极鼓励海港之间的相互联系，优势互补、资源共享，将相邻港口的合作共享提上日程，促进港口经济的可持续发展。港口的发展过程是非常复杂的，涵盖了多方面的问题，一定要相关机构和部门协调一致，向一个共同的目标努力，才能够实现这个目标，因此，各机构要意识到自己的责任和义务，强化改革和经管工作，力争为港口的发展进步营造一个健康有利的发展环境。例如，有关于土地的申请，只要申请的项目不违背相关省市的发展目标和计划，与种植业和服务业的发展不相冲突，具有发展潜力，能够保持可持续发展的物流产业，政府就要给予支持和理解，适当地扶持该产业的发展，符合市级或以上的用地申请，可以在不违背国家相关法律政策的基础上，以最低价批准，暂时超出预期申请，有一定经济压力的申请者，可准许其在最晚付款期的基础上推迟一年付款。为物流行业发展创造良好氛围的同时,也要时刻关注当地生态环境的建设和维护,这样才能为当地经济的可持续化发展做保障。舟山关注沿海园区的发展的同时,也要关注生产商品的种类和类型,针对不同的产品,要给其划片经营,在规定的场地内进行生产活动。而那些在物流行业发展较好的公司,可以给其足够的扶持政策和鼓励政策,将其吸引到当地来,可参考上海当时的做法,通过出台相关政策,支持该行业的发展,让该行业的领头公司展开全面的技术改革以及资产分配,缩减其应缴纳的各项费用,有关产业基地建设、产业园区投建和数据平台的投建,政府要出专款支持。要视公司的具体发展模式,支持公司使用多种方法和渠道的集资手段,相关的机构和部门也要积极地鼓励和支持物流公司的发展,一旦接触到有关物流行业的发展,比如园区投建和规模扩展等方面的问题,要保持物流先行的原则。非大数额的贷款项目也要优先于物流产业的发展。尤其要注重扶持民间资产进入当代港口的工程投建,鼓励私营担保企业服务于当地物流产业的发展。

四、结语

鉴于目前舟山地区的发展状况和基本情况,港航物流是一个出现不久的行业,涵盖的范围很大,对资金和科技的需求也很大。因此要促进港航产业的发展,一定要加大相关金融产业的发展,使其能够形成一个强有力的支撑。然而,中国当前这方面的金融产业还在起步阶段,不论是基础设备的建设还是法律政策都还不够成熟,因此同世界其他地区相同行业的发展比较,仍然存在很多缺点和不足。这篇学术论文针对舟山地区港航物流业的发展现状进行了深入的调研,通过对实际情况当中问题产生原因的整合,从基础上对浙江港航物流业发展所面临的金融瓶颈进行了细致的总结和概括,最后从战略高度出发,全面解析了浙江港航物流业对于金融支持的思考,并提出了构建金融支持的总体构想和设计。政府要进一步出台相关政策,支持和鼓励该行业的发展,拟定适合该产业发展的金融制度,同时在财务资金上也给予支持,不断改进和完善金融体系。同时也要发挥创造力,开发衍生品的商品市场,开启国与国之间的协同合作,加强服务体制的建设。促进港航集资的多样式发展,不仅仅是直接集资方式的多样性,也包括间接集资的多样式发展,合理利用市场的导向作用,走宽层次、全方位、多领域的发展道路;尽力培养对口的专业化人才,鼓励相关教育的发展。

参考文献

[1] 余毅艺. 舟山群岛新区港口物流业发展浅析 [J]. 时代经贸, 2012, (20): 133-134.

[2] 徐小健. 浅谈自贸试验区背景下港口物流的发展与对策 [J]. 物流工程与管理, 2014, (3): 107-109, 116.

[3] 熊广勤, 罗方珍. 金融支持战略性新兴产业发展现状及其作用机制研究 [J]. 商业经济, 2012, (3): 3-4, 37.

[4] 张新杰, 谭狄溪, 颜宏亮. 舟山港口物流产业发展的金融支持问题分析 [J]. 世界海运, 2013, (5): 6-8.

[5] 杨珊珊. 新区建设背景下舟山港航物流发展中的金融配套支持方略 [D]. 浙江:浙江

海洋学院，2014.

[6] 雷立钧. 基于增量改革的中国农村金融发展[J]. 财经问题研究，2008，(11)：73-77.

[7] 项永烈. 中国（舟山）海洋科学城研究——以科创园为例[D]. 浙江：浙江海洋学院，2014.

[8] 罗浩. 舟山港口物流发展前景分析[J]. 农村经济与科技，2013，(2)：100-101,108.

[9] 郑伟虹. 我国航空公司债券融资问题浅析[D]. 成都：西南财经大学，2004.

[10] 胡绍雨. 中小企业融资渠道及融资方式简议[J]. 经济论坛，2013，(7)：69-72.

[11] 李峰. 上市公司筹资方式的比较研究[J]. 中国外资，2010,11.

陶瓷之路与扶安青瓷

金钟云

(韩国 扶安郡文化财专门委员)

摘 要 朝鲜半岛以大陆与海洋为媒介与世界进行文明交流,具体来说即通过陆路的草原丝绸之路与中国北部、蒙古、中东等地相连,或通过海路以潮流、季风为动力直通中国南部、东南亚国家、印度以及中东等地。经由海路,高丽青瓷传播到了世界各地,笔者将这条路线称为"陶瓷之路"。高丽王朝是继中国之后创造了最光辉灿烂青瓷文明之国家,高丽之前在朝鲜半岛各地都发现了中国青瓷,后来从中国输入了制造技术,开创了自行制作青瓷的时代。朝鲜半岛的青瓷制作始于开京,后来高水平的青瓷生产出现于全罗南道的康津,全罗北道的高敞、扶安一带。其中扶安柳川里的青瓷制作技术达到了顶峰,其独创的镶嵌技术之运用及器型之精巧构思甚至超越了同时期的中国。笔者指出,这些高档青瓷主要消费于高丽王室、贵族、僧侣等高丽上流社会,而且受到南宋、辽、金与元帝国王室、贵族的青睐,甚至通过海上青瓷之路传播到世界各地。我们可以在这条青瓷之路沿线上的中国、日本、蒙古、伊朗、菲律宾等国发现扶安青瓷。在本文中,笔者着重分析了中国地区出土的扶安青瓷,其主要分布于四个地区:一是过去属于辽国范围的辽阳市附近;二是作为元大都的北京附近;三是作为南宋首都杭州一带;四是在内蒙古自治区。在内蒙古自治区集宁路仅发掘出高丽青瓷砚滴1件,而南宋首都杭州一带出土的扶安青瓷数量最多,共250余件,还不包括个人的收藏。这些地区出现扶安青瓷与文献中高丽与之活跃的交流记录相符合,这些代表朝鲜半岛最高技术水平的扶安青瓷是当时高丽对外贸易交流的实证。

关键词 高丽;扶安;青瓷;元朝

一、绪言

一个国家能够维持数千年实属不易,通过内外不断的战争与交流,所培养出的自生力使其能够生存下去。特别是在地理上位于半岛的国家,在与大陆势力和海洋势力的碰撞中会发生更多战争,同时又拥有了吸收多种文化的机会。

韩国就处于这样的地理位置中,在欧亚大陆东边的韩国,很早便接受了大陆文化,也吸收了通过印度洋与太平洋传播来的海洋文化。韩国文化又通过大陆与海洋向世界传播,以陆上草原之路通往中国北部、蒙古、中东等地区,在海上靠潮流与季风到达中国南部、菲律宾、印度、中东等地。于是笔者将这条以陶瓷为代表的高丽文化传播之路命名为"陶瓷之路"。当然,学界并未提出这一概念,中国也有这条陶瓷传播之路,但将其称作"海上丝绸之路"。

本文使用了"陶瓷之路"这个词汇,旨在强调高丽文化向中国与世界传播时陶瓷所占的比重。本文的内容主要是对"陶瓷之路"的概念进行阐明之后,对这条通路所承载的陶瓷与扶安青瓷做一番介绍。

高丽是继中国之后创造出灿烂青瓷文化的国家。扶安青瓷在中国各地被发现,可知当时的中国人对足以与中国青瓷媲美的高丽青瓷亦有浓厚的兴趣。那么这些高丽青瓷是沿着怎样的道路来到中国的呢?笔者认为应该是综合利用了陆路与海陆,并且主要利用了"海上丝绸之路",特别是黄海海域之航路所实现的。"扶安青瓷"是为了与韩国高丽青瓷的另一重要产地康津所生产的"康津青瓷"相区别所使用的名词概念。

二、扶安青瓷的产生与发展

韩国输入并使用中国瓷器的历史十分悠久。在高丽之前的伽耶、百济、新罗等国家或地区,都能发现使用中国瓷器的文献或考古资料,这意味着韩国在很早以前就形成了青瓷的消费需求阶层。渴望青瓷的韩国学习了瓷器生产技术之后,成为了中国之外最早能够制作瓷器的国家。最初的韩国是直接进口中国青瓷来使用的,当韩国自发制造青瓷之后,其技术水平越发精湛,后来甚至在中国各地也发现了输入使用高丽青瓷的痕迹,我们能够在文献资料中找到许多高丽青瓷作为中韩古代贸易重要商品的历史记录。

韩国青瓷的制作开始于高丽首都开京以及附近的白川、始兴、龙仁等地,以后扩展到全罗南道的康津和全罗北道的高敞龙溪里、扶安镇西里、柳川里等地区,并在这里制作出最高水平的青瓷。高丽青瓷技术在扶安柳川里达到最顶峰,即以独创的镶嵌技法制造出的高丽青瓷已超越了中国。

扶安有众多青瓷窑址的原因在于这里优良的胎土,扶安的高岭土分布十分广泛,特别是柳川里地区富有灰白色的良好胎土,成为制作高质量青瓷的重要条件,同时,这里也盛产作为燃料的松树。窑址位于扶安边山山脚,出产优质木材。即使每年王室修整宫殿需要耗费大量木材,这里的资源亦取之不尽。元朝侵略日本时也利用此地木材制造军事舰船。

扶安的窑址作为青瓷出口之地,与高丽首都开京一样,优良的港口分布于各处。这里有高丽时代十三个漕仓之一安兴仓所在的保安县,邻近是韩国西海岸西南部重要的港口——茁浦湾,周边以扶安与高敞为中心形成了一个生活圈。

扶安不仅具备生产高质量瓷器的自然条件与地理位置,还拥有后百济时代在这里成长生活的青瓷匠人,他们掌握着从祖先那里世代相传的青瓷技艺,通过现在所留存下来的佛教文物,也能看出此地工匠高超的工艺水平。这种佛教艺术特征也体现在高丽青瓷的形态与模样上。

扶安青瓷以镶嵌技法为最高,超越了传统青瓷阴刻或阳刻的表现手法。传统阴刻、阳刻手法仅能刻画动物、花木、果实等形态,而进化后的镶嵌技法可以黑色、白色、赤色等表现世间所有的事物，呈现出青瓷的极致之美。

制作扶安青瓷的窑址分布于全罗北道扶安郡镇西里、柳川里周边，高丽灭亡后不为世人所知。柳川里窑址于1929年被日本人野守健重新发现并进行调查，以后深田泰寿等日本人对扶安青瓷窑址进行发掘得到了很多残片，在战争失败后将无法带回的残片都卖给了韩国人，其中最具代表的是梨花女大博物馆中所收藏的由李洪根提供的5000余片青瓷残片。现在扶安地区的高丽青瓷窑址有镇西里的40余处、柳川里的37处，共80余处。为了对其进行保护与管理，扶安郡成立了扶安青瓷博物馆，并于2010年开馆。

这些窑场烧造出的扶安青瓷主要供高丽王室、贵族、僧侣以及高丽的上流层使用。从国际视角来观察，可以说又供给南宋、元朝皇室及贵族使用。扶安青瓷主要是通过海上通路被运往首都开京或者中国的。

三、韩国的对外交流与陶瓷之路

古代韩国利用陆路与海路同中国和日本进行国际交流，笔者将交易品中占很大比重的陶瓷制品所经历的搬运路线命名为"陶瓷之路"。就如同沿着中国北方的草原之路，丝绸传到中东的路线被称为"丝绸之路"一样，装满陶瓷的货船将通过"陶瓷之路"驶向中国与日本。

韩国关于这条航路的记载出现于公元1世纪，那时印度的船载着王妃来到朝鲜半岛的驾洛国。本节将从驾洛国开始，直到三国、统一新罗、高丽时代为止，简单回顾韩国的对外交流史。

1. 高丽以前的海外交通路线

古代韩国的对外文化交流对象主要是中国与日本，通向中国的路线有陆路与海路，而连接日本的只有海路。韩国历史上最早的海洋交流记录见《三国遗事》记载，驾洛国建立者首露王之王妃许黄玉和长游和尚于公元48年从印度阿踰陀国来朝鲜半岛之事，证明自1世纪起印度与驾洛国便有海上交流。通过各种文献记载可知，百济国与中国的交流既沿海路，又有陆路，但与中国南朝有着频繁的海上交流活动。高句丽与中国的交流主要通过陆路。

新罗在统一朝鲜半岛之前与中国的交流以陆路为主，完成统一大业之后的对外活动使用陆路与海路两种路线。与陆路相比，海路的危险性更大，但如果合理利用海流与季风的话，能够节省很多时间，因此后来海路的使用率更高。特别在张保皋活动的时代，大量新罗人生活在中国的长江下游与山东登州等地，在沿海从事搬运行业或者商业活动，与居住在扬州、苏州、明州等地的阿拉伯、波斯等中东商人亦有贸易往来。他们也来往于中国、新罗、日本之间从事海上国际贸易活动。

2. 高丽时代的海外交通路线

高丽时代以前，韩国与中国已经通过陆路、海路展开了多种多样的国际交流。继承统一新罗的高丽国主要利用海路与中国进行往来，有北线航路与南线航路（明州航路）这两条通路。

北线航路从黄海道瓮津港或者礼成江下游的礼成港出发，经过大同江入海口，直接贯穿黄海，到达山东半岛登州（山东省蓬莱县）或密州（山东省诸城县）。

南线航路从朝鲜半岛西海岸出发，通过沿岸的紫燕岛（仁川）、泰安马岛（忠清南道瑞山市海美西边）、边山半岛、古群山岛、竹岛（全罗北道高敞郡兴德西边）、蝟岛、黑山岛，横渡黄海到达中国浙江明州（宁波）。经过考古发掘，在山东省蓬莱水城曾发现高丽船舶，可知这条航路的利用率很高。这两条航路就是陶瓷交易的中心航路，大批高丽青瓷由此来到中国。

高丽与宋的往来初期主要使用北线航路，其目的是为了避开辽（契丹）之眼线。到了文宗时代才开始大量利用南线航路。北线航路连接起韩国的瓮津半岛与中国的山东半岛，是从韩国到中国的最短航程。

不仅仅是高丽时代，之前新罗时代的船舶也常常从朝鲜半岛的南阳湾出港，横渡黄海到达山东半岛登州，与高丽时代的北线航路一致。据《宋史·高丽传》的记载，993年（成宗十二年）宋使臣陈靖等人从山东半岛出发，如遇上顺风，只需两个晚上便可到达瓮津口，然后再陆路经过盐州（黄海道沿岸）、白川等地，便可到达开京。如此看来，从瓮津半岛至山东半岛的海路，平时只要两三日的时间便可横渡。

在高丽时代通过海上的北线航路与南线航路，青瓷艺术走向世界，笔者认为这两条主要路线便构成了这条"陶瓷之路"。

除海路之外，陆路交通使用的历史则更为悠久。从朝鲜半岛出发，跨过鸭绿江，进入辽东，穿越辽河就可到达大凌河边的朝阳，再向西北可至赤峰，向南则达北京。这条使臣或商人所经过的陆路，也就是高丽青瓷的运送之路。特别是到了12世纪后半叶，蒙古征服中国全境，并统一欧亚大陆，建立起辽阔的元帝国，并使高丽臣服之后，高丽青瓷通过元帝国的海路与中国北方的草原陆路而传播到了整个世界。

四、陶瓷之路与扶安青瓷

高丽之前的朝鲜半岛对外交流主要通过陆路与海路，而到了高丽时代，海上北线航路在高丽青瓷文化传播方面起到重要作用，笔者将其称为"陶瓷之路"，这是模仿将丝绸沿着中国北方草原之路而传至欧洲的这条"丝绸之路"而使用的概念。

沿着这条陶瓷之路，高丽青瓷除中国、日本之外，还到达过蒙古、伊朗、菲律宾等地。通过这些地区出土的高丽青瓷可知，当时高丽的对外交流与贸易活动十分活跃。出土于中国的青瓷，如果没有其他陪葬品的话，将很难区分到底是高丽青瓷还是中国青瓷，特别是仅出土残片的情况，使这种分辨工作难上加难。在中国与日本以外的其他国家也发现了大量高丽青瓷，对这些地区的高丽青瓷存在情况进行研究调查，更有利于掌握高丽时代的对外贸易与文化交流情况。

1. 中国与扶安青瓷

高丽是能够向青瓷发源地中国出口青瓷的唯一国家，可称得上是排名世界第二位的青瓷生产国。当时输出到中国的青瓷主要生产于全罗北道扶安郡柳川里窑场，其形态与中国青瓷有所不同，即使用了中国青瓷文化中没有的镶嵌技法，所烧出的青瓷华丽、精致，堪称艺术珍品。这样的扶安青瓷受到北宋、南宋、辽、金、元帝国皇室与上流社会的追捧。

有关当时高丽青瓷的中国文献记载以北宋使臣徐兢的《宣和奉使高丽图经》与太平老人所著《袖中锦》最为有名。在宋代之后，明文人董其昌的《骨董十三说》中，称除中国五大名窑磁窑、汝窑、官窑、哥窑、定窑之外，高档的瓷器还有中东的大食国与高丽国所生产的。清代梁同书所著《古窑器考》中亦提到"高丽窑"。仅从文献便可看出，当时中国人对于高丽青瓷的评价甚至超过中国青瓷，同时在中国已经形成了高丽青瓷的消费阶层。

在中国出土的高丽青瓷大体分布于三个地区，即辽代疆域内的辽阳市附近、元大都北京附近以及南宋首都杭州一带。这说明在当时辽、南宋与元朝形成了高丽青瓷的需求阶层，其中南宋首都杭州一带出土的高丽青瓷数量最多。

2. 杭州出土的扶安青瓷

杭州是南宋首都，与明州（宁波）相近，宋元时代大量高丽青瓷从明州出港，运往各地。杭州出土的高丽青瓷从器型与釉色来看，是鼎盛时期的最高杰作，目前还没有任何海外地区在质量与数量上达到这个水平。

杭州出土的青瓷大部分与韩国国内被定为国宝或宝物的文物有相同的纹样和器型。器型包括日常用具大碟、盘子、盏、注子、梅瓶、器台、花盆、盒、碗垫等。纹饰有运用阴刻、阳刻、透刻、镶嵌技法等做出的牡丹纹、菊花纹、莲瓣纹、人物纹、云鹤纹、莲花纹、云龙纹、柳老兽禽纹、葡萄童子纹、凤凰纹、荔枝纹等。特别是还有象征王室的龙纹，作为王室之间交流的实证。

烧造瓷器时所使用的底座大部分由硅石而造，而制作大型器物时的底座有粗糙的耐火土与从14世纪中叶开始使用的沙土。

杭州出土的高丽青瓷被考古界确认来自于韩国扶安柳川里的青瓷窑址，共有250多件，随着考古发掘，其数量亦会不断增加。

3. 蒙古与扶安青瓷

高丽在历史上曾经是元朝的驸马国，所以与元朝在技术文明上有很多直接的交流。在陶瓷艺术上亦采用元朝的纹样与器型，如使用龙纹、凤凰纹、牡丹纹等元朝皇室之纹饰，烧造大型的青瓷，即扶安柳川里生产的花形大盘、有透刻底垫的梅瓶、圆缸等。

在内蒙古自治区赤峰市集宁路元宫城遗址经过考古发掘出土砚滴1件，被认为出产于扶安柳川里。集宁路遗址位于北京西北，是草原丝绸之路的贸易中转地，1192年形成城市，一直繁荣至元朝，1358年被明军化为焦土。因修建高速公路，2003年内蒙古文物研究所对这一地区进行考古发掘，结果发现200余件大缸，里面藏有大量宝物，其中便有一件高丽青瓷。在元与明混乱的战争时期，大缸被窖藏于地下。这件高丽青瓷是一个龙头龟身的砚滴，龙眼由铁彩绘制，极具生动感。

集宁路遗址出土的高丽青瓷是元代贵族层所持有的国际贸易交流之明证。内蒙古之外的蒙古帝国和其所及的伊朗地区也有高丽青瓷出土，说明高丽青瓷通过广阔的草原与沙漠丝绸之路曾到达过遥远的地方。蒙古哈尔和林地区出土的高丽青瓷是一件有柄的青瓷镶嵌菊花文注子,生产于14世纪中叶。根据哈尔和林出土文物年代下限来看,与内蒙古集宁路窖藏时间一致,可知这件青瓷也是14世纪上半叶至中叶所生产的。

(楼正豪 译)

参考文献

1. 金钟云,韩盛旭. 扶安青瓷(泥土化成的宝物). 学研文化社,2008.
2. 圆光大学校马韩百济文化研究所. 扶安柳川里、镇西里青瓷窑址调查报告书. 1994.
3. 梨花女子大学校博物馆. 扶安柳川里窑高丽陶瓷. 1983.
4. 韩国国立中央博物馆. 东垣先生搜集文化财——高丽时代陶瓷器、土器、瓦砖. 1983.
5. 韩国古美术研究所. 东垣李洪根搜集名品选——陶瓷编. 1994.

观音信仰与海上丝绸之路

普陀山观音道场形成与中韩交往

王连胜

（普陀山佛教文化研究所）

摘 要 普陀山国际性观音道场之形成，有多方面原因。中唐时期明州国际贸易港之形成，以及普陀山特殊的地理位置和地貌环境，使普陀山成为"东亚海上丝绸之路"的重要中转港。本文着重论证了唐宋以来，中韩两国交往与观音信仰东渐等因素对促进观音道场形成所起的重要作用。

关键词 普陀山；观音道场；形成；韩国；扶安郡；关联

一、普陀山观音道场形成之缘起

唐咸通四年（863年），日本僧慧锷第三次入唐求法，请苏州开元寺契元禅师书写《日本国首传禅宗记》刻碑，附舶送回日本，再登五台山，在中台精舍请得观音圣像一尊，从明州搭乘张友信便船回国，途经梅岑山（今普陀山），涛怒风飞，舟人惧甚，慧锷夜梦一胡僧谓之曰："汝但安吾此山，必令便风相送。"锷泣而告众以梦，感惊异。相与诛茅缚室，敬置其像而去。山民张氏目睹斯异，奉像供家中，称为"不肯去观音"。至后梁贞明二年（916年），鄞县官府在张氏居处建"不肯去观音院"，是为普陀山供奉观音之始。但自魏晋、南北朝以来，观音信仰早已普及大江南北，至唐代，全国各地观音崇拜已形成规模，普陀山"不肯去观音院"，无论规模或影响，都无法与大陆上众多供奉观音的大丛林相提并论。从时间上看，普陀山供奉观音也远远迟于大陆。所以，唐、五代，普陀山作为观音道场，仅仅是萌芽时期，她的成长与发展，还须多种因素促成。那么，普陀山观音道场真正形成于何时呢？佛教圣地之形成，是需要具备诸多条件的，作为国际性观音道场之形成，仅靠一处供有观音的小寺院是远远不够的，正因为如此，直到唐末五代时期，普陀山还称为"梅岑山"，在北宋以前文献中，根本找不到现在的"普陀山"名称记载。因此，近年来，我们对这一课题做了专题研究，认为普陀山观音圣地之形成，具有四方面原因：一是观音信仰在国内之普及与深入民心；二是"海上丝绸之路"之促成；三是普陀山特殊的地理位置和特殊的地貌环境；四是历代帝王之推崇与无数高僧大德孜孜不倦的努力。以上是普陀山观音圣地形成的必然因素，但事物的必然性，往往还需某些偶然性的事件去促成。近据德国学者艾德金斯博士研究，认为"印度佛教观音信仰，大概始自公元前后，以前可能没有。中国观音信仰也很早，约在汉代已有观音崇拜"。他认为世界上观音信仰形成于公元稍前，对于这一点，我表示赞同。一般认为，研究中国观音起源，最确切的方法仍在于研究《中国译经史》。首先，据东晋法显三藏历15年、出访西域30余国归国后所著的《佛国记》所载，印度大乘佛教信徒皆供养礼赞观世音菩萨，他经海路回归中国之际，遇上狂风暴雨，船上贾客怖惧不已，唯有法显一心称念观世音菩萨，因此蒙观音护佑，逐渐脱离海难。他又记述西天竺摩头罗国的新头河附近人民，供养文殊菩萨和观世音菩萨等，当时观世音菩萨已成为印度民众信仰中心。最初将佛教传入中国的大月氏国迦叶摩腾，他在东汉明帝永平十年（67年）入洛阳，《高僧传·第一》说他此前曾经在天竺诸国讲解观音信仰的《金光明经》。这说明在公元1世纪初，印度本土对讲述观音功德的《金光明最胜王经》信仰已十分普及，由此可推知，约在公元1世纪稍前，观音信仰在印度形成。被视为观音信仰传入中国之象征的，乃是支娄迦谶于东汉中平二年（185年）译出《成具光明定意经》，至西晋，竺法护译出《正法华经光世音普门品》、姚秦鸠摩罗什译出《妙法莲华经观世音菩萨普门品》，观音思想迅速在中国传播，并与中国传统文化相融汇，不断发扬光大，形成具有中国特色的观音信仰。东晋年间（317—420年），此种信仰已普及大江南北，所谓"家家观世音，户户阿弥陀"。到唐代，三藏法师玄奘译出《十一面神咒心经》《大般若波罗蜜多经》《不空绢索神咒心经》；不空译《十一面观自在菩萨心密言念诵仪轨经》；义净译《金光明最胜王经》；天竺僧善无畏等译《大日经》；西天竺沙门伽梵达摩译《千手千眼观世音菩萨广大圆满无碍大悲心陀罗尼经》；等等。大批观音经典的译出，标志着唐代观音信仰发展到空前程度。同时，全国各地大丛林中差不多都供奉观音，即使在新罗佛教遗迹中，景德王（751—775年）时所造佛国寺与石窟庵也很著名，特别是庆州石窟庵，可以说是新罗佛教艺术之代表，主尊佛像为圆雕式，环绕主佛之石壁浮雕就有十一面观世音菩萨。当现在的普陀山（当时称梅岑山）尚未供奉观音时，西藏的布达拉宫已于唐贞观二十一年（647年）建成。就普陀山所在明州巨刹郡而言，就有建于西晋太康三年（292年）的阿育王寺、建于西晋永康元年（300年）的天童禅寺、建于东晋咸和三年（328年）的杭州灵隐寺、建于隋开皇十八年（598年）的天台国庆寺等，这些寺院中都供有观音，而梅岑山到了后梁贞明二年（916年），山上才建一座小小的"不肯去观音院"，当然称不上国际公认的观音道场。普陀山向国际性观音道场迈进之契机，是源于北宋年间一次对高丽的出使。

北宋元丰二年（1079年）高丽国王病，向宋朝"乞灵药"，朝廷遣内官王舜封带医者前往诊治，众人驾"凌虚安济致远神舟、灵飞顺济神舟"两艘神舟赴高丽，归经梅岑山（今普陀山），遇风涛，"有大龟负舟"，望山作礼，云散日霁，平安达岸。王舜封以事上奏神宗，于元丰三年（1080年），北宋朝廷诏改建不肯去观音院，赐额"宝陀观音寺"。由于皇帝诏命，从此，"以寺名山"，逐渐将梅岑山称为"宝陀山"，这在宋人张邦基笔记《墨庄漫录》可得到证实，张记云："予在四明时（市）舶局日，同官司户王璪、粹昭，郡檄往昌国县宝陀山观音洞祷雨……"那时开始，梅岑山才被称为"宝陀山"或"补陀洛迦山"，如北宋崇宁元年（1102年），宋徽宗欲对高丽国"褒宠镇抚之，以继神考之志"，命户部侍郎刘逵、给事中吴栻往使高丽。翌年五月，使船停泊宝陀山莲花洋，登山祝祷，然后绝洋而往。据《宣和奉使高丽图经》（以下简称《图经》）记载：宣和五年（1123年）五月二十五六日，使者驾8舟来到莲花洋，"以小舟登岸，入梅岑山，旧云梅子真栖隐之地，故得此名，有履迹瓢痕，在石桥上。其深麓中有萧梁所建宝陀院，殿有灵感观音，昔新罗贾人往五台，刻其像归其国，既出海，遇礁，舟胶不进，乃还，置像于礁上，院僧宗岳者，迎奉于殿。自后，海舶往来，必诣祈福，无不感应"（文中将宝陀院记为"萧梁"所建，将请像者记为新罗商人，另文论述）。以上将梅岑山改名为宝陀山、补陀洛迦山，都与多次出使高丽，观音救难有关。我们认为，将梅岑山改名宝陀山，后又称为"补陀洛迦山"，直至明代称为普陀山，乃是普陀山成为国际公认之观音道场主要契机，而这一契机主要源于北宋元丰年间王舜封出使高丽一事。如果光凭供有观音或仅有一座供奉观音之小寺院，就能成为全球性观音道场，那当时全国供奉观音之寺院和山头成千上万，为

何都不能与今日的普陀山相提并论？当然，普陀山观音道场之形成，还有其他重要因素，其中一个必然因素是，普陀山是一个海岛，《华严经·入法界品》载明："海上有山多圣贤，众宝所成极清净，华果树林皆遍满，泉流池沼悉具足，勇猛丈夫观自在，为利众生住此山。"观音的"家乡"是一个海岛，而其他大陆上的供奉观音寺刹，不具备"海岛"这个地理条件，普陀山不仅是一个风光旖旎的海岛，而且正好处于唐宋时期中国主要对外交往港口明州港之内海与外海交界处，是从明州通往日本、朝鲜及南亚各国船舶必经之地，无论是各国使船还是中国驶往日本、朝鲜航舶，大都须经过此岛。船只开往国外，须在此候风候潮；外国船舶到此，则要停泊休整或补充已经用竭之淡水、食物等。如宣和五年五月二十六日徐兢等乘8舟出使高丽，经普陀山，遵照"旧制，使者于此请祷，是夜，僧徒焚诵歌呗甚严，而三节官吏兵卒，莫不虔恪作礼。至中宵，星斗焕然，风幡摇动，人皆欢跃云：风已回正南矣。二十七日己卯，舟人以风势未定，尚候其孰（原注：海上以风转至次日不改者，谓之孰），不尔，至洋中卒尔风回，则茫然不知所向矣"。《图经》详细地记载了徐兢等近千人，乘2艘神舟、6艘客舟，停泊普陀山海湾（今司基湾）内，官兵及船员们以小舟登山，在宝陀观音寺做了一整夜佛事，僧侣们敲打法器，歌咏梵呗，为8舟祈祷航海平安；徐兢等在山上观察气象，等待风向之"孰"（稳定），然后才敢起航。当时，日本、朝鲜及南亚各国船上都供有观世音菩萨，在海上遇到风暴，命运如一丝浮萍，无不拼命祈念观世音菩萨。

据徐兢记载，出使高丽途中，"海上有三种险：曰痴风、曰黑风、曰海动。痴风之作，连日怒号不已，四方莫辨；黑风则汛怒，天色晦冥，不分昼夜；海动则彻底沸腾，如烈火煮汤。洋中遇此，鲜有免者。且一浪送舟辄数十余里，而以数丈之舟浮波涛间，不啻毫末之在焉"（《图经》卷三十九）。又如北宋熙宁五年（1072年），日本僧成寻入宋礼天台、五台山，三月六日，舟行海中，成寻"每日念《圣观音咒》一万遍、《天风真言》一万遍，祈乞海安……廿二日，天晴。艮风大吹，唐人为悦。（吾）心中思之，万遍咒力也"（成寻《参天台五台记》第一）。再如唐开成三年（838年）六月廿四日，日本僧圆仁入唐，当日，"望见第四舶前去，与第一舶去卅里许，遥望西去，大使始画观音菩萨，请益、留学法师等相共读经誓祈"（唐圆仁《入唐求法巡礼行记》卷一）。"未时，到扬州海陆县白潮镇桑田乡东梁丰村……闻大使（之舟）以六月廿九日未时离舶，以后漂流之间，风强涛猛，怕船将沉，舍碇掷物，中称观音、妙见，意求活路。"（同上）。明景泰三年（1452年）四月六日，以日本高僧允澎为正使的遣明使船"至补陀罗山，挂（泊）船于莲花洋，诣观音寺而修忏摩法"（《允澎入唐记》册一）。再如明嘉靖十八年（1539年）六月廿五日，日本国策彦周良等出使明朝，来到宁波补陀寺（此寺因明初海禁，洪武二十年信国公汤和将普陀山宝陀观音寺迁往宁波，改名补陀寺），"于观音像前各消拜者三，献香资者十缗……补陀之为寺，盖观音大士竖坐三摩地也。生（策彦周良自称）等在海东之日，亦谙其为名蓝。前月于大洋，风波荡突，船不克进，淹滞中流，生等念彼大士，默祷良久，遂戮精进力，预推愿够，须臾风面波滑，得轻臻此，岂非大士灵验之所然乎"（《策彦和尚入明初度集》卷上）。《法华经·普门品》云："……或漂流巨海，龙鱼诸鬼难，念彼观音力，波浪不能没。"对于观音能救海难，信徒们是深信不疑的。从上可知，从唐代，历宋元明清，无论日本、朝鲜或南亚各国船舶，过往此岛，都要登山祈祷，候风候潮或填充补给，遇到风涛，无不祈祷大士济渡，而策彦周良在日本时，已闻名补陀寺为"名蓝"，可知古代，普陀山观音寺已名扬海外各国。所以，宋人张邦基《墨庄漫录》云："三韩外国诸山，在杳冥间，海舶至此，必有祈祷，寺（中）有钟磬铜物，皆鸡林（新罗）商贾所施者，多刻彼国年号；亦有外国人留题，颇有文采者。"南宋乌程（今浙江吴兴）太守赵彦卫《云麓漫钞·补陀落迦山记》云："补陀洛迦山，自西登陆，有路曰高丽道头……自东即入辽、渤海、日本、毛人、高丽、扶桑诸国，自南入漳、泉、福建路云。观音多现于洞中，或于岩上及山峰，变化不一，甚著灵验。"元代盛熙明《补陀洛迦山传》云："自元丰中谒者王舜封使三韩，遇风涛，大龟负舟，惶怖致祷，睹金色晃耀，（大士）现满月相，珠璎灿然，出自岩洞，龟没舟行。及还，以奏上闻，始赐寺额曰'观音宝陀'，自是，海东诸夷，如三韩、日本、扶桑、阿黎、占城、渤海、数百国雄商巨舶，由此取道放洋，凡遇风波寇盗，望山归命，即得销散，感应颇多。"所以说，普陀山之所以能形成世界公认之观音道场，还取决于其特殊的地理位置和地貌环境。所谓地貌环境，不仅是其旖旎幽美的海山风光，主要是海岛。据佛教《华严经》载，善财童子为求"菩萨道"，曾经参访53位善知识，其中第27参，到普陀山参见观世音菩萨，经文说，鞞瑟胝罗居士告善财言："善男子，于此南方有山，名补怛洛迦，彼有菩萨，名观自在，汝诣彼问菩萨，云何学菩萨行？修菩萨道？"如前所述，观世音菩萨道场名普陀洛迦，而且必须是一个海岛，所以，大陆上诸多供奉观音之丛林和名山，在成为国际性观音道场上，无法与舟山群岛之梅岑山相竞争，是因为缺乏"海岛"这一必然条件。普陀山之所以最终为各国信众所承认和推崇，又得益于其特殊的地理位置，即处于"东亚海上丝绸之路"必经之地。当然，其他原因尚有：印度国家和佛教的消亡；印度的布怛洛伽山之销声匿迹；自宋代以来，历元明清，各代帝王之推崇；中国国力之强大——当时中国是世界上最强大的文明古国，其影响力之深广是任何国家无与伦比的；无数高僧大德孜孜不倦的努力和忘我贡献；等等。在诸多原因中，其中中国与朝鲜半岛之交往，即上述王舜封出使高丽，将梅岑山改称宝陀山一事，对于普陀山观音道场之形成起着具体的关键性作用。

二、普陀山观音道场的印度之源

大家知道，佛经中所说的普陀洛迦山其实在印度，唐代玄奘三藏旅印期间，曾到此山附近，并做了详细记载："秣剌耶山东方有布怛洛迦山，山径危险，岩谷欹倾，山顶有池，其水澄清如镜，有大河绕山，周二十匝，流入南海。池侧有石天宫，观自在菩萨往来游舍。其有愿见菩萨者，不顾身命，厉水登山，忘其艰险，能遂其愿。从此山东北海畔有城，是往南海僧伽罗国路。闻诸土俗曰：从此入海东南三千余里，至僧伽罗国（原注：唐言师子国，非印度之境）"（唐玄奘《大唐西域记》）。最初的观音道场为什么在南印度？为什么当时其他的大菩萨在印度尚无自己的道场而观音却已经有了自己的道场呢？这与观音很早就被赋予救海难这个主要的功能有关；而这种救难的信仰又是从古老的救"黑风海难"和"罗刹鬼难"开始的。古代印度民间传说中最常发生这种灾难的地方，就在与僧伽罗国隔海相望的印度东南沿海地区。古代印度人认为，罗刹鬼居住在楞伽岛（又称僧伽罗国、师子国，即现在的斯里兰卡），所以那里被称为"罗刹鬼国"或"罗刹女国""罗刹国"（参见《佛本行集经》《有部毗奈耶》《大毗婆沙论》《慧琳音义》等经典）。古代印度大陆盛传那里多金银财宝，所以自古以来冒险过海到那里寻宝的人很多。这可从佛经中大量有关楞伽岛探宝的故事而得知。可是，在古代印度南端越过现在的保克海峡去斯里兰卡是非常危险的，《大慈恩寺三藏法师传》中说："往师子国者必须水路，海中多有恶风、夜叉、涛波之难。"《贤愚经》说："又闻海中，多诸剧难，黑风罗刹，水浪回波，摩竭大鱼，水色之山。如斯众难，安全者少，百伴共往，只有一还。"《大乘本生心地观经》说："乘大舶船，入于大海，向东南隅，诣其宝所。时遇北风，漂堕南海，猛风迅疾，昼夜不停。"《佛本行集经》说："于大海内，有诸恐怖，所谓海潮，或时黑风，水流漩洄，低弥罗鱼、蛟龙等怖，诸罗刹女。"传说在楞伽岛北端海滨有一匹宝马，神通广大，可以解救身陷罗刹之难的探宝者安全渡过古楞伽海峡，返回故土，这匹神马成为印度大陆和楞伽岛之间的海上保护神。这个传说中最著名的要算"五百商人下海寻宝"，遇黑风海难和罗刹鬼难的故事。说有五百商人在商主率领下，下海寻宝，不幸被"黑风"吹到罗刹国，被五百罗刹女诱惑，误入圈套，面临生命危险。后来商主被宝马营救，得以渡海返回，并最终救出其他商人（参见《增一阿含经》卷49、《大唐西域记》卷11、巴利藏《本生》中的《云马本生》等）。后来，解救这种"黑风""罗刹"的主角逐渐发生变化，《撰集百缘经》把拯救五百商人摆脱罗刹黑风之难者视为佛陀的前身和成道后的佛陀。释迦牟尼成佛后，他的这一救济功能被阐释得更为清晰，如该经中还说："值大黑风，吹其船舫，飘堕罗刹鬼国，回波黑风。时诸商人，各各跪拜诸天善神，无一感应，救彼厄难。中有优婆塞，语商人言，有佛世尊，常以大悲，昼夜六时，观察众生，护受苦厄，辄往度之。汝等当称彼佛名，或能来此，救我等命。时诸商人，各共同时，称南无佛陀，尔时，世尊遥见商客极遇厄难，即放光明，照耀黑风，风寻消灭，皆得解脱。"（《撰集百缘经》卷9）这里明确指出，救难者之所以能救难，是因为他"常以大悲，昼夜六时，观察众生"，而遇难者所以能获救，是因为其"称"救难者之"名"。救难者昼夜六时对世间众生的"观"与世间众生"称名"的音彼此契合，成为这种信仰的核心环节。这里还强调，其他的"善神"都不能解救这种"黑风""罗刹"之难，依此来看，即使有宝马救黑风海难，

也不是一般的善神，而是佛教中的佛或菩萨。后来，印度大乘佛教进一步完善其理论体系，凡是成佛者，则是"觉"与"行"都圆满者，所以，救世的任务应该由菩萨担任才对。解救"黑风""罗刹"之难的圣者便固定为菩萨，以这种信仰为核心环节，即观察世间众生之"观"与世间众生称名之"音"的完整结合命名为"观世音"。这种转变应该是在2000年前即公元前后时期完成的，并经过长期的传播后，被正式写成文字，这就是《观世音菩萨普门品》。该经一开始对"观世音"含义的解释与上述解救"黑风""罗刹"难如出一辙，经云："若有百千万亿众生，为求金、银、琉璃、砗磲、玛瑙、珊瑚、琥珀、真珠等宝，入于大海，假使黑风吹其船舫，漂堕罗刹鬼国，其中若有乃至一人，称观世音菩萨名者，是诸人等，皆得解脱罗刹之难，以是因缘，名观世音。"《普门品》也称《观音经》，最初该经单独流行，后来才被编入《妙法莲华经》之中。当观音救海难的信仰形成以及逐渐扩大到整个救难信仰时代，传说在印度大陆和斯里兰卡之间救海难的宝马逐渐变为仙人、佛陀，最后则被定型于观音。在观音代替宝马之后，观音菩萨并没有和昔日称为宝马的圣者之间建立一种直接的沟通关系。经过几百年之后，在密教经典《大乘庄严宝王经》中才对此做了明确的解释。该经以释迦牟尼佛为除盖障菩萨叙说往昔因缘的方式，对除盖障菩萨说："圣马王者，即观自在菩萨摩诃萨是，于是危难死怖畏中救济于我。"这是佛教经典中首次提到古代传说中在印度大陆和楞伽岛师子国之间救海难的宝马就是观音。10世纪后，随着印度国

家的灭亡，印度佛教也逐渐消亡，数百年后，印度的普陀洛迦山销声匿迹，与此同时，中国佛教却不断兴旺发达，此间，位于舟山群岛梅岑山上之观音，不断地救护来自世界各地的航舶，种种观音救海难的灵现传说不胫而走，迅速传向东南亚各国，普陀山国际性观音道场地位逐步奠定。综上所述，普陀山观音道场之形成，有其必然性，但宋代使节出使高丽，观音灵异，宋神宗赐名"宝陀观音寺"，从而逐渐将梅岑山改称为宝陀山，是一个极大的飞跃，也是"梅岑山"最终改名普陀山的一个重大契机。

三、中韩海上交往与普陀山国际性观音道场的最终形成

再谈谈韩国扶安郡与普陀山之关系。扶安郡与普陀山同处于古代中韩海上交通要道，扶安郡在古代"东亚海上丝绸之路"中与普陀山有着同样重要的地位。据《图经》记载，中国明州通往高丽，须经过招宝山（今宁波市镇海区）、虎头山（甬江口外）、沈家门（今舟山市普陀区）、梅岑（今普陀山）、蓬莱山（今舟山市岱山县）、白水洋、黄水洋、黑水洋来到黑山岛，再向北经月屿、白衣岛、跪苦、春草苦、槟榔礁、菩萨苫、竹岛、苦苦苦和横屿，然后经芙蓉山，过紫燕岛，来到礼成江，从陆路至开成府。其中苦苦苦"距竹岛不远，其山相类，亦有居民，丽俗谓刺猥毛为苦苦，此山林茂盛不大，正如猬毛，故以名之"。又考《东国舆地胜览》卷三四《扶安郡》："猬岛，在县西海中，周三十里。"所谓猬岛，正是苦苦苦，以林木繁盛如猬毛而改名，今扶安西南之猬岛，即《图经》所述苦苦苦，其大小正好与今普陀山一样。唐宋以来，来往于中国与朝鲜半岛的船舶，均经过此地。扶安郡在三韩时代属于马韩，即马韩五十四国中的支半国，到百济时代，扶安郡设有皆火县和欣良买县。此地早已成为中国与朝鲜半岛海上交通要地。据《图经》记载，北宋宣和五年（1123年）六月五日晚七至八时，中国的两艘神舟和六艘客舟抛泊猬岛，过了一夜，当时猬岛上的朝鲜人驾小舟送来了食用淡水："五日丙戌晴明，过苦苦苦……是日抛泊此苦，丽人挈舟载水来献，以米谢之。东风大作，不能前进，遂宿焉。"北宋时，猬岛上住有居民，当徐竞等8舟载1000余人抛泊此岛时，船上淡水已用尽，岛上居民以小舟载水送之，徐竞等以大米致谢。由此可见，唐宋以降，扶安地方已成为朝鲜半岛通往中国东南沿海航路必经之地，随着普陀山观音道场国际影响日益扩大，普陀观音救海难事迹很可能早已传入扶安一带，传入时间最有可能是北宋元丰年间至宣和年间（1078—1124年），宋代普陀山有高丽道头，终年抛泊着许多高丽商船，他们不可能不将有关普陀山观音的种种信息传到本国，因此，普陀山观音信仰传入扶安郡最有可能是在两宋年间；当然，也可追溯到唐咸通年间（860—873年）或五代后梁贞明年间（915—920年），须进一步考证。扶安郡猬岛地方，在唐代，是无数新罗少女被卖往他国或被买去作为祭海人质之地。这一时期，被称为"海上王"的新罗清海镇守张保皋，凭借其军事力量，组织庞大的国际贸易船队，垄断着韩、中、日三国沿海以及南亚一带航海活动。据《新唐书》及韩国《三国遗事》等史籍记

载,张保皋又名弓福、弓巴,新罗人。初,保皋与其友郑年皆善战,后来两人一起入唐,在武宁军中任小将,"骑而用枪,无能敌者"。唐文宗大和（827—835年）初,保皋回国谒见兴德大王曰:"遍中国以新罗人为奴婢,愿得镇清海（今韩国东南莞岛）,使贼不得掠人西去。"清海为出入新罗要冲,便于控制水上交通。兴德王从其请,与兵一万。兴德王四年（829年）,张正式出任清海镇大使,俗呼为"张大使"。另据日本僧圆仁《入唐求法巡礼行记》提供线索,这支国际贸易商业船队既有由张保皋直接掌握指挥的船只,也有属于其他私人而受张军事力量保护、控制的船只。所谓"遍中国以新罗人为奴婢",说明那时新罗国贩卖人口特别是贩卖少女非常猖獗,这些少女从新罗各地被卖到莞岛或猬岛一带隐蔽起来,等待船只运往海外。千年以来,这里长期出没着往返于中国与朝鲜半岛之船舶。据说韩国著名说唱《沈清传》中的孝女沈清,即是从猬岛被买去祭海的,扶安当地居民还传说沈清曾在该地桃花村居住过。沈清为使盲人父亲双目复明,以300石白米将自己卖了去祭海,抛入印塘水（中韩海路中一处浪涛最汹涌的地方）后,又被龙王救去,做了中国皇后,她为了报答父母养育之恩,在中国塑造500尊观音圣像运往故国。这虽然是传说,但据悉沈清故事在韩国家喻户晓,而且有实际人物为依据。近年韩国谷城郡专家根据谷城《玉果县圣德山观音寺事迹碑记》考证出沈清原名元洪庄,系被来自会稽沿海巨商沈国公买到沈家门,才改名沈清。沈家门在今普陀山对面,快艇只有15分钟航程,也是笔者家乡,现建有"沈清公园"。韩国有关元洪庄之碑系清雍正七年（1729年）碧梧山门人白眉禅师所撰,原碑已不存,但碑文被留传下来,这就是《观音寺缘起文》。其实,在朝鲜半岛,有关沈清传说的版本多达300余种,沈清是千千万万苦难深重的朝鲜半岛少女之典型,沈清故事长期流传于民间,时间跨度达1000余年,背景非常复杂,内涵极为丰富,所以在朝鲜半岛到处都有关于她的故事和传说。当然,一切文学作品都是现实生活的真实反映,都蕴含着现实生活的蛛丝马迹,都来源于生活,有关沈清的传说至少反映了韩国古代某些历史现象,其中沈清作为艺术典型,代表着千千万万被卖往异国他乡的韩国少女,她们的命运大多数非常悲惨,但也有少数被贡献到宫廷,贵为王妃,如明成祖永乐六年（1408年）,朝鲜贡献处女5人,皆朝鲜大臣之女:大臣权执中之女被封为贤妃;任添年之女被封为顺妃;李文命之女被封为昭仪;吕贵真之女被封为婕妤;崔德麟之女被封为美人。沈清在中国做了皇后,也是善良的韩国人民对这些被卖往他国的不幸少女的美好愿望。沈清塑造观音圣像运往韩国一事,隐含着古代中国观音文化东传朝鲜半岛之史实。2008年11月5日,以扶安郡文化课课长高在旭和来苏寺住持进学法师为团长、全州大学教授宋华燮等一行7人来到普陀山佛教文化研究所进行学术交流,开创了扶安郡与普陀山之现代交流。其实,始建于唐贞观七年（633年）的来苏寺,至今寺内仍藏有高丽时期的铜钟并建有梵钟阁,天王殿外还有一株树龄千年的"堂山树",很可能在高丽时期,即中国的宋代,通过航海船舶,两地已有联系。有宋一代,普陀山成为中国与高丽、日本以及东南亚各国的交通枢纽。据可靠统计，两宋时期高丽遣使进贡达 57 次，宋使往高丽达 30 次，去高丽经商达 5000 余人。当时从明州市舶司出口大量纺织品、瓷器、茶叶、工艺品，又从各国进口许多银子、人参、兽皮、药材、漆器等。海外贸易的进展，不仅刺激了江南农业、手工业发展，而且使财政收入逐年增加。北宋仁宗皇祐时，市舶岁收 53 万贯，英宗治平间增加到 63 万贯。绍兴七年（1137 年）闰十月三日，高宗下诏书云："市舶之利最厚，若措置合宜，所得动以百万计，岂不胜取之于民，朕所以留意于此，庶几可能少宽民力尔。"绍兴十六年（1146 年），又云："市舶之利颇助国用，宜循旧法，以招徕远人，阜通货贿。"此间，市舶岁入达 200 万贯，朝廷制定了一系列促进贸易、鼓励外商的制度。两地频繁的往来促进了海洋文化和佛教文化之交流。唐代，普陀山有新罗礁，乃大量新罗船只往返韩国与普陀山；宋代，普陀山有高丽道头，一直到晚清，专门抛泊来自高丽的船只；清康熙间江苏守备易之烔有一首《过普陀记所见》诗云："洛伽山外海冥冥，大士门前贡船停。借问远来何国客，计程今见草三青。"据来苏寺曾于李朝仁祖十一年（1133 年，明崇祯七年）由僧人青旻重建，那么，最迟在明末，普陀山观音圣像已传入此寺。无论是韩国孝女沈清故事还是至今流传的来苏寺观音灵异传说，都折射出中韩两国悠久的传统友谊和深厚的观音文化交流渊源。

注释

1. 张邦基. 墨庄漫录. 北京：中华书局，2002.
2. 徐兢. 宣和奉使高丽图经（四十卷）. 两淮马裕家藏本.
3. 圆仁. 入唐求法巡礼行记.
4. 允澎. 允澎入唐记.
5. 策彦周良：策彦和尚入明初渡集.
6. 赵彦卫. 云麓漫钞. 北京：中华书局，1996.
7. 鸠摩罗什译. 妙法莲华经·观世音菩萨普门品.
8. 玄奘. 大唐西域记. 北京：中华书局，2012.
9. 李利安. 印度观音信仰的最初形态. 世界宗教研究，2006（3）.
10. 增一阿含经（卷四十九）·大正藏（第 2 册）.
11. 撰集百缘经（卷九）·大正藏（第 4 册）.
12. 大乘庄严宝王经·大正藏（第 20 册）.
13. 东国舆地胜览. 古典刊行会，1994.
14. 欧阳修，宋祁. 新唐书. 北京：中华书局，1975.

观音译名"盧楼亘"检讨

闵泽平

（浙江海洋大学 人文学院）

摘 要 佛典《无量清净平等觉经》所提到的"盧楼亘"，就是我们所熟悉的观音菩萨，这从"盧楼亘"的功能与职责可以得到确认。不过作为音译的"盧楼亘"如何出现以及何时出现，则需要进一步讨论，尤其是后者，关乎到了我们对观世音进入中土时间的判定。

关键词 盧楼亘；观世音；无量清净平等觉经；阿弥陀三耶三佛萨楼佛檀过度人道经

作为学术研究层面而非信仰主义的观音信仰，它的起源至今并没有得到一致的认定，究竟在公元前已经出现，还是出现在公元纪元之初，抑或出现在5世纪之后，以及是出身于佛教，还是来自于婆罗门教或者说根本就是伊朗的神灵，都曾引起过学者们的激烈讨论。与此相关联的，则是观音进入中土的时间也不能给予准确的判定。其中的一种说法，则以为后汉桓帝末年来到洛阳的支娄迦谶，在翻译佛典《无量清净平等觉经》时所提到的"盧楼亘"就是我们所熟悉的观音菩萨，由此我们大致可以推测出观音进入中土的最晚时间。这一说法究竟能不能成立？如果能够成立，它的基石又何在呢？在观音的诸多译名中，尽管"盧楼亘"一直不引人注目，不过在坚持音译一般先以意译出现的基本原则下，无论如何我们都不应该过分忽略《无量清净平等觉经》在观音信仰传播中的作用与影响。

一、《无量清净平等觉经》中"盧楼亘"

《无量清净平等觉经》大约有五处提到了"盧楼亘"。前两次是在阿弥陀佛为诸菩萨、阿罗汉说法讲经时，作为听讲者的盧楼亘首先站出来发问，这一过程是以偈语的形式展现的：

时无量世尊笑，三十六亿那术，
此数光从口出，遍照诸无数刹。
则回光还绕佛，三匝已从顶入，
色霍然不复现，天亦人皆欢喜。
盧楼亘从坐起，正衣服稽首问，
白佛言何缘笑，唯世尊说是意。
愿授我本空蓻，慈护成百福相，
闻是诸音声者，一切人踊跃喜。
梵之音及雷霆，八种音深重声，
佛授盧楼亘决，今吾说仁谛听。[1]

当然，如果没有接下来的具体描述，"盧楼亘"就会淹没在众多的菩萨中不会引起我们丝毫的注意。令人无法忽略的是，后来《无量清净平等觉经》在介绍无量清净佛国诸菩萨时，又详细介绍了"盭楼亘"的身份与地位：

> 佛言："……无量清净佛国诸菩萨、阿罗汉，其项中光明，皆悉自有光明所照大小。其诸菩萨中，有最尊两菩萨，常在无量清净佛左右座边，坐侍政论。无量清净佛，常与是两菩萨共对坐，议八方上下去来现在之事。无量清净佛，若欲使令是两菩萨，到八方上下无央数诸佛所，是两菩萨便飞行，则到八方上下无央数诸佛所。随心所欲至到何方佛所，是两菩萨则俱飞行则到，飞行驶疾如佛，勇猛无比。其一菩萨名盭楼亘，其一菩萨名摩诃那，光明智慧最第一。其两菩萨项中光明，各焰照他方，千须弥山佛国常大明。其诸菩萨，项中光明，各照千亿万里。诸阿罗汉项中光明，各照七丈。"[1]

佛经中说，在无量清净佛身边有两位最尊贵的菩萨陪侍左右，经常一起讨论过去未来现在之事，其中的一位就是"盭楼亘"。"盭楼亘"的主要职责是什么呢？佛经随即解释说：

> 佛言："其世间人民，善男子、善女人，若有一急恐怖遭县官事者，但自归命是盭楼亘菩萨，无所不得解脱者也。"[1]

由此可见，"盭楼亘"的重要法力就是救难，在遭遇紧急状况包括遭遇官司时，能够帮助信徒解脱。不仅如此，在无量清净佛涅槃之后，盭楼亘还是他的继承者：

> 佛言："无量清净佛，至其然后般泥洹者，其'盭楼亘'菩萨，便当作佛，总领道智，典主教授，世间八方上下，所过度诸天人民、蜎飞蠕动之类，皆令得佛泥洹之道。其善福德，当得复如大师无量清净佛。"[1]

总之，《无量清净平等觉经》卷中对于盭楼亘的描述——无量寿佛身边最重要的胁侍，救难菩萨与未来佛——让我们确信佛经中提到的"盭楼亘"就是后来大家所熟知的观音菩萨。更有力的证据还在于，据说是《无量清净平等觉经》第三会的《佛说无量寿经》，曹魏康僧铠在相关位置都直接用"观世音"替代了"盭楼亘"。如上述所引偈语，《佛说无量寿经》相应为：

> 应时无量尊，动容发欣笑。
> 口出无数光，遍照十方国。
> 回光围绕身，三匝从顶入。
> 一切天人众，踊跃皆欢喜。
> 大士观世音，整服稽首问，
> 白佛何缘笑，唯然愿说意。
> 梵声犹雷震，八音畅妙响，
> 当授菩萨记，今说仁谛听。[2]

其中对于观世音职责与地位的介绍文字，亦与《无量清净平等觉经》大同小异，如"彼佛国中，诸声闻众身光一寻，菩萨光明照百由旬。有二菩萨最尊第一，威神光明，普照三千大千世界。阿难白佛：彼二菩萨其号云何？佛言：一名观世音，二名大势至。是二菩萨，于此国土修菩萨行，命终转化生彼佛国。"总之，《无量清净平等觉经》中所出现的"盭楼亘"，在《佛说无量寿经》中都以"观世音"所替代了。

那么，《无量清净平等觉经》为什么会使用"盭楼亘"这样的译名来指称观世音呢？唐代的《一切经音义》以为"庐楼亘"仅仅是音写，即所谓其"梵语，不求字义，菩萨名也"。[3]宋代的《翻译名义集》也以为"庐楼亘"就是"光世音"的音译，名字的真实含义则是因"能所圆融，有无兼畅，照穷正性，察其本末，故称观也。世音者，是所观之境也。万象流动，隔别不同，类音殊唱，俱蒙离苦，菩萨弘慈一时普救，皆令解脱，故曰观世音"，而所谓"光世音""观自在"都是误译[4]。明代的王世贞明确指出"光世音"梵文的音译，其《观世音大士六部经咒序》有云：

> 过是西方十万亿万土，有佛名阿弥陀。其佐阿弥陀而行化，若国相，又若储君者，曰观世音大士。观世音梵名阿那婆娄吉低输，略而曰婆娄吉低税；又曰观自在，梵名阿缚卢枳多伊湿伐罗；一曰观世自在，梵名阿婆卢吉低舍婆罗；一曰光世音，梵名庐楼亘。夫所以三名者，盖缘德标称以显无方之用耳，义固一也。[5]

后来许多佛学辞典都引用《可洪音义》接受了这一说法[6]，不过在如今一些学者看来，"见于西元第二世纪汉译的《无量清净平等觉经》的'庐楼亘'，很难想做是'观自在'在梵文原语Avalokiteśvara的音译"[7]。一种猜测"庐楼亘"是音译的缩写，"从支娄迦谶译中出现的'庐''阿会亘'等音写来看，可以推定'庐楼亘'是Avalokitesvara的音写。古译及旧译佛典的汉译者们往往有意避免造四字以上的音写词。从这一倾向来看，'庐楼亘'很可能是不完全音写"[8]。

二、《无量清净平等觉经》的译者

"庐楼亘"究竟如何与"光世音"发生关联呢？即使我们认定它是一种略写，如辛岛静志所言，由于我们没有能力将其复原，其间的因果仍然是无从得知的。这是许多学者在谈及观音信仰时对"庐楼亘"避而不谈的原因之一，而另一个重要原因则是《无量清净平等觉经》归属权存在着争议。支娄迦谶为其翻译者的说法，据现存资料首见于费长房《历代三宝记》，其卷四"支娄迦谶"条有云："《无量清净经》二卷，亦云《无量清净平等觉经》，见《吴录》。"[9]其后《大唐内典录》《开元释教录》均沿袭了这一说法。不过，费长房所云《吴录》早已散佚，不知所指，使人深感疑虑。

同时《历代三宝纪》卷五"白延"条有载："《无量清净平等觉经》二卷，第三出与世高、僧康铠等所出《无量寿经》本同，文名少异，见竺道祖《晋世杂录》。"[9]而关于《无量清净平等觉经》为白延所译的说法其实颇为盛行，如隋沙门法经等所撰《众经目录》卷一云："右五经同本异译：《无量清净平等觉经》二卷（魏世白延译）；《阿弥陀经》二卷（吴黄武年支谦译）；《无量寿经》二卷（晋永嘉年竺法护译）；《新无量寿经》二卷（宋永初年佛陀跋陀罗译）；《新无量寿经》二卷（宋世昙摩蜜多于祇桓寺译）；《新无量寿经》二卷（宋世宝云于六合山译）。"[10]又《开元释教录》卷一："沙门白延，西域人也，才明盖世，深解逾伦，以高贵乡公甘露三年戊寅游化洛阳止白马寺，出《无量清净》等经五部。长房等录又有《平等觉经》一卷，亦云白延所出，今以此经即是《无量清净平等觉经》，但名有广略故不复存也。"[11]

不过，《高僧传》又提出帛延译出了《无量清净平等觉经》，使情况更为复杂。其卷一有云："又有沙门帛延，不知何人，亦才明有深解，以魏甘露中，译出《无量清净平等觉经》等凡六部经，后不知所终焉。"[12]后来《众经目录》卷二即保留了这一说法："右三经同本异译：《无量清净平等觉经》二卷，魏世帛延译；《阿弥陀经》二卷，吴黄武年支谦译；《无量寿经》二卷，晋永嘉年竺法护译。"[13]由于白、帛通用，均为龟兹国姓，这不难使人联想到所谓"白延"与"帛延"实际上是一个人，这种想法看起来没有太大问题，但《出三藏记集》卷《首楞严后记》的一条记录却让学者们极为棘手："咸和三年（373年），岁在癸酉，凉州刺史张天锡在州出此《首楞严经》……时译者归慈王世子帛延善晋、胡音。"[14]我们推测"白延"与"帛延"为同一人，是因为《高僧传》及《众经目录》都肯定他们是魏世之人，而这里却分明记录帛延为东晋时人，时间相差在百年以上，白延与帛延为同一人的说法受到了挑战。

面对这样的矛盾，有人认为最好取消两者合一的说法，如羽溪了谛即认为"盖《开元录》明记为二人，而时代亦异，吾人只可视二人为同名且皆来自龟兹国，较为允当耳"[15]。更多人则以为两者当指一人，不同时代的说法属于误记，或以为其人当在东晋时，"实晋凉州之白延，不在魏世，《开元录》误"，"这里有两种可能，第一种是历史上确实存在两个白延或帛延，一个是曹魏时期的，一个是东晋时期的。但从所译经典来看，又没有这种可能，只可能有一个白延或帛延。如果一定有一种时间记录有误，那就应该是《安玄传》所附传中白延的时间有误"[16]。

三、作为旁证的《阿弥陀三耶三佛萨楼佛檀过度人道经》

不过，无论白延与帛延是否为同一人，在一些学者看来，《无量清净平等觉经》为其所译之说都值得商榷，所以即使他们并不否定白延或帛延曾为译者的事实，通常也采取模糊的方式将其译本置入散佚之中。日本学者坪井俊映在《净土三经概说》中，曾经引用了望月信亨博士的说法："此经（《无量清净平等觉经》）译本有三说：（一）僧祐以为是竺法护。（二）梁传以为是白延。（三）历代三宝纪、开元录以为是支娄迦谶。其中支娄迦谶说是最为薄弱，白延之说次之，竺法护之说则最为有力。"[17]香川孝雄则在《〈无量清净平等觉经〉汉译考》详细分析了这三种说法，认为从经录记载、译语等方面来看，"竺法护说"最为可靠，且认为"《平等觉经》和《普曜经》并非依据原典的逐句翻译，而是不得已限于对已存的《大阿弥陀经》和《瑞应本起经》的改订"[18]。

香川孝雄肯定"竺法护说"的重要依据，是《出三藏记集》所著录竺法护曾翻译《无量寿经》二卷，根据其用语及风格，他认定旧题支娄迦谶所译的《无量清净平等觉经》，实际上应该是竺法护所译《无量寿经》。假如我们接受这里的说法，那么就观音研究而言，我们就不得不面临如下困惑：为什么竺法护在翻译"观音菩萨"时前后会使用不同的名称，因为我们可以确定的是竺法护于太康七年（286年）翻译《正法华经》时最早使用了"光世音"这一译名。

任继愈也倾向于《无量清净平等觉经》为竺法护所译。除了著录这一说法的《出三藏记集》更为可靠外，所译之经文与吴国支谦所译《阿弥陀三耶三佛萨楼佛檀过度人道经》即《大阿弥陀佛经》，在内容上的相近也是重要原因：

> 二者大部分译文完全一样，但《大阿弥陀经》所载过去佛有三十四个，《平等觉经》有过去佛三十七个；前者所载弥陀"二十四愿"文字较多，而后者的"二十四愿"虽次序不一样，也较简练，但看得出是在前者基础上发展来的；前者一句偈颂没有，后者两处有偈，一处有五字偈文八十句，一处有六字偈文一百二十八句。这不仅说明《平等觉经》原本比《大阿弥陀经》原本晚出，而且其译文是在《大阿弥陀经》译文的基础上作了若干补充译和改译。因此，说《平等觉经》是竺法护译的是比较可信的。[19]

就所涉及的"盖楼亘"部分而言，两部经书的内容确实是极其相近的。当然，由于《阿弥陀三耶三佛萨楼佛檀过度人道经》没有偈语，自然也没有盖楼亘首先发问的亮相。不过在介绍阿弥陀佛国讲堂舍宅时，也是将它与菩萨摩诃那钵作为重点来介绍，其文字与《无量清净平等觉经》大同小异：

> 诸菩萨、阿罗汉顶中，皆悉自有光明，所照有大小。诸菩萨中，有最尊两菩萨，常在佛左右坐侍正论。佛常与是两菩萨对坐，议八方上下去来现在之事。若欲使是两菩萨，到八方上下无央数诸佛所，即便飞行，随心所欲至到飞行，使疾如佛，勇猛无比。其一菩萨名盖楼亘，其一菩萨名摩诃那钵，光明智慧最第一，顶中光明各焰照他方，千须弥山佛国中常大明。其诸菩萨顶中光明各照千亿万里，诸阿罗汉顶中光明各照七丈。[20]

只是令我们意外的是，对于摩诃那钵与"盖楼亘"即大势至菩萨与观世音菩萨的职责，佛经中没有明确的区分。我们所熟悉的救难功能，也被一同赋予了摩诃那钵菩萨：

> 佛言："世间人民，若善男子、善女人，若有急恐怖县官事者，但自归命是盖楼亘菩萨、摩诃那钵菩萨所，无不得解脱者。"[20]

这会是一次小小的失误吗？或者说这也是一个证据，让我们进一步确定《阿弥陀三耶三佛萨楼佛檀过度人道经》出现的时间当早于《无量清净平等觉经》。20世纪以来，更多的学者倾向于《无量清净平等觉经》为竺法护所译，而其重要的依据就是《无量清净平等觉经》比《阿弥陀三耶三佛萨楼佛檀过度人道经》后出，而后者为支谦所译，在支谦之后曾经翻译过《无量寿经》又为我们所熟悉的竺法护，所以竺法护就是旧题《无量清净平等觉经》的真正翻译者。

四、《阿弥陀三耶三佛萨楼佛檀过度人道经》译者的不确定性

这里的推理看起来是那样的严丝合缝，所以没有太多的学者对于用竺法护来替代

支娄迦谶以解决《无量清净平等觉经》比《阿弥陀三耶三佛萨楼佛檀过度人道经》后出的问题提出异议。正如齐藤隆信所言，一般来讲，判断佛经汉译者的方法有两种，一是依据历代经录的记载，二是按照经典中的词汇和语法来推定归纳[21]。按照《无量寿经》汉、吴两种译本用语和风格，我们推断出它们出现的次序颠倒了，"支娄迦谶译语的特征是多用音写，与《大阿弥陀经》相比较，《平等觉经》中的声闻名、过去佛名、他方佛名等固有名词很多都是义译"[18]；按照历代经录，更有权威性的《出三藏记集》与《道安录》都主张《平等觉经》为竺法护所译，主张支娄迦谶的《历代三宝记》却不太具有公信力。

但这种推断也存在着瑕疵。齐藤隆信在讨论东晋失译《般泥洹经》的汉译者时，敏感地意识到了其间存在的问题。他的困惑是："现在关于这东晋失译《般泥洹经》的汉译者，有两个说法，即三国吴的支谦译说或者西晋竺法护译说。其判断是按照经录的记载内容和该经中的词汇来推测归纳的。然而这样的判断基准，有时很容易发生错误。是因为小本涅槃经类的译出次数不少，汉译者也不相同。让我们来做一下细密的推断：第一，经录没有绝对的信用性，里边记着同一经典的几个名字，这异名在各种经录中也错综复杂。我不敢说现存《般泥洹经》和《出三藏记集》中记载的《般泥洹经》，这两个同名经典是完全一致的。因为本经汉译者的推定不能用经录来考查。第二，从词汇方面来说，不少经典中能看到后翻套用前翻的词汇和句子，这是汉译佛典上很普遍的现象。因而，虽然抽出有的汉译者明显的常用词汇句子来，归纳推定实际上的汉译者，也还是靠不住的。经录及词汇和句子仅是参考资料而已。那么这经典的汉译者是谁？支谦还是竺法护？"[21]

《无量寿经》的汉译版本更为复杂，其记录也更为繁多，因此对于其汉译者的推定不能不令我们采取审慎的态度。我们断定《无量清净平等觉经》为竺法护所译的一个重要依据，是通过与《阿弥陀三耶三佛萨楼佛檀过度人道经》对比，而后者的翻译者被理所当然地认定为支谦。倘若《阿弥陀三耶三佛萨楼佛檀过度人道经》的翻译者并不如我们所想象的那样毫无争议，情况又将如何呢？

《阿弥陀三耶三佛萨楼佛檀过度人道经》翻译的所属权很少引起人们的关注，虽然对于支谦所译经典及其数量存在着不同的说法，东晋的道安著录了三十部，梁朝的僧祐以为有三十六部[22]，慧皎提高到四十九部[12]。不过，据吕澂先生的考证，有二十九部没有疑义，其中排列在首位的就是《阿弥陀三耶三佛萨楼佛檀过度人道经》[23]。国内当代学者大多数也没有异议，如方立天在其《中国佛教简史》中就把《阿弥陀三耶三佛萨楼佛檀过度人道经》作为支谦的代表作品加以介绍：

> 支谦还翻译了净土经典《阿弥陀经》，为了与鸠摩罗什译《阿弥陀经》相区别，一般称《大阿弥陀经》，全称《阿弥陀三耶三佛萨楼檀过度人道经》，二卷。宣传阿弥陀净土信仰，称"一心念欲"生阿弥陀净土或听闻阿弥陀佛名字者，皆可往生西方"阿弥陀佛国"。[24]

日本学者小野玄妙也持类似的看法。他认为典籍中所记载的关于支谦所译佛典众多，其中不可靠者不少，但《大阿弥陀经》却不在不可靠之列：

> 如斯考证即知道安法师之译经目录，系经再三严撰后所列，因此有目而经本存在者，如以法句经为首之端应本起经，阿弥陀经，可视为支谦翻译，或至少似支谦所译，应无大误。但如前所说之维摩诘经等，经名虽同而译者不同之例，亦不乏其数，极易将他人之译经署于其名下，且其误不止一二，故应深加注意。[25]

在中国历史上，支谦经常为学者提及的一个重要事迹是运用偈颂的形式来歌咏佛陀。《出三藏记集》卷诗三《支谦传》载："（支谦）又依《无量寿》《中本起经》，制《赞菩萨连句梵呗》三契，注《了本生死经》，皆行于世。"[22] 支谦制作《赞菩萨连句梵呗》的来源，一是《中本起经》，即支谦所翻译的《瑞应本起经》，这一点历来并无异议，而关于《无量寿经》却出现了不同的说法。任继愈不仅肯定《阿弥陀三耶三佛萨楼佛檀过度人道经》为支谦所译，还明确指出《出三藏记集·支谦传》中提到的《无量寿经》，就是支谦所译《大阿弥陀经》，即《阿弥陀三耶三佛萨楼佛檀过度人道经》[19]。汤用彤对此采取了审慎的态度：

> 支谦依《无量寿》《中本起经》，制《赞菩萨连句梵呗》三契，可见其深通汉文。谦所依据之《无量寿经》，不知何人译，亦不知取其何偈为赞。至若《中本起经》，实指支谦自译之《瑞应本起经》。[26]

可见汤用彤并不认为这里的《无量寿经》就是支谦所译。镰田茂雄也不敢确定文中《无量寿经》的翻译者，他只是推测这里的《无量寿经》或许就是支谦所翻译的《大阿弥陀经》：

> 支谦读《赞菩萨连句梵呗》三契，可能是依据《无量寿经》和《中本起经》。支谦作梵呗所依据的《无量寿经》其译者为谁？尚不明了。或许是将支谦的《大阿弥陀经》称作《无量寿经》。依《无量寿经》所作的赞文，究竟是摘取《无量寿经》的哪一个偈文？犹不明了。[27]

在镰田茂雄的同一本书中，他又进一步讨论了《大阿弥陀经》的译者，指出支谦未必就一定是该经的翻译者，只不过没有详细的资料可以用来断定为支娄迦谶所译，所以姑且判定为支谦所译：

> 支谦的译经之中，一向有异说的就是《阿弥陀经》。自道安以来，一切经录均记以支谦译《阿弥陀经》（为了区别于罗什译《阿弥陀经》，故称《大阿弥陀经》）自无问题，但就此《大阿弥陀经》的译语、译风加以检讨，对于认为支谦译则有问题。有关支谦译的经典特色，先前引用的支敏度《合首楞严经记》中已有述及；其径用胡音之处少，并排除音译用语，采用义译的倾向很强烈，相对的阅读支娄迦谶的《道行般若经》自可看出，支谶译的经典，使用音译用语之处很多。现存支谦译的《大阿弥陀经》（《阿弥陀三耶三佛萨楼佛檀过度人道经》）其所使用的音译语很多；又在译语方面，支谶译的《道行般若经》和支谦译的《阿弥陀经》，其所采用的译语类似之处很多。因此，部分学者推断

《大阿弥陀经》也许非支谦所译，而是支娄迦谶所译。但只凭译语的类似，而认为是支娄迦谶所译则有欠妥慎。在现存的史料中，尚无法认定《阿弥陀经》是支娄迦谶所译。因此宁可采信道安的记录，以《大阿弥陀经》为支谦所译较为妥当。[27]

《大阿弥陀经》为支娄迦谶所译，这一说法在历代典籍中还没有找到依据。持这一观点的学者也往往是凭借翻译用语的风格，如香川孝雄所言，"从译语方面来看，此经多用义译。支娄迦谶译语的特征是多用音写……因此，我认为《大阿弥陀经》乃支娄迦谶译，而否定《平等觉经》为支娄迦谶译之说"[18]。

五、结论

通过以上考察，我们可以得出以下结论：

首先，《无量清净平等觉经》中所出现的"廅楼亘"就是指我们后来所称呼的"观世音菩萨"，这从佛经中所言该佛之胁侍地位、未来佛之身份与救难者之功用可以推定。

其次，虽然我们可以确定"廅楼亘"就是"观世音菩萨"的早期译名，但我们并不能借以推断观世音菩萨进入中土的最晚时间，因为《无量清净平等觉经》的译者存在着争议。要确定观世音菩萨进入中土的最晚时间，必须先给《无量清净平等觉经》的译者一个准确的判定。

再次，许多学者都倾向于将《无量清净平等觉经》的译者判定为竺法护，但这仅仅是一种推测。其重要依据是该经被认定为比《阿弥陀三耶三佛萨楼佛檀过度人道经》晚出，可论证《无量清净平等觉经》晚出的过程存有较大的瑕疵。

最后，也是最为重要的是，《阿弥陀三耶三佛萨楼佛檀过度人道经》的译者并不是如人们想象的那样确定无疑，毫无争议。深究下去，是否为支谦所译则在两可之间。如此则所有推论的基本就被摧毁了。

总之，我们可以确定"廅楼亘"即是"观世音菩萨"，但由于《无量清净平等觉经》的汉译者莫衷一是，我们还是应该对其进入中土的确切时间暂时保持缄默。

参考文献

［1］支娄迦谶. 无量清净平等觉经［A］//大正新修大藏经，第十二卷［C］. 台北：新文丰出版股份有限公司，1998.

［2］康僧铠. 佛说无量寿经［A］. 大正新修大藏经，第十二卷［C］. 台北：新文丰出版股份有限公司，1998：273.

［3］慧琳. 一切经音义［M］. 上海：上海古籍出版社，1986：603－604.

［4］法云. 翻译名义集［M］. 北京：全国图书馆文献微缩复制中心，1995：23－24.

［5］王世贞. 弇州山人四部稿续稿，卷四十六［M］. 文渊阁四库全书本，1996.

［6］丁福宝. 佛学大辞典［Z］. 台北：佛光出版社，1988：5911.

［7］山田龙城. 梵语佛典导论［M］许洋主译. 台北：华宇出版社，1988：51.

［8］辛岛静志.《法华经》的文献学研究——观音的语义解释［J］. 中华文史论丛，2009（3）.

［9］费长房. 历代三宝纪［A］//大正新修大藏经，四十九卷［C］. 台北：新文丰出版股份有限公司，1998.

［10］法坚. 众经目录［A］//大正新修大藏经，五十五卷［C］. 台北：新文丰出版股份有限

公司, 1998: 119.

[11] 智昇. 开元释教录 [A] //大正新修大藏经, 五十五卷 [C]. 台北: 新文丰出版股份有限公司, 1998: 487.

[12] 惠皎撰, 汤用彤校注, 汤一介整理. 高僧传 [M]. 北京: 中华书局, 1992.

[13] 彦悰. 众经目录 [A] //大正新修大藏经, 五十五卷 [C]. 台北: 新文丰出版股份有限公司, 1998: 158.

[14] 佚名. 首楞严经后记 [A] //僧祐. 出三藏记集 [C]. 北京: 中华书局, 1995: 271.

[15] 季羡林. 季羡林全集, 第十六卷 [C]. 北京: 外语教学与研究出版社, 2010: 211.

[16] 纪赟. 慧皎《高僧传》研究 [M]. 上海: 上海古籍出版社, 2009: 243.

[17] 张曼涛. 净土典籍研究 [M]. 台北: 大乘文化出版社, 1979: 3-4.

[18] 香川孝雄. 《无量清净平等觉经》汉译考 [J]. 佛教文化, 1990 (2).

[19] 任继愈. 中国佛教史. 第1卷 [M]. 北京: 中国社会科学出版社, 1985.

[20] 支谦. 阿弥陀三耶三佛萨楼佛檀过度人道经 [A] //大正新修大藏经, 第十二卷 [C]. 台北: 新文丰出版股份有限公司, 1998.

[21] 齐藤隆信. 支谦所译经典中偈颂的研究——四部经典中偈颂的汉译者 [J]. 法源, 2001.

[22] 僧祐. 新集撰出经律论录 [A] //出三藏记集 [C] 北京: 中华书局, 1995.

[23] 吕澂. 中国佛学源流略讲 [M]. 北京: 中华书局, 1979: 291.

[24] 方立天. 中国佛教简史 [M]. 北京: 宗教文化出版社, 2001: 26.

[25] 小野玄妙. 佛教经典总论 [M]. 台北: 新文丰出版公司, 1983: 36.

[26] 汤用彤. 汉魏两晋南北朝佛教史 [M]. 北京: 北京大学出版社, 2011: 78.

[27] 镰田茂雄. 中国佛教通史 [M]. 关世谦译. 台北: 佛光出版社, 1985.

关于对"东亚地中海世界"与"佛教之路"的考察

尹明喆

(韩国 东国大学)

摘 要 在本文中,笔者创造了"东亚地中海"与"佛教之路"两个概念。首先,将黄海、东海、南海以及日本海范围这片多国之间的海域称为"东亚地中海",而与这片海域关系最密切的文化活动当为古代东亚的佛教传播,笔者将这些航路统称为"佛教之路"。其次,笔者对古代东亚佛教与海洋的关系做了以下梳理:4—7世纪后半叶佛教从中国传到朝鲜半岛与日本,对国家形制的初建发挥了重要作用,此时佛教在海洋之外的其他空间进行着不同方式的国际交流;从7世纪后半叶起,黄海海域政局稳定,唐、新罗、渤海、日本等国形成"环黄海文化圈",而此时东海南部与南海东部局势不稳;8世纪以后,海洋对国家政策制定的影响力越来越大,各国调整外交关系,互派使节,改变了各自的贸易体系与城市结构。接着,笔者具体分析了东亚地中海各海域范围内古代海洋航路上来往的代表僧侣与发生的佛教事件:在黄海中部横断航路与南部斜断航路有高句丽僧僧朗、实法师、因法师、波若、玄游,百济僧玄光、谦益,新罗僧缘光、觉德、昙育、圆光、明朗、慈藏等的入华求法活动;东海斜断航路是日本遣唐使最常使用的航线,"罗末丽初"时代的禅僧兢让、庆甫亦留下足迹;南海航线为新罗僧智凤、智缘、智雄、审详等赴日传播佛法时所使用;高句丽僧惠便、僧隆、云聪、昙征、法定、惠灌、道登等赴日传法时则利用了日本海的航路。东亚地中海航线中的主线、干线与支线相互交织形成网状,与海洋特性有机结合,这一条条"佛教之路"并非单纯的佛教传播交流之路,而是一条佛教体系的移动之路,这个体系中包括了人物、事物以及无形的意识形态。

关键词 东亚地中海;佛教之路;朝鲜半岛

一、绪言

东亚在地理环境上具有东亚地中海的形态与性质,古代佛教信仰的传播与海洋有着密切的关联,特别是高句丽、百济、新罗、伽耶、统一新罗乃至日本佛教的接受、传播与发展的过程皆与海洋密不可分。本文为了强调海洋作为媒介的重要性,而创造了"佛教之路"这样的用语,这并不是单纯传播与交流之路,而是佛教与相关体系移动之路。本文将首先说明"东亚地中海"世界的特征,然后介绍东亚古代航路,最后列举这些航路上的代表性僧侣与佛教事件，以阐明海洋与佛教的关系与意义。

二、古代东亚地中海世界的理解

1. 空间上的理解

从以自然环境为中心的空间来看，东亚历史上的大陆、半岛与海洋是一个有机的整体单位，笔者将之称作"东亚地中海"（East Asian-mediterranean-sea）。东亚并没有地中海沿岸所拥有的草原、沙漠、大平原等自然条件，也没有像南太平洋将岛屿完全包围的环境，但还是将其定义为"东亚地中海"是有其原因的。朝鲜半岛与日本列岛之间有东海与南海，与中国之间有作为内海（inland-sea）的黄海，朝鲜半岛南部与日本列岛西部、中国东南部由东海相连。虽然不具备地中海地区的地理地貌，但也可称之为"多国间地中海"。东亚地中海三面环抱朝鲜半岛，在中国大陆与日本列岛之间呈环状形态，海洋面积约为340万平方千米。

2. 海洋性质的理解

海洋文化具有"非组织性"与"不连续性"的特征，出海之前不仅需要缜密思考航海的方法，还要注意航海时机的不可预测性，同时在航行过程中还要应对偶发的各种情况。生成海洋文化的一个重要基础是解决技术能力的问题，每一个时代与每一个空间都有其自身实用的科技。在海洋文化中，技术能力具有"模仿性"与"共有性"的特点，即文化在海洋间的传播能够促成相似信仰、传说等文化的形成，而且关于航海必需条件的海流、潮流、风浪等各方面的技术经验对于各国人来说也是相通的。同时，海洋文化具有"多样性"与"开放性"的特征。来往于海上的主体分别居住在不同的空间，带有不同的身份，所产生的文化交流具有放射状、多面数的特点，由此造成了文化的多样性。

3. 时间上的理解

东亚佛教与海洋关系最密切的时期是古代，佛教的接受、传播与发展对于古代东亚各国内部体制的建设发挥了重要的作用。本文大体将其分为下面几个时期：4—7世纪后半叶佛教从中国传到朝鲜半岛与日本，对国家形制的初建发挥了重要作用，此时佛教在海洋之外的其他空间进行着不同方式的国际交流；从7世纪后半叶起，黄海海域政局稳定，唐、新罗、渤海、日本等国形成"环黄海文化圈"，而此时东海南部与南海东部局势不稳；8世纪以后，海洋对国家政策制定的影响力越来越大，各国调整外交关系，互派使节，改变了各自的贸易体系与城市结构。

三、东亚地中海的国际航路

如果将"海上丝绸之路"称为一条主线的话，那么干线与支线到处都是，并构成了一张大网。位于东亚的干线就是"东亚地中海"，丝绸之路无论陆路还是海路都与东亚地中海相连。东亚地中海的航路是一个根据海洋特性而连成的有机网状结构，同时各个海域也有自己固有的系统与航路。

1. 黄海圈

黄海圈的主要航线是黄海中部的横断航路与黄海南部的斜断航路。横断航路指从朝鲜半岛中部地方，即京畿湾一带的港口出发，横断黄海，到达山东半岛各地的航线。斜断航路指从忠清道与全罗道等地海岸出发，斜断黄海到达江苏省或浙江省的航线。百济后期开始常沿这两条航线与中国交流，新罗、统一新罗、高丽时期则长期利用斜断航路，而高句丽主要使用的是横断航路。

白足和尚昙始于4世纪后半叶持佛教经典去辽东地区传扬佛法，僧朗是出身于辽东的高句丽僧人，5世纪后半叶至中国江南，研究三论宗。此外，高句丽实法师与因法师在陈朝活动。波若（562—613年）在隋朝活动，最后圆寂于天台山国清寺，而玄游到达唐朝，与僧哲禅师一起去了师子国并在那里圆寂。

公元384年东晋和尚摩罗难陀来百济传播佛教，出身于印度犍陀罗地区的他或从山东半岛南部港口出发，横断黄海到达朝鲜半岛京畿湾，或从宁波出发，利用斜断航路到达全罗南道灵光的法圣浦。百济玄光曾去陈朝求法后归国，谦益是百济律宗的创始者，曾至南齐学习佛法，后又去往印度，最后与印度僧侣倍达多三藏一起回到百济。

新罗佛教由印度我道和尚传来，据说来自中国吴越地区。缘光和尚曾入陈朝学习，天台山国清寺中的新罗园为新罗僧悟空所建，觉德入梁求法，归国时带回佛舍利，圆光曾在陈朝与隋朝求学，昙育则在隋朝求法。

7世纪的明朗与慈藏入华求法时，所使用的是东海斜断航路。这条航路自浙江南部出港，经东海北部、黄海南部海域及济州岛海域可至朝鲜半岛。统一新罗后期新罗禅宗僧人有兢让、庆甫等曾沿东海斜断航路来到中国。伽耶建国时的国运就与海洋息息相关，金首露王的王妃许黄玉就从印度漂海而来。

东海斜断航路主要是日本遣唐使利用的航线，除此之外，他们大体还使用三条航路。北路从九州北岸出发，经由对马岛到达朝鲜半岛南部海岸，再通过南岸济州岛之间的海域北上横断黄海，到达山东半岛，这条航线在日本与新罗关系恶化后停止使用。还有一条南道路，从大宰府海岸的大津浦出发，南下琉球西海岸，经由奄美大岛，向着琉球，再横断东海，到达中国福建、浙江。南路由九州北部沿岸出航，经五岛列岛南部斜断东海到达浙江。

2. 南海圈

南海圈分南海东部航路与南海西部航路。东部航路是经由对马岛到达九州北部海岸的航线，最初由伽耶人使用，6世纪以后主要由新罗僧侣掌控。新罗僧智凤、智缘、智雄等首先活跃于日本，后至唐朝向慧沼求学，智雄后来成为日本法相宗第三祖。7世纪末有观常、云观、智隆、明听、观智、弁通、神叡等从日本返回新罗，8世纪有义泛、义基、慈定、净达等返回新罗，用的都是这条航路。

西部航路是从朝鲜半岛海南康津一带港口出航，向东南到达日本九州西北部海岸的航线，最初主要由百济人掌控，后来新罗张保皋商团频繁使用。百济佛教对日本产生很大影响，554年昙惠等9人赴日，577年百济向日本输送经论师、律师、禅师、比丘尼、铸金师、造佛工、造寺工等人以及佛像。603年圣德太子命令秦河胜建造蜂冈寺，以供奉从百济得来的佛像。

3. 日本海圈

日本海圈分为日本海北部横断航路、

中部斜断航路与南部横断航路三条。北部横断航路是到达日本福井县、石川县加贺、能登半岛、新潟县佐道岛等处的航线；中部斜断航路从朝鲜半岛江原道的三陟或从南海海域出发，到达日本列岛本州中部地方。6世纪时高句丽还俗僧惠便来到日本，成为苏我马子的老师，培养出日本最早的3位比丘尼。609年所建日本元兴寺的一塔三金堂样式与平壤清岩里附近寺院结构相同。此外，高句丽僧人僧隆、云聪、昙徵、法定、惠灌、道登等于7世纪初赴日，645年日本中央政府任命10位佛教上首，有两名便是高句丽僧人。这些高句丽僧人渡日时所使用的就是日本海北部横断航路与中部斜断航路。南部横断航路是指从朝鲜半岛浦项、蔚山出发，到达日本本州南部的航路，由三国时代的新罗与统一新罗全面掌控。

4. 海上丝绸之路

海上丝绸之路即"南海路"，因将东方的绢、漆器、陶器、香料、茶等大量物品输出于西方，又被称作"陶器路"与"香料路"。在中国南北朝时期，因北魏断绝了北方绿洲之路的使用，中国南方的广州成为联结东南亚国家、印度、阿拉伯地区的重要贸易中心。南海路促进了小乘佛教及南方佛教的传播，对韩国古代佛教亦产生重要影响。唐代在广州设置市舶司，成为国家贸易机关，新罗僧慧超从此出港到达印度，唐僧鉴真东渡日本时也利用过广州港。

四、海洋对佛教的影响

从东亚地区的自然环境来考虑，佛教交流与海洋有着密切关联，佛教交流机制中不仅包括僧侣、技术者等人员方面的交流，还包括政治意识形态、佛寺制造业、运输业、商贸活动等各个方面的移动与传输。所有僧侣在海上移动的过程中，不仅要有丰富的航海经验，还必然受到海上商团的帮助。同时，各国所拥有的航海能力与对海路的掌控程度直接影响到各国佛教文明的繁荣程度。例如，百济早期佛教与东晋及南朝有关，而新罗由于深处内陆，其佛教发展受到很大限制，所接受的是从高句丽而来的佛教。新罗自6世纪掌握京畿湾之后，便通过黄海积极与中国交涉。伽耶自建国起就与海洋紧密相关，金首露王的王妃许黄玉自印度来，并带来了印度的婆娑石塔。高句丽自4世纪输入佛教起，便在国内城修建省问寺与伊佛兰寺，通过与中国的外交往来活动，大力发展佛教文化。6世纪的新罗颁布律令后，公认了佛教的合法性，中央集权与国家体制得到强化，后来派遣大量学问僧入隋唐留学，培养出一大批如圆光、慈藏、义湘等高僧。日本自圣德太子起就积极输入、发展佛教文化，在百济国的帮助下，以求建立起一个宗教化的国家体制。从594年起，日本直接向新罗与唐朝派遣留学生与学问僧，他们归国后为日本古代文化的形成做出了巨大的贡献。752年日本东大寺大佛开眼仪式中所使用的佛教用品也大部分来自新罗、唐朝与渤海。佛教对于国家成长的重要作用便是与中央集权体制构建的关系，佛教教理是统一国家体系的理论支撑，佛教寺院的修建与艺术珍品的制作能够集中人力发展经济，特别是佛教复杂、庄严的仪式有助于提高王权的威信。古代国家对于佛教的积极输入，最主要依靠的便是航海能力。佛教与韩国古代的公私贸易也有密切关联，当时的贸易商品中奢侈品占的比例很高，主要供王室与佛寺使用。僧侣的海上移动促成了文化交流与贸易活动。

参考文献

1. 尹明喆．东亚地中海与古代日本．青獐子出版社，1996.
2. 尹明喆．张保皋时代的海洋活动与东亚地中海，学研文化社，2002.
3. 尹明喆．韩民族的海洋活动与东亚地中海．学研文化社，2002.
4. 尹明喆．高句丽海洋史研究．四季节出版社，2003.
5. 尹明喆．海路是文化的高速道路．四季节出版社，2003.
6. 尹明喆．韩国海洋史．学研文化社，2003.
7. 郑守一．新罗与西域交流史．檀国大学校出版部，1992.
8. 茂在寅男．古代日本的航海术．小学馆，1981.
9. 郑善如．高句丽佛教史研究．西京文化社，2007.
10. 曹永禄．张保皋船团与海洋佛教．张保皋纪念事业会，2004.
11. 金泰暎．韩国佛教史，京书苑，1997.
12. 赖肖恩．去中国的中世社会旅行．조성을译．韩郁社，1991.
13. 장상건．中国佛教史．大愿精舍，1992.

东亚海上丝绸之路与观音信仰

宋华燮

（韩国　全州大学）

摘　要　东亚海域最具代表性的航海保护神是观世音菩萨，又被称作南海观音。南海观音信仰通过海上丝绸之路从印度传至东亚，与南海观音不同系统的多面多臂观音菩萨信仰是通过草原丝绸之路传至东亚的。本文所关注的是南海观音信仰，笔者认为南海观音形象产生于1世纪的印度大乘佛教，诞生之初在功能与形象上与印度教的毗湿奴神有融合之处。而东亚的南海观音形象正保留有毗湿奴神的痕迹，具体体现在巨躯观音与海神老姬的传说中。古代中国江南与南部地区经济发达，海上贸易活动十分活跃，印度、阿拉伯商人频繁往来，新罗、高丽商人也参与了国际商业活动。印度的观音信仰因商贸航海在浙江舟山群岛形成了观音道场——普陀山。舟山民间传说中，南海观音三步跳跃南海，形成舟山群岛千余处的观音圣地，甚至还有"观音跳"的摩崖书法刻石，观音菩萨三步跳过南海的传说正反映了印度巨躯毗湿奴观音的原型。这种巨躯观音常以立于鳌鱼之上的形象出现，鳌鱼其实是毗湿奴的两种化身鱼和乌龟的结合体。普陀山还有短姑道头的传说，观音在此化身为海神短姑。在印度，海神老姬是毗湿奴神的一种化身，观音变为海神老姬的形象正是受到当时密教思想的影响，而密教是佛教与印度教相结合之产物。南海观音信仰从印度通过马六甲海峡直接传到中国江南沿海、朝鲜半岛与日本。朝鲜半岛高丽时期的佛画多绘制水月观音的形象，中国10世纪中叶敦煌壁画的水月观音最为古老，而在11世纪高丽佛画中的形象略有不同，敦煌壁画中观音手持的杨枝与净瓶，在高丽水月观音图中则被放在了观音身后的岩石上，岩石正体现了南印度普陀洛迦山的海岸风景，而韩国济州岛汉拿山和扶安海神老姬也可看作是毗湿奴观音的化身。

关键词　毗湿奴神；南海观音；普陀洛迦；海神老姬

一、绪言

东亚海域最具代表性的航海保护神是观世音菩萨，又被称为白衣观音菩萨或者南海观音。南海观音是黑潮洋流文化圈中的航海保护神，其形象从印度沿海上丝绸之路传播至东亚，作为观音另一形象的多面多臂观音菩萨则通过草原丝绸之路来到东亚。本文所要考察的是经海上丝绸之路而来的南海观音形象。南海观音穿越马六甲海峡来到中南半岛，到达中国江南沿海，又经过日本冲绳、九州，最后登陆朝鲜半岛的南部海岸。

二、印度观音菩萨的出现背景与起源

观音菩萨起源于公元前后的印度，他是大乘佛教兴盛之1—2世纪所出现的佛菩萨，为佛教与印度教相融合的产物。梵文观音为Avalokitesvara，中文被译作观自在、观世音等。现在的观音菩萨具有水神性质，又象征着多产丰收，但早期观音则与救苦救难和往生极乐世界有关。记载观音的佛教经典有《法华经·普门品》《观无量寿经》《华严经·入法界品》等。有学者认为，观音虽然作为佛教阿弥陀佛的胁侍菩萨，但为起源于印度的原始神，是印度各种原始神与佛菩萨相结合的产物。《法华经·普门品》中的观音是危急中救苦救难的形象，主要反映出与往来于南海的海商之密切关系，因此大海成为观音显灵的背景场所。在印度有将毗湿奴神与观音菩萨合二为一的倾向，因为两者都有多重化身、处处显灵，又同为海神的特点。印度教的毗湿奴神有10种化身，观音菩萨有33种化身。同时，毗湿奴神只用跨出三步，就可遍及宇宙三界，观音菩萨只要跨出一步，其所发出的光芒将覆盖整个世界。而且他们都是海洋之神，毗湿奴神横卧在大海深处冥想宇宙之创造，而《法华经·普门品》里的观音菩萨则在海上救苦救难，他们活跃的共同舞台就是南印度的海岸地区。

三、东亚观音菩萨的类型

印度的观音形象通过草原丝绸之路转播至中国、韩国、日本等东北亚地区，而沿着海上丝绸之路来到印度尼西亚、马来西亚、柬埔寨、泰国、越南、老挝和缅甸等东亚地区。本文所关注的是由海上而来的观音形象。

与海上丝绸之路相关的是南海观音与水月观音，韩国的代表观音是高丽佛画水月观音的形象。水月观音图以海岸岩壁为背景，观音半跏趺坐于莲花之上，手持插有三根紫竹与杨柳的净瓶。最早的水月观音形象出现于10世纪中叶的唐末五代敦煌壁画，自11世纪起出现于高丽。东亚黑潮洋流文化圈的水月观音图与白衣观音图一致，水月观音图中有善财童子，根据《华严经·入法界品》，善财童子经五十三参的点化终成正果，其中就有入南方海上的普陀洛迦山寻找观音菩萨的情节。印度商人以贸易为目的，为求得金银宝货不惜穿越海洋，他们所信奉的海洋神灵便是观音菩萨。在公元1世纪左右，他们经南海航路穿过马六甲海峡，将南印度普陀洛迦地区的白衣观音图扩散到东南亚地区，后到达中南半岛与中国，中南半岛同时出现有白衣观音菩萨的立像与坐像。中南半岛、马来西亚、越南及中国南方地区的广州、泉州、温州、宁波、舟山等地，一直延伸到韩国，均将白衣观音菩萨奉为海上保护神。

中国舟山群岛普陀洛迦山来源于南印度普陀洛迦观音信仰之原型，舟山群岛有巨大身躯的观音菩萨三步跨越南海的传说故事，故事中所登场的是印度神毗湿奴与佛教观音的结合——巨躯毗湿奴观音。毗湿奴观音就是南海观音，也就是白衣观音。巨躯的毗湿奴观音是舟山群岛与韩国海岸的航海保护神。韩国济州岛汉拿山和扶安竹幕洞的海神老妪都可看作是毗湿奴观音的化身。

四、南海观音与普陀洛迦山

东亚最初的观音圣地是南印度的普陀洛迦（potalaka）地区，据《大唐西域记》卷十的记载，秣剌耶山与普陀洛迦山位于秣罗炬吒国。秣剌耶山的外形结构与普陀洛迦的观音圣地共同组成了中国舟山群岛的普陀山。舟山普陀山与秣罗炬吒国的秣剌耶山、普陀洛迦山有着相似的地形、山势，名称也得自于南印度的普陀洛迦。印度商人通过海上丝绸之路最后到达的舟山群岛普陀山，正是因为与南印度的普陀洛迦具有相同的地理环境而成为观音圣地。

中国东晋时代的法显和尚是第一位利用海上丝绸之路往返印度的僧人。他于399年到达印度，413年回到建业（南京），并著有《佛国记》。在《佛国记》中，他写到自己在风浪中念诵观世音菩萨的圣号，从而化险为夷。中国吴越地区很早就存在观音信仰，据《宣和奉使高丽图经》的记载，现普陀山所在地自萧梁时期就有供奉灵验观音的宝陀院。又根据《观世音应验记》，百济僧发正于梁天监年间（502—519年）入梁留学，30余年后回百济之前曾目睹僧人在观音道场诵读《法华经》与《华严经》，每天中午都有一位老妪向诵读《法华经》的求道者供给午饭，人们解释这位老妪便是观世音菩萨的化身。在舟山群岛短姑道头传说中，这位老妪同样登场。观音化身为老妪的故事具有密教的色彩，密教又是印度教与佛教相结合的产物。以上种种证据表明，从6世纪开始，普陀山便开始出现观音信仰。

南海是印度与中国南部之间的海域，毗湿奴神的化身之一Vamana也在普陀山登场。《罗摩衍那》中记载，Vamana是主宰宇宙三界的神，他跨了一步便拥有了地上的一切，跨了第二步便拥有了天上的一切，跨了第三步便拥有了地下的一切。我们能在普陀山观音跳的传说故事里找到这个印度故事的痕迹，可知从南印度普陀洛迦传至中国普陀山的南海观音形象是印度教毗湿奴神与佛教观音菩萨相结合的产物。

五、中国舟山群岛普陀山的观音信仰

中国舟山群岛有南海观音起源与短姑道头两个传说。南海观音是跳跃海岛的巨人，短姑是居住在海岸紫竹林中的老妪，两者都是毗湿奴观音的化身。

观音菩萨有两种类型，一种是《华严经·入法界品》中所呈现的水月观音或白衣观音，另一种是《法华经·普门品》里观音菩萨立于海上的形象，即鱼篮观音或鳌鱼观音。实际上，这两种类型的观音形象都在中国普陀山登场。白衣观音菩萨坐像出现于普济寺壁画，鱼篮观音或鳌鱼观音在普陀山许多寺庙中都有供奉。鳌鱼是一种乌龟或者甲鱼，实际上它是毗湿奴神作为鱼的化身Matsya与龟的化身Kurma相结合的产物。鳌鱼观音登场于越南的寺庙之中，在马来西亚又变为龙的形象。中国观音文化的中心在浙江省宁波与舟山群岛一带，这里有三步横跨宇宙三界的巨躯南海观音，有Vamana短姑老妪，还有以Kurma Matsya为坐骑的鳌鱼观音菩萨。由此可知，中国普陀山的观音信仰直接来源于印度毗湿奴观音。

六、来到朝鲜半岛的普陀洛迦山观音信仰

1. 东海岸襄阳洛山寺的观音圣地

根据韩国古书《三国遗事·洛山二大圣 观音 正趣 调信》的记载,襄阳洛山寺是7世纪义湘大师所建,具体有以下几个特点可与中国舟山普陀山进行对比。首先,襄阳洛山寺有海边窟,与南印度普陀洛迦山、舟山群岛普陀山也有海边窟的情形一致,可见海边窟是构成观音圣地的核心要素。其次,梵文普陀洛迦为小白桦之义,是白衣大士真身常驻之处。672年义湘大师建造洛山寺时,认为水月观音就是白衣观音,无论其所言及的西域普陀洛迦山在印度还是在中国,他能认识到白衣观音菩萨的性质便十分重要。第三,洛山寺有海边窟,窟内有红莲庵,寺旁还有竹林,这都与浙江舟山普陀山梵音洞佛殿的建造方式十分相似。第四,洛山寺中的观音化身为割稻女人的形象也来自于普陀洛迦山的文化传统。第五,760年的统一新罗时代,观音从白衣大士转变为白衣女人,在唐代观音也多为女身,但是韩国的观音更多以男性形象登场。

通过以上的分析,可知洛山寺与中国普陀山的观音信仰一脉相承,虽然有学者提出韩国洛山寺的历史早于中国舟山普陀山的不肯去观音院,但不能否认的是,义湘大师从中国留学回国之后才建造了洛山寺。

2. 西海岸竹幕洞海洋祭祀遗址与观音圣地

竹幕洞海洋祭祀遗址位于韩国边山群岛,是百济于4世纪末至6世纪前后频繁使用的祭祀场所。1992年竹幕洞祭祀遗址出土的大量海洋祭祀文物,其年代从百济之后的统一新罗,一直延续到高丽与朝鲜时代。其中5—6世纪百济时期的海洋祭祀文物大量出土,是熊津百济与中国南朝展开密切交流时期,为海上交通安全祈福时所使用的祭祀场所。

竹幕洞海洋祭祀遗址自百济时代起作为韩国西海岸之关门,这种为航海安全祈福的传统仪式,一直延续到以向水圣堂开洋老奶奶祈求平安为内容的水圣堂祭祀活动。竹幕洞海洋祭祀遗址中包含水圣堂窟,其主神就是开洋老奶奶。从竹幕洞出发,通过东海斜断航路,很容易到达中国的普陀山。竹幕洞一带的海岸地形与普陀山也十分相似,中国普陀山观音信仰通过斜断航路最先到达的地方一定是边山半岛。

水圣堂窟周边长满竹林,使人相信开洋老奶奶就是观音菩萨的化身,源于中国普陀山南海观音信仰系统。舟山普陀山中,南海观音化身为短姑(Vamana),而竹幕洞水圣堂的白衣观音菩萨变身为老奶奶。在开洋老奶奶传说中,她是救助溺水渔夫的神灵,但海水只能浸没她的脚踝,可知她身躯高大。同时,开洋老奶奶的打扮是一身白衣,可认为她就是白衣观音菩萨与南海观音结合而成的神像。中国浙江舟山群岛的渔民有进行开洋祭与谢洋祭的传统仪式,边山半岛的开洋老奶奶作为白衣观音的化身,与常驻于中国普陀山的短姑可谓是同一位海神。中国普陀山观音菩萨能够跳跃于群岛之间,证明其有高大的身躯,而救助渔民的水圣堂开洋老奶奶也有此特点。

七、东亚海上丝绸之路与观音之路

印度的观音信仰通过草原丝绸之路与海上丝绸之路传至东亚。印度的观音信仰沿着草原丝绸之路,越过天山山脉,通过西域到达中国的长安与洛阳,而沿着海上丝绸之路,先到达中南半岛,然后抵达中国南方、日本与韩国。两条丝绸之路所承载的观音信仰在形象与佛经方面都有所不同。

草原丝绸之路上的观音信仰是密教系统的,其形象多为多面多臂观音菩萨像,自印度北部经过西域到达中国内陆。唐朝时来到中国的观音形象主要是十一面观音与千手观音,马头观音、不空绢索观音、如意轮观音、准提观音都由此衍生。所依据的佛教经典有《千眼千臂观世音陀罗尼神咒经》《十一面观世音神咒经》《如意轮陀罗尼经》《不空绢索神变真言经》等。海上丝绸之路的观音菩萨为南海观音与白衣观音菩萨像、水月观音,所依据的佛经为《法华经》和《华严经》。这条海上丝绸之路可被称为东亚观音之路,它带来了源自印度的由印度教与佛教相结合的航海保护神。印度的普陀洛迦山是中国舟山群岛普陀山的原型,而韩国边山半岛竹幕洞水圣堂窟的开洋老奶奶信仰又来源于中国的普陀山。

(楼正豪 译)

参考文献

1. 강희정. 中国观音菩萨像研究. 一志社,2004.
2. Anneliese 等. 印度教的绘图语言. 김대성译. 东文选,2008.
3. miyaji akira. 印度美术史. 김향순, 고정译. 多媒体出版社,2006.
4. 이영재. 拥抱丝绸之路的高丽佛画. 云住寺,2004.
5. 이주형等. 东亚求法僧与印度佛教遗迹. 社会评论,2009.
6. 于培杰. 观音菩萨. 哈尔滨:黑龙江美术出版社,2006.
7. 이숙희. 统一新罗时期密教系统佛教雕刻研究. 学研文化社,2009.
8. 叶宗轼. 南海观音. 天马出版有限公司,1997.

宋代国信使徐兢的航路与群山岛

郭长根

（韩国　群山大学）

摘　要　宋代徐兢撰写的《宣和奉使高丽图经》里出现了韩国群山岛，群山岛是以仙游岛为中心的63座岛屿所组成的群岛。韩国三国时代之后，由于造船技术的发展，从中国通过横断和斜断航路直达群山岛的例子很多，宋代徐兢所使用的就是这条航线。徐兢一行在90天的国际外交活动中，有20天停留在群山岛，宋代赴高丽使节团除首都开京之外，停留最长时间的地方就是群山岛。本文以考古发掘成果为主，并参考了古代文献，对群山岛的海洋文化进行了全面研究。《宣和奉使高丽图经》记载了使节团入港时见到的群山岛山峰之上为进行海洋祭祀活动而建的五龙庙风景，以及高丽大臣金富轼在群山亭所主持迎接宋代徐兢国信使一行的宴会盛况。在群山市与文化财厅的支援下，2013年与2015年作者带队对群山亭、五龙庙以及客馆遗址进行了考古试掘，出土了大量与海洋文化相关的文物，主要有青瓷类与建筑瓦片类两种。考古还发现了《宣和奉使高丽图经》里所记载的烽火台遗址，作者推测其功能与灯塔相似，为来往船舶引航之用。这些都证明了群山岛是朝鲜半岛古代与中世纪时期国际交流的重要据点与贸易港口。从高丽末到朝鲜初，随着倭寇的频繁侵略与朝鲜海禁政策的实施，群山岛的海洋文化处于衰退期，这扇国际外交的关门逐渐闭合了。本文最后回顾了宋代徐兢到来之前群山岛与中国的关系，传说公元前202年齐国的田横与公元前194年古朝鲜的准王都亡命于群山，通过群山岛大量出土的齐国式铜剑和大规模贝冢可以得到某种程度的证明。到了后百济时代，随着与吴越国等中国南方政权的频繁交流，群山岛便成为了朝鲜半岛从海洋通向中国的起航之地。

关键词　徐兢；《宣和奉使高丽图经》；群山岛；青瓷

一、宋代国信使的派遣与徐兢航路

宋代徐兢撰写的《宣和奉使高丽图经》里提及了群山岛，群山岛以仙游岛为中心，由新侍岛、巫女岛、防筑岛等63个大大小小的岛屿构成，目前有居民岛为16个。自1967年仙游岛贝冢发现以来，很长时间并未得到考古学界的关注。直到韩国群山大学从20世纪80年代对这一区域不断进行地表调查以来，才对群山岛文化遗迹的分布情况有了初步详细的把握。特别是群山岛中部仙游岛望主峰周边发现最高水平的青瓷残片，以及中国制造的瓷器、瓦当残片等，我们推测这里可能是大型建筑群遗址。

自先史时代起，朝鲜半岛与中国之间的海上交通航路大体分为三条，第一条是沿着海岸线的沿海航路，第二条是从朝鲜半岛中部出发横断黄海的横断航路，第三条是经由黑山岛到达中国江南地区的斜断航路。至三国时代为止，韩中交流主要利用经由扶安竹幕洞的沿岸航路，以后随着造船与航海技术的发展，便走通过群山岛的横断航路与斜断航路。宋代与高丽之间的往来所使用的是经由群山岛的斜断航路，又称作"徐兢航路"。

宋代国信使一行受徽宗之命于1124年3月14日从首都开封出发，5月16日自浙江明州离港北上，到达舟山群岛后横断黄海，只需9日便到达黑山岛。然后按照沿岸航路北上，在群山岛受到高丽国的正式接待，后又经过陆路于6月13日到达高丽首都开京。回中国时经历了同样的海上航路，因遇台风，在群山岛停留了约20天的时间。可知群山岛是宋使臣团除开京之外，停留过时间最长的地方。本文将通过考古学资料、古代文献对群山岛的海洋文化做一番考察。

二、高丽国在群山岛迎接徐兢一行

900年前《三国史记》的编纂者金富轼曾访问群山岛，他的身份正是徐兢使节团迎接仪式的主管者。徐兢的《宣和奉使高丽图经》详细描写了在群山亭举行迎接仪式之场景以及群山岛的美丽风光，内容如下：

六日丁亥，乘早潮行，辰刻至群山岛抛泊。其山十二峰相连，环绕如城。六舟来迓，载戈甲鸣铙吹角为卫。别有小舟，载绿袍吏，端笏揖于舟中，不通姓字而退，云群山岛注事也。继有译语官阁门通事舍人沈起来参，同接伴金富轼、知全州吴俊和遣使来投远迎状，使副以礼受之。揖而不拜，遣掌仪官相接而已。继遣答书。舟既入岛，沿岸秉旗帜列植者百余人。同接伴以书送使副及三节早食。使副牒接伴，送国王先状，接伴遣采舫请使副上群山亭相见。其亭濒海，后倚两峰，相并特高，壁立有数百仞。门外有公廨十余间，近西小山上有五龙庙、资福寺。又西有崧山行宫，左右前后居民十数家，午后使副乘松舫至岸，三节导从入馆，接伴郡守趋廷设香案拜舞，望阙拜舞，恭问圣体毕，分两阼升堂使副居上，以次对，再拜讫，少前叙致，复再拜就位，上中节堂上序立，与接伴揖，国俗皆雅揖。都辖前致辞再拜，次揖郡守如前礼，退就席。其位使副俱南向，接伴郡守东西相向，下节舟人声喏于庭，上节分坐堂上，中节分两廊，下节坐门之两厢，舟人坐于门外。供张极齐肃，饮食且丰腆，礼貌恭谨，地皆设席，盖其俗如此，亦近古也。酒十行，中节下节第降杀之。初坐接伴亲斟以奉，使者复酬之。酒半遣人致劝，三节皆易大觥。礼毕，上中节趋揖如初礼，使副登松舫，归所乘大舟。

群山岛的中心是仙游岛，自1967年发现贝冢之后长时间并未受到学界的关注，近几十年经过群山大学的考古调查，于望主峰五龙庙周边发现混杂在一起的早期青瓷残片、镶嵌青瓷残片、粉青沙器残片、白瓷片以及瓦当残片等文物。根据徐兢的描述，从扶安猬岛到达仙游岛的使节团一行，在群山亭受到金富轼代表高丽国王的热烈欢迎。当时的群山亭位于海边，其后两座山峰像屏风一样展开，群山岛关门之外有十余间官衙，附近的山上有五龙庙与资福寺。现在仙游岛望主峰东峰半山腰有五龙庙，其位置近出海港口，当时使节团人员在船上即可望见。如果历史上五龙庙的位置没有移动过的话，望主峰东峰山脚附近应该就是高丽政府为徐兢一行准备的客馆所在地，我们推测望主峰西峰山脚海边就是群山亭所在地。

2013—2015年在群山市与文化财厅支持下，我们对推测的崧山行宫、群山亭、五龙庙与客馆遗址进行了考古试掘，发现了很多与群山岛海洋文化相关的文物，大体可分为青瓷类与瓦当类两种。青瓷有从早期到鼎盛时期的各种残片，最令人瞩目的是能够反映王权的镶嵌秘色青瓷，以阳刻饕餮纹圆形香炉残片为代表，还有镶嵌菊花纹盒的盒盖是典型的14世纪中叶青瓷杰作，在这里被发现暗示着群山岛在当时的政治地位。

使臣团回程时在群山岛停留了约20天，具体来说如下。7月15日从礼成港出发，7月24日到达群山岛，一直停泊到8月8日共有14天时间。重新起航后在黑山岛因遇风浪，又回到群山岛，一直等到8月16日风浪停歇后再次出发。可见群山岛在当时是候潮等风、补充给养的国际性大型港口。自张保皋清海镇灭亡之后，黑山岛在海上交通的重要地位便有可能被群山岛替代。在仙游岛望主峰周边收集到了最高级别的青瓷残片与中国造瓷片、双龙纹镜和仙景纹镜，还有在巫女岛土圹墓中发现了从镶嵌青瓷开始到高丽后期为止的各种青瓷文物，反映出群山岛海洋文化的发展状态，由此证明群山岛在韩国中古时期是国际交流的重要据点与贸易港口，在高丽政府直接掌控之下，又极具宗教文化特征。

徐兢的《宣和奉使高丽图经》里还记述了群山岛的船舶制造。高丽时代在群山岛上所造之船被称为"松舫"，这类船头尾通直，中央有5间船室，上有屋顶覆盖。船室内部由丝绸铺地，装饰十分华丽。宋代使臣团到达群山岛后，正使与副使换乘松舫向举行欢迎宴会的群山亭移动。徐兢留下了关于高丽船舶外形与内部构造的宝贵资料。在群山岛境内的十二东波岛曾发现有装满青瓷在运往开京途中沉没的运输船遗骸，从2004年起在国立海洋文化财研究所对其进行脱盐处理工作。它与群山岛的松舫一样，都是复原高丽时代船舶的重要资料。现在的群山岛上有韩国国家造船工业园区，其现代造船事业的繁荣与古代群山的松舫不无关系。

三、群山岛王陵与陶瓷航路

朝鲜肃宗八年（1682年）编写的《东舆备考》中指出了群山岛上王陵所在的位置。根据记载，群山岛自16世纪上半叶为止留存有被认为是王陵的大型坟墓，群山岛上曾经存在过王陵，证明了其在历史上的重要地位。20世纪90年代中期，群山大学博物馆曾对推测为王陵的位置进行过地表调查，但未发现任何痕迹。大概朝鲜时代因为盗墓活动严重，王陵已经失去了原有的形态，只有从文献中找到证据。根据现在考古地表调查的结果显示，群山岛上文物遗迹的分布情况十分密集，所以不排除存在王陵的可能性。虽然高丽时代的王陵集中分布在开京周围，但是学者们主张群山岛王陵所埋葬的主人是三别抄军队保护下的高丽王族。经过调查，现在发现仙游岛上有两处地方最可能是王陵存在的位置，未来还要不断进行考古试掘，争取重要发现。

为了理解群山岛的海洋文化，烽火台也是不可缺少的部分，徐兢在《宣和奉使高丽图经》中记载了他在途中所见到的烽火台，在徐兢航线的重要路段如群山岛与猬岛上存在高丽时代烽火台的可能性很大，学者亦要经过不断的考古调查来确认。

现在我们来看群山岛的青瓷搬运船，自21世纪开始，通过对以十二东波岛、彼岸岛为中心的海底遗物进行水下考古工作，大约发现了16 000多件青瓷。群山彼岸岛的新万金工程建设，使沉睡了800余年的青瓷文物重见天日。十二东波岛沉船的每一件青瓷之间都用秸秆或芦苇完好包装，在群山夜味岛海底也打捞出很多一般百姓使用的瓷器。

群山岛在蒙古侵略时期成为流民的避难之所与抗蒙势力的据点，但由于明朝建立后陆上交通路线的重新开辟以及倭寇对于海岛的频繁侵扰，又因朝鲜建国后的海禁政策，使群山岛的海洋文化逐步衰退，这时群山岛作为海上贸易据点与国际外交关门的作用便终止了。仁祖二年（1624年）在群山岛设立古群山镇，将群山岛行政与军事中心由仙游岛北岛移至南岛。以监视与防御朝鲜半岛西海岸为目的而设立的古群山镇现于仙游岛南岛还留下痕迹，同时群山岛与猬岛之上烽火台的作用也变成了监视倭寇与海盗的动静和保卫沿海安全。只有从高丽时代开始运营的搬运船，还如以前一样装载着青瓷与租税驶过群山岛，延续着海洋文化的命脉。

四、韩中海上文物交流的网点——群山岛

群山岛是将韩国江河大海连为一体、得天独厚的交通要地，自先史时代以来一直到高丽时代为止的海洋活动都非常兴盛，从而受到学术界的关注。公元前202年齐国田横与前194年古朝鲜準王都亡命于群山，这是可以和1492年哥伦布发现新大陆相媲美的历史事件。这一时期，韩国境内贝冢的数量爆发式地增长，出现了被推定为马韩上层领导者的墓葬——言冢。群山开寺洞贝冢的长度约100米，是目前韩国所发现的最大规模贝冢。三国时代的群山继承了马韩的海洋文化。百济自将首都从首尔移至公州与扶余以来，群山通过海上丝绸之路与中国、日本等亚洲地区联系在一起，海洋文化更加繁盛。后百济时代，群山岛被规划开发成为国家级的国际贸易港口。后百济持续与吴越等中国南方政权进行国际往来，使群山岛成为当时韩国最大规模的港口。927年中国吴越国与后百济的使臣往来皆要经由群山岛，这条航路的终点一直延伸至后百济的首都——全州，使全州成为陆上文化与海洋文化的交汇之处。1123年为了迎接宋朝使臣团，金富轼代表中央政府在群山岛为徐兢一行举行了盛大的欢迎宴会。在仙游岛望主峰周边建造了高丽王临时居住的崧山行宫、迎接使

臣的群山亭、祭祀海神的五龙庙、佛教寺院资福寺，还有各种官府衙门。官衙中最重要的是安置宋朝使臣的客馆。群山岛在当时是朝鲜半岛国际外交的大舞台，宋朝使臣在整个90天的国际外交行程中有20天左右都滞留在群山岛，是除开京以外停留最久的地方。

在群山岛中心的仙游岛望主峰周边，发现了从早期青瓷开始，一直到镶嵌青瓷等最高技艺的青瓷残片，还有混杂着中国造的陶瓷残片与瓦当残片，同时这里还出土了大量代表高丽最高工艺的铜镜，由此说明群山岛的海洋文化相当繁盛，是东北亚地区国际海上交流的重要据点。

（楼正豪　译）

参考文献

1. 群山市史编纂委员会. 群山市史, 2000.
2. 国立海洋文化财研究所. 古群山群岛, 2000.
3. 群山大学校博物馆. 全北群山市文化遗迹分布地图, 2011.
4. 曹永禄. 韩中文化交流与南方海路. 国学资料苑, 1997.
5. 尹明喆. 韩国海洋史. 学研文化社, 2006.
6. 정진술. 韩国的古代海上交通路. 韩国海洋战略研究所, 2009.
7. 国立全州博物馆. 扶安竹幕洞祭祀遗迹研究, 1998.
8. 群山大学校博物馆. 古群山群岛仙游岛一带文化财地表调查结果报告, 2009.
9. 群山大学校博物馆. 高丽图经客馆遗址试掘调查简略报告书, 2015.
10. 群山大学校博物馆. 群山巫女岛高丽古坟群, 2015.
11. 木浦大学校图书文化院，东国大学校新罗文化研究所，文化财厅，国立海洋文化财研究所，国立海洋博物馆. 海上丝绸之路与港口，还有岛, 2014.
12. 国立海洋遗物展示馆. 群山十二东波岛海底遗物, 2005.
13. 国立海洋遗物展示馆. 群山飞雁岛海底遗物, 2004.
14. 国立海洋遗物展示馆. 群山夜味岛, 2007.
15. 国立海洋文化财研究所. 江华高丽王陵, 2007.
16. 리창언. 高丽遗迹研究. 白山文化院, 2002.
17. 김중규. 群山历史物语. 内外图书出版, 2009.
18. 조명일. 西海岸的传统文化与交流. 韩国大学博物馆联合会, 2010.
19. 徐兢. 宣和奉使高丽图经. 卷36. 群山岛.

史传书写模式与"不肯去观音院"的建造意图[①]

楼正豪

(浙江海洋大学　东海发展研究院)

摘　要　本文将文献中关于唐代浙江普陀山"不肯去观音院"建立过程的历史叙述看作一种传统史传书写模式,从而进一步深究建寺神话背后的历史真相,那就是日本慧锷和尚为报国恩,在普陀山上所建"日本国院"便是唐代"不肯去观音院"。

关键词　新罗；日本；慧锷；不肯去观音院

一、"不肯去观音院"由来的两种说法

关于中国佛教四大名山之普陀山唐代不肯去观音院的修建缘起,历来流传两种说法,即"新罗商人携来说"与"日僧慧锷携来说"。最早的文献记载是宋使臣徐兢于宣和六年(1124年)前往高丽国途中,在普陀山等待季风时留下的见闻,录于《宣和奉使高丽图经》卷34《梅岑》：

其深麓中,有萧梁所建宝陀院,殿有灵感观音。昔新罗贾人往五台,刻其像,欲载归其国,既出海遇礁,舟胶不进,乃还置像于礁上。院僧宗岳者迎奉于殿,自后海舶往来,必诣祈福,无不感应。[1]

从上文可知,普陀山在梁武帝时期(502—549年)就建有宝陀院,后来不知年代的新罗商人从五台山请来观音像,不得已留在普陀山,遂形成观音祈福道场。

而南宋宝庆年间(1225—1227年)所编纂的浙东地区最早地方志《宝庆四明志》记录了唐大中十三年(859年)日本僧人慧锷带来了普陀山观音像：

不肯去观音先是大中十三年日本国僧惠锷诣五台山敬礼,至中台精舍见观音貌像端雅,喜生颜色,乃就恳求愿迎归其国,寺众从之。锷即肩舁至此,以之登舟,而像重不可举,率同行贾客尽力舁之,乃克胜。及过昌国之梅岑山,涛怒风飞,舟人俱甚。锷夜梦一胡僧谓之曰："汝但安吾此山,必令便风相送。"锷泣而告众以梦,咸惊异,相与诛茅缚室,敬置其像,而去因呼为"不肯去观音"。[2]

日僧慧锷是不肯去观音院创始者的说法后来成为通说,天台宗史书《佛祖统纪》卷42也记载唐大中十二年(858年)日本僧慧锷安置了不肯去观音像。此外,

---

[①] 基金项目：浙江海洋大学科研启动经费资助课题《古代东海文明交流研究》阶段性成果(项目编号：21055011815)。

还见于《佛祖历代通载》卷16、《定海通志》卷27、《补陀洛迦山志》卷4、《重修普陀山志》卷2等文献。这两种说法的中心都是观音"不肯去"的情节，只是事件的主角有所不同，以往的研究皆从人物入手[3,4]，本文试将"不肯去"作为切入点，对不肯去观音院的建造意图进行剖析。

二、"不肯去"的史传书写模式

"不肯去"的修辞模式常见于汉文典籍，例如《后汉书》卷81《范式》载：

> 范式字巨卿……与汝南张劭为友，劭字元伯，二人并告归乡里。元伯临尽，叹曰："恨不见吾死友！"……寻而卒。式忽梦见元伯玄冕垂缨屣履而呼曰："巨卿，吾以某日死，当以尔时葬，永归黄泉。子未我忘，岂能相及？"……式便服朋友之服，投其葬日，驰往赴之。式未及到，而丧已发引，既至圹，将窆，而柩不肯进。其母抚之曰："元伯，岂有望邪？"遂停柩移时，乃见有素车白马，号哭而来。其母望之曰："是必范巨卿也。"巨卿既至，叩丧言曰："行矣元伯！死生路异，永从此辞。"会葬者千人，咸为挥涕。式因执绋而引柩，于是乃前。[5]

张劭的灵柩等不到挚友范式来便不肯去，这则"不肯去"故事表现了知音情谊之深。又如《太平广记》卷38《李泌》载：

> （李泌）因语及建宁王灵武之功，请加赠太子。代宗感悼久之，云："吾弟之功，非先生则世人不知，岂止赠太子也！"即敕于彭原迎丧，赠承天皇帝，葬齐陵。引至城门，奏以龙辅不动，代宗自蓬莱院谓曰："吾弟似欲见先生。宜速往醊祝，兼宣朕意。且吾弟定策大功，追加大号。时人未知，可作一文，以传不朽，用慰玄魂。"泌曰："已发引矣。他文不及作，挽歌词可乎？"代宗曰："可。"即于御前制之，词甚凄怆。代宗览之而泣，命中人弛授挽者。泌至，宣代宗命祝醊，歌此二章。于是龙辅行疾如风，都人观之，莫不感涕。[6]

装载建宁王灵柩的车到了城门就拉不动了，唐代宗请李泌作一首挽歌，祭奠完毕后灵车才肯去，表现出李泌高超的文采。

史传中的模式，一类以真实事件为基础，可称为历史模式，另一类颇具神秘色彩，称为书写模式，根据统计，这些程序化的模式多出现在史籍的《良吏传》《孝子传》《儒林传》《列女传》等中。历史模式不能排除史家杜撰，但书写模式虽多为史家虚构，但也可能是因特殊条件而导致的偶然发生的真实事件。[7]史书中表现亡者生前夙愿没有实现而留恋人世，以致棺材不肯离去的故事很多，"不肯去佛像"也可看作这一类。这种史传书写模式背后所隐藏的真相值得我们深入探讨。

三、日本文献中关于慧萼的史料

虽然最早的史料《宣和奉使高丽图经》强调新罗商人与不肯去观音院的关系，但是日僧慧萼的贡献是不能抹杀的。因为新罗商人只是一个没有姓名的模糊形象，而慧萼是历史上真实存在的人物，其行迹见于日中文献，有关的日本史料主要有以下六种：

1.《文德天皇实录》卷1"文德天皇嘉

祥三年五月嵯峨太皇太后御葬送"条[8]：

橘皇太后（786—850年）遣慧萼入五台山送供。[9]

2. 日本禅宗高僧虎关师炼（1278—1346年）于1322年编撰的《元亨释书》卷16《唐补陀落寺慧萼传》载[8]：

（1）854年慧萼奉橘皇太后之命巡礼五台山，入杭州灵池寺拜马祖道一门下齐安为师，邀请齐安弟子义空一起回日本传播禅宗。[10]

（2）858年慧萼再次入唐巡礼五台山，得观音像，回国时建不肯去观音院。[11]

3. 《元亨释书》卷6《唐国义空传》载[8]：

橘皇太后问日本空海和尚是否有超越密宗的佛法，空海回答是禅宗，但是自己没有深入研究过。于是橘皇太后派慧萼入唐求禅法，慧萼入杭州灵池院见齐安国师，携其弟子义空一起回日本，义空在日本上层社会极受欢迎。慧萼再次入唐，为纪念义空传法专门请苏州开元寺高僧契元作《日本国首传禅宗记》带回日本，在京都罗城镌刻石碑。后来石碑被毁，残片留在京都东寺，虎关师炼撰写《元亨释书》时亲自查访过碑石残片。[12]

4. 日本入唐求法僧圆仁（793—864年）在日记《入唐求法巡礼记》里道[13]：

（1）841年9月7日圆仁听闻慧萼一行到五台山，留弟子二人住五台山。[14]

（2）841年秋慧萼住天台山。[15]

（3）841年慧萼从楚州入唐。842年慧萼将钱财、弟子留在楚州，准备从明州搭载李邻德船回国。[16]

（4）845年楚州新罗语翻译刘慎言说：842年慧萼巡礼五台山，自明州搭载李邻德船回国，然后每年入五台山布施日本法物，但844年时慧萼因会昌灭佛被迫还俗，住苏州。[17]

5. 《续日本后纪》卷17载[8]：

847年慧萼坐唐人张友信的船回日本。[18]

6. 陪伴真如法亲王入唐的伊势兴房861—865年撰写的日记《头陀亲王入唐略记》载[19]：

（1）862年慧萼坐张支信所造船，陪平城天皇皇子真如法亲王入唐。[20]

（2）864年慧萼陪真如法亲王从明州回日本。[21]

除以上关于慧萼的史料外，还有慧萼本人留下的文字见于日本《白氏文集》转抄本。

四、《白氏文集》上慧萼留下的文字

慧萼因844年唐会昌法难还俗后，改名空无，于苏州南禅寺抄写《白居易集》，当时白居易（772—846年）尚未去世。这套《白氏文集》后来被转抄，其上留有慧萼题写的12条跋语，分别保存在"金泽文库本"[22]与"那波本"[23]两种转抄本系统。这12条跋文如下：

（1）古本云：大唐吴郡苏州南禅院。日本国裹头僧慧萼自写文集。时会昌四年（844年）三月十四日，日本承和十一年也。寒食三月八日断火，居士慧萼九日游吴王剑池、武丘山东寺，到天竺道生法师昔讲涅槃经时，五百阿罗汉化现听经座石上，分明今在。生公影堂里影侧牌诗，或本无此诗。元稹。我有三宝一百僧，伟哉生公道业弘。金声玉振神迹远，古窟灵龛天香滕。石龛中置影像。此一首不是集内数。（卷11）

（2）会昌四年（844年）十四日等雁

慧白。（卷12）

（3）本奥云：唐会昌四年（844年）三月二十三日，勘校了。此集奇绝，借得所以者。

白舍人从东都出，下来苏州，回兹耳。其他难见，叵得之。赟和尚之力，此十卷密写得可。（卷13）

（4）本云：时唐会昌四年（844年）四月八日，写勘了。（卷14）

（5）时会昌四年（844年）孟夏之月首夏上旬为书。愿达比国，结当来缘。雁门人议记之。（卷31）

（6）本云：会昌四年（844年）五月二日夜，奉为日本国僧慧萼上人写此本。且缘匆匆，夜间睡梦，用笔都不堪任，且充草本了。皆疏书内题内也。（卷33）

（7）本云：会昌四祀（844年）四月十六日勘了。日本国居士空无。（卷34）

（8）写本跋云：四月二十日，为过海设斋于白乐天禅院。一勘了。慧萼。（卷44）

（9）会昌四年（844年）十九日写过。神候男等白舍人院中设斋。日僧三百人之。勘了。空无申。（卷49）

（10）本奥云：时会昌四载（844年）四月十六日，写取勘毕。日本国游五台山送供居士空无，旧名慧萼。忽然偶着敕难，权时裹头，暂住苏州白舍人禅院，不得东西。毕达本性，随方应物，万法皆心性如是，空门之中何曾忧闷。若有泽潞等宁，国家无事，早入五台，交关文殊之会，拟作山里日本国院，远流国芳名。空无有为境中，虽传痴状，遥奉报国恩。世间之法，皆有相对，恶无者，何有善。（卷50）

（11）时会昌四祀（844年）四月二十九日写了。慧萼。南禅院补主房北小亭子得与本一校。（卷52）

（12）会昌四年（844年）夏五月二日写得勘了。慧萼。乡人发进，不能再勘之。（卷59）

综合日本文献中关于慧萼的史料以及《白氏文集》中慧萼的跋语，我们可以整理慧萼的行踪如下表：

表1 日僧慧萼入唐行踪

年度	事件	出处	备考
835年前	空海对橘皇太后说禅宗优于密宗，橘皇太后遣慧萼入唐求禅法	《元亨释书·义空传》	由于空海圆寂于835年，所以此事应发生在835年之前
842年之前	慧萼入杭州灵池院见齐安国师，携其弟子义空回日本传播禅法	《元亨释书·义空传》	由于齐安国师圆寂于842年，所以此事应发生在842年之前
850年前	橘皇太后遣慧萼入五台山送供	《文德天皇实录》《元亨释书·慧萼传》	由于橘皇太后圆寂于850年，所以此事应发生在850年之前，而《元亨释书》记载854年橘皇太后遣慧萼入五台山有误
不明	为纪念义空传法专门请苏州开元寺高僧契元作《日本国首传禅宗记》带回日本，在京都罗城镌刻石碑	《元亨释书·义空传》	虎关师炼参考残碑撰写义空传与慧萼传
841	慧萼从楚州入唐，一行三人至五台山送供	《入唐行记》	
841	秋，慧萼住天台山	《入唐行记》	慧萼很有可能在此时去杭州见齐安国师

续表

年度	事件	出处	备考
842	自明州搭载李邻德船归国	《入唐行记》	李邻德被认为是在唐新罗商人
844	三月在苏州南禅院抄写白居易诗文集《白氏文集》	《白氏文集》跋语	此为白居易亲自放入苏州南禅院保存的诗文集[24]，慧萼称苏州南禅院为"白乐天禅院"或"白舍人禅院"
844	三月游览剑池、虎丘	《白氏文集》跋语	
844	四月十六日慧萼表达出要在山里建"日本国院"的想法	《白氏文集》跋语	此"日本国院"很有可能就是"不肯去观音院"
844	四月十九日在南禅院设斋，僧三百人参加	《白氏文集》跋语	
844	四月二十日设斋为渡海祈祷平安	《白氏文集》跋语	似乎是为回国做准备
847	慧萼坐唐人张友信的船回日本	《续日本后纪》	张友信被认为是在唐新罗商人
858	慧萼入五台山送供，得观音像，回国时建不肯去观音院	《元亨释书·慧萼传》	
862	慧萼乘张支信的船，陪日本真如法亲王入唐游历五台山	《头陀亲王入唐略记》	张支信即张友信
864	慧萼陪真如法亲王回日本	《头陀亲王入唐略记》	

五、"不肯去观音院"与"日本国院"

笔者指出"不肯去"只是史传的书写模式，这种模式似乎要将"不肯去观音院"的建立视作一种纯粹的机缘定数，如此便抹杀了日僧慧萼的意图与功绩。根据对慧萼行迹的整理，我们发现慧萼是一位怀有强烈宗教热情的僧侣，在30年间不畏艰险乘风渡海，甚至在会昌法难形势最危急的时刻入唐，最终造成被迫还俗的结局。他是日本古代史上入唐次数最多的僧侣，他将观音像从五台山带至舟山群岛，建立"不肯去观音院"必有其目的，他在844年四月十六日抄写《白氏文集》时留下"若有泽潞等宁，国家无事，早入五台，交关文殊之会，拟作山里日本国院，远流国芳名。空无有为境中。虽传痴状，遥奉报国恩"的跋语，似乎表明他有在五台山中建日本国院的志向，这座"山里日本国院"是否就是普陀山"不肯去观音院"呢？我们来做进一步的考察。

有学者认为慧萼的"不肯去观音院"是为唐代诗人白居易而建，这尊观音像就是白居易的化身。[23] 其有以下几点理由：首先，日本所存已散佚的唐五代文献记载白居易死后不久就被尊为文殊菩萨的化身，作者又引用一些日本文人之诗证明文殊化身的白居易最终落户普陀成为观音化身；其次，慧萼与白居易的关系不一般。为慧萼写《日本首传禅宗记》的契元和尚是白居易的挚友，同时又是苏州南禅院的僧人，如果没有他的帮助，慧萼是无法擅自抄写《白氏文集》的。《宝庆四明志》卷11"开元寺条"提到最先为不肯去观音院作文宣传的乃是韦绚,韦绚是刘禹锡的弟子,又是元稹的女婿,自然与白居易因缘极深;最后,《白氏文集》被日本文人尊为佛典,白居易将自己的诗文奉纳于寺庙也是这个目的。所以作者认为慧萼之所以在南禅院冒着生命危险如此虔心地转抄《白氏文集》,就是因为当时他已经将其视为一部日后在日本弘扬禅法的重要佛典了。这种新颖的观点可备一说,但是作者作为证据的日本文人诗多出于后代,更加之诗歌语言的特点是含蓄委婉、字义模糊,所以将白居易与普陀山相联系也有牵强意味,那么慧萼建立"不肯去观音院"的意图就不可揣测了吗?我们还是从慧萼的行迹以及亲自留下的跋文入手。

我们发现慧萼反复多次入唐的目的是送供,他曾受橘皇太后之遣入五台山送供,后来又陪同天皇的废太子真如法亲王入五台山送供,还俗后的慧萼在《白氏文集》跋文中称自己为"日本国游五台山送供居士空无,旧名慧萼",可知慧萼的身份其实是日本皇室的"送供使",送供使指他是代表信奉佛教的日本皇室,前往五台山向菩萨进奉供品的使者。我们通过文献可以窥知,这些供品包括橘皇太后亲手做的绣文袈裟、宝幡、镜奁之具等,所奉施的对象是"定圣者""僧伽和上""康僧"等。"定圣者"盖指佛,"僧伽和上"(628—710年)俗姓何,系昭武九姓何国人,在泗州圆寂,民间认为其是观音化身,[25]"康僧"大概指法藏(643—712年),俗姓康,系昭武九姓康国人,唐代华严宗实际创立者,五台山为华严思想的中心。中国古代历来的送供使多集中于五台山,我们从敦煌莫高窟第61窟的《五台山图》便

可看出,榜题为"湖南送供使""新罗送供使""高丽王使"的供养队伍不绝于路,[26]慧萼一行也应该作为"日本送供使"走在通向五台山的香道上。

文殊信仰很早便传入日本,灵仙三藏是最早巡礼五台山的高僧,后因中毒死于五台山。[13]除慧萼外,唐代到过五台山的还有"入唐八大家"中的圆仁、惠运、宗睿,之后还有圆觉、济诠等,[27]但只有灵仙三藏和慧萼是由皇室派遣巡礼五台山的。日本皇室为何对五台山情有独钟,原因可从南天竺僧菩提仙拿渡日后与日本天皇的对话中找寻,这段话记载于《元亨释书》中:

(菩提仙拿)遥闻支那五台山文殊师利灵应,发本朝,驾小舟入唐,即等五台山,山中逢一老翁,问曰:"法师何之?"提曰:"山顶拜文殊。"翁曰:"文殊不在也,现托生日本国。"语已翁不见。提乃赴本朝。[28]

菩提仙拿暗示日本天皇就是文殊的化身,[29]于是"白璧天皇二十四年(805年),遣二僧灵仙、行贺入唐,礼五台山学佛法"。[30]慧萼作为皇室的送供使,应该常去五台山,所以《入唐求法巡礼行记》记载,"日本国惠萼阇梨子,会昌二年礼五台山,为求五台供,就李邻德船,却归本国去,年年将供料到来。今遇国难还俗,见在楚州",即慧萼年年都要上五台山送供,这就可以解释为何他在会昌法难最危险的时候还要入唐。不幸的是,慧萼最终受灭佛运动的牵连在844年被迫还俗,留在楚州,后来化名为叫"空无"的居士,于苏州南禅院抄写白居易诗文集。由于慧萼没

有完成皇室的任务，所以会在白居易集中留下跋文表示感慨，其中关键的一句就是"若有泽潞等宁，国家无事，早入五台，交关文殊之会，拟作山里日本国院，远流国芳名。空无有为境中，虽传痴状，遥奉报国恩"。

这句话中"泽潞"指"泽潞节度使"，是唐朝在山西、河北地区设置的节度使。慧萼写这句话时的844年四月，正是发生"会昌伐叛"的时候。即泽潞节度使刘悟一族割据泽潞镇，传子孙三代，终于在844年七月被朝廷平定。[31]泽潞镇正是五台山西入口，平乱的战争和灭佛运动使慧萼无法实现送供的任务。所以他祈求"泽潞等宁，国家无事，早入五台"，"交关文殊之会"指完成供养文殊菩萨的愿望。"拟作山里日本国院，远流国芳名。空无有为境中，虽传痴状，遥奉报国恩"则表达出慧萼的远大抱负。"空无"是慧萼还俗后的名字，他立志在五台山中建一所"日本国院"，使日本国名流芳百世，他在明知不可能传达的情况下，还要痴傻地写状文向祖国汇报自己没有能够完成使命的原因，即使身处遥远之地也要报答国恩，可见慧萼一举一动的每一刻心里都装着自己的祖国。

这座"日本国院"必是为国家而建，那么为什么最后慧萼将"日本国院"建在了普陀山上呢？没有史料可以说明，但是可以从两方面来考虑：一方面，舟山群岛由于其独特的地理位置，自古以来是东海航线的重要节点，出海船舶常在此候潮听风，补充给养，普陀岛是日本与新罗遣唐使、学问僧或商人经常停留之地。宋代地方志载："梅岑山，在县东二百七十里，四面环海。高丽、新罗、渤海诸国皆由此取道，宁候风信，谓之放洋。"[32]唐代中国与朝鲜半岛之间的海上往来航路主要有三条：北部沿岸航路、中部横断航路和南部斜断航路。登州是唐代重要的国际港口，北部沿岸航路和中部横断航路的终点都在登州。而南部斜断航路所到达的是长江下游或浙江，直接横断东海具有很大的危险性，所以新罗入唐使们利用不多，[33]于是导致了为朝圣五台山的新罗僧人提供食宿便利的"新罗院"都以登州为中心，根据《入唐求法巡礼行记》的记录，这些新罗院分别是登州的赤山新罗院[13]、青州新罗院[13]和长山县新罗院[13]。而8—9世纪由于统一新罗与日本关系的恶化，日本使者主要利用的是南岛路，《新唐书》载："新罗梗海道，（日本）更繇明、越州朝贡。"[34]因此，慧萼的"日本国院"很可能仿照"新罗院"而建，一方面为来往日本使节、求法僧提供食宿，同时又为渡海者祈祷平安。

另一方面，慧萼建"日本国院"也许是为了弥补"赤山新罗院"消失的空白。新罗人张保皋曾在登州文登赤山浦建"赤山新罗院"，亦称"赤山法华院"，作为新罗人佛事活动的场所[13]。赤山法华院同时具有保佑渡海者平安之功能，这是从寺院之名"法华"而知的，《法华经·观世音菩萨普门品》其中有"若为大水所漂，称其名号，即得浅处。若有百千万亿众生，为求金、银、琉璃、砗磲、玛瑙、珊瑚、琥珀、真珠等宝，入于大海，假使黑风吹其船舫，漂堕罗刹鬼国，其中若有乃至一人，称观世音菩萨名者，是诸人等，皆得解脱罗刹之难。以是因缘，名观世音"之语，由此推断赤山法华院所供奉的是观音。然而赤山法华院毁于会昌法难，当圆仁

845年又来到赤山法华院时，所见到的景象是"条疏僧尼、毁拆寺舍、禁经毁像、收检僧物，共京城无异"[13]。通过圆仁的日记，我们知道慧萼也与在唐新罗人保持着密切的关系，他当然知晓这座立在黄海边的观音道场之毁灭，因此有在东海边再建一座观音道场的宏愿。慧萼曾携带橘皇太后缝制的绣文袈裟去五台山供养僧伽和尚（泗州大师），而僧伽和尚作为观音之化身也是东海一带人们的信仰。1072年渡宋的日本僧人成寻在日记中写道："到着东茹山，船头等下陆，参泗州大师堂。山顶有堂，以石为四面壁僧伽和尚木像数体坐，往还船人常参拜处也。"[35]根据日记中的地理位置判断，东茹山便在舟山群岛附近，证明僧伽和尚圆寂后便形成了这里的观音信仰，而普陀山上又原有梁武帝时期所建宝陀院灵感观音，在这种浓厚的信仰氛围下，慧萼再建一座作为"日本国院"的"不肯去观音院"也是顺理成章的了。

然而令人不解的是，时时代表官方意识的慧萼在陪同天皇之子真如法亲王回日本后就永远消失在史籍之中了，而空海、最澄、圆仁这些没有特殊背景的求法僧却永远被后人铭记。慧萼后来是否又去巡礼过五台山不得而知，他的最终归宿成为一个谜，但他还是因为建立了"不肯去观音院"而实现了"远流国芳名，遥奉报国恩"的理想。

注释

[1] 徐兢. 宣和奉使高丽图经[M]. 卷34. 梅岑.

[2] 罗濬. 宝庆四明志[M]. 卷11. 寺院. 开元寺.

[3] 曹永禄. 东亚佛教交流史研究[M]. 首尔：东国大学校出版部，2011：209-244.

[4] 朴现圭. 中国佛教圣地普陀山与新罗礁[J]//浙江大学学报（人文社会科学版），2003（1）.

[5] 班固. 后汉书[M]. 卷81. 独行列传. 范式.

[6] 李昉. 太平广记[M]. 卷38. 神仙. 李泌.

[7] 孙正军. 形象与写意：史传书写程序化修辞频现[N]. 中国社会科学报，2014-04-23.

[8] 日本国史大系编修会编. 新订增补国史大系（第3卷）[Z]. 东京：吉川弘文馆，1965.

[9] 太皇太后，姓橘氏，讳嘉智子……后尝多造宝幡及绣文袈裟，穷尽巧妙，左右不知其意。后遗沙门慧萼泛海入唐，以绣文袈裟奉施定圣者、僧伽和上、康僧等，以宝幡及镜奁之具入五台山。

[10] 释慧萼，齐衡初（854年）应橘太后诏，赍币入唐，着登莱界，抵雁门上五台。渐届杭州盐官县灵池寺，谒齐安禅师，通橘后之聘，得义空长老而归。

[11] 又入支那，重登五台，适于台岭，感观世音像。遂以大中十二年（858年），抱像道四明归本邦。舶过补陀之海滨，附着石上不得进。舟人思载物重，屡上诸物，舶着如元。及像出舶，能泛。萼度像止此地，不忍弃去，哀慕而留，结庐海峤以奉像。渐成宝坊，号补陀落山寺。今为禅刹之名蓝，以萼为开山祖云。

[12] 释义空，唐国人。事盐官齐安国师，室中推为上首。初，慧萼跨海觅法。吾皇太后橘氏钦唐地之禅化，委金币于萼，扣聘有道尊宿。萼到杭州灵池院，参于国师，且通太后之币，国师感纳之。萼曰："我国信根纯熟，教法甚盛，然最上禅宗未有传也。愿得师之一枝佛法，为吾土宗门之砥柢，不亦宜乎？"国师令空充其请。空便共萼泛海，着太宰府。萼先驰奏，敕迎空，馆于京师东寺讲堂之西院。皇帝赍锡甚渥，太后创檀林寺居焉，时时问道，官僚得指受者多，中散大夫

藤公兄弟其选也。尊再入支那，乞苏州开元寺沙门契元勒事，刻琬琰，题曰《日本国首传禅宗记》，附舶寄来。故老传云碑峙于罗城门侧，门楣之倒也，碑又碎，见今在东寺讲堂东南之隅。赞曰："予求碑刻而无矣。乃如东寺，亲摸印之。其碑破而存者四片，大者径二尺余，小者或不盈尺。额之左右蟠龙伟如也，虽头角不完，鳞甲灿然也。其文残缺，句读不成。而其字画之存者亦鲜明，虽非妙笔，颇为楷正。予便印四片者而归，上之下之，左之右之，百计剽阅，少可明也。世言橘后问密法于弘法，法盛称之。后曰：'更有法之迈之者乎？'法曰：'太唐有佛心宗，是达磨之所传来也，炽行彼地。空海又虽少闻，未暇究之耳。'因兹，后使尊扣问灵池。今碑虽文句不成，斑斑或见焉。世之所传，不徒然也。"

[13] 圆仁. 入唐求法巡礼行记校注 [M]. 石家庄：花山文艺出版社，2007.

[14] 会昌元年（841年）九月七日：闻日本国僧惠萼弟子三人到五台山，其师主发愿为求十方僧供，却归本国。留弟子僧二人令住台山。

[15] 会昌二年（842年）五月廿五日：其萼和尚去秋暂往天台。

[16] 会昌二年（842年）五月廿五日：又楚州新罗译语刘慎言今年二月一日寄仁济送书云："……惠萼和尚附船到楚州，已巡五台山，今春拟返故乡。慎言已排比人船讫。其萼和尚去秋暂往天台。冬中得书云'拟趁李邻德四郎船，取明州归国'。依萼和尚钱物衣服并弟子悉在楚州，又人船已备，不免奉邀，从此发送。"

[17] 会昌五年（845年）七月五日：见译语有人报云："……日本国惠萼阇梨子，会昌二年礼五台山，为求五台供，就李邻德船，却归本国去，年年将供料到来。今遇国难还俗，见在楚州。"云云。

[18] 承和十四年（847年）七月：辛未，天台留学僧园载兼丛僧仁好及僧慧萼等至自大唐，唐人张友信等47人同乘而来者。

[19] 游方传 [A] //大日本佛教全书 [Z]. 第113册. 东京：名著普及会，1987.

[20] 仰唐通事张友信，令造船一只。

[21] 但贤真、惠萼、忠全并小师弓手舵师水手等，此年四月自明州令归本国毕。

[22] 谢思炜. 白居易集综论 [M]. 北京：中国社会科学出版社，1997：40-46.

[23] 陈翀. 慧萼东传《白氏文集》及普陀洛迦开山考 [J]. 浙江大学学报（人文社会科学版），2010（5）.

[24] 蹇长春，尹占华. 白居易评传 [M]. 南京：南京大学出版社，2002：324.

[25] 罗世平. 敦煌泗州僧伽经像与泗州和尚信仰 [J]. 美术研究，1993（3）.

[26] 李新. 敦煌石窟古代朝鲜半岛资料研究——莫高窟第61窟《五台山图》古代朝鲜半岛资料研究 [J]. 敦煌研究，2003（4）.

[27] 崔正森. 五台山与日本佛教文化交流 [J]. 忻州师范学院学报，2000（4）.

[28] 日本国史大系编修会编. 新订增补国史大系（第31卷）[Z]. 东京：吉川弘文馆，1965.

[29] 郝祥满. 日本的五台山信仰探析 [J]. 中国石油大学学报（社会科学版），2006（4）.

[30] 脱脱. 宋史 [M]. 卷491. 日本传.

[31] 欧阳修. 新唐书 [M]. 卷8. 武宗本纪.

[32] 张津. 宋乾道四明图经 [M]. 卷7. 昌国县. 梅岑山.

[33] 权悳永. 古代韩中外交史——遣唐使研究 [M]. 首尔：一潮阁，1997：188-231.

[34] 欧阳修. 新唐书 [M]. 卷220. 东夷传.

[35] 成寻. 参天台五台山记 [M]. 石家庄：花山文艺出版社，2008：卷1. 延久四年（1071）四月二日.

中韩观音信仰的图像学考察

黄家庭

（浙江海洋大学 东海发展研究院）

摘　要　本文通过图像学研究的描述、分析、阐释来考察中国和韩国的观音造像、绘画艺术，并进而揭示出中韩观音信仰的本质特征和内在精神，古代工匠正是通过对观音形象的塑造来表达虔诚的信仰，从而唤起信众内心的慈悲和智慧。

关键词　佛教艺术；观音信仰；图像学；文化交流

佛教，也被称为"像教"，表明佛教十分重视通过图像即造像、壁画、绘画、图案等视觉艺术形式来宣扬教义，强化信仰，并以期获得某种实践意义上的觉悟，达到解脱的自由之境。因此佛教在长期的历史发展中遗存下来的大量的雕像、画像，为我们通过图像学方法考察和研究佛教的历史变迁和宗教意涵提供了便利。本文即是通过图像学研究的描述、分析、阐释来考察中国和韩国的观音造像、绘画艺术，进而揭示出中韩观音信仰的本质特征。

一、中韩观音图像的渊源与流变

公元1世纪左右，起源于印度的观音信仰，随着佛法东渐，通过各类佛教经典翻译，经西域传到了中国，再由中国传到了韩国、日本，超越时代和地域局限产生了多种形态的观音信仰。观音圣地也在各国陆续出现，在中国，于唐代逐渐形成的观音菩萨的道场——普陀山，成为佛教信徒崇拜的圣地。其他国家也出现了类似的圣地，如韩国的洛山寺、日本的补陀洛迦山等。

在中国，随着观音信仰的兴盛和传播，以此信仰对象的崇高而完美的形象形成了很多观音造像和画像，从最初的移植与模仿，到融合与创新，最终于宋代时完全中国化。北魏初年，观音造像大多直接遵照印度、西域的模式，观音为男相，面有胡须，头戴宝冠，袈裟从左肩斜披于右下体侧，偏袒右肩，或佛衣呈通肩式，若干衣纹沿着身体的形状呈平行弧线，两肩均为衣服遮盖。技法上，在雕刻衣纹褶皱时，平直简劲，棱角分明，具有一种原始粗犷的美。这一时期的观音造像，无论在面相上，还是在衣冠服饰上都带有印度、西域的风习，加之凹凸晕染法所形成的立体感，学界称之为"西域风格"。

稍后，北魏时期由于受到秀骨清像的

[①] 基金项目：浙江海洋大学科研启动经费资助课题《观音圣迹文化研究》阶段性成果（项目编号：21055011715）。

时代风格的影响，观音造像也随之发生了改变，由丰润而变为清秀。具体形象为嘴角上翘，长颈削肩，身体颀长，袈裟也由原来的斜披式，变为帔帛交于体前，衣裙向外敞开飘洒。总体形象质朴清雅，温婉娴静，充满着内在的生命力。

晚唐《如意轮观音画像》 敦煌14窟北壁东侧

魏《观音三尊像》 洛阳博物馆藏

延及隋代，表现手法更趋质朴，北魏观音造像那种秀骨清像、潇洒飘逸的特征一变而为朴拙厚重、方正端严的形象。民间艺匠按照人的形象塑造观音菩萨像，富于人间的生活气息，充满着中国本土的特色。造像挺拔，容貌端严，神情肃然，静观自在。由此可见，隋代的观音造像为此后唐代塑像的恢宏气象奠定了良好的审美造型基础。

及至唐代，佛教造像盛极一时，辉煌灿烂。观音造像进一步世俗化，女性化观音造像大量出现。唐道宣在《释氏要览》中有云："造梵相宋齐间皆厚唇、鼻隆、目长、颐丰、挺然丈夫之像。自唐以来，笔笔皆端来柔弱似妓女之貌。故今人夸菩萨若宫娃也。"这样的观音形象一如唐时世间的理想美女，面容丰润妩媚，端庄秀丽，加之各种繁富装饰的华丽锦绣，更显得雍容华贵，庄重典雅。水月观音是一种完全中国本土化的观音形象，张彦远在《历代名画记》中说：

周昉，字景玄。官至宣州长史。初效张萱画，后则小异，颇极风姿。全法衣冠，不近闾里。衣裳劲减，彩色柔丽，菩萨端严，妙创水月之体。

水月观音图是在唐代8世纪后期被宫廷画家周昉始创并流行开来的，这种全新的观音图像绘半跏趺坐的侧身观音形象于满月之中，又配以茂林修竹，水岸涯渌，苍岩怪石，意境幽远。由于这种观音画像比较符合中国文人的审美追求，在唐代及以后非常盛行，成为文人画的一种形式。

逮及宋代，观音造像的世俗化、本土化倾向更趋明显，愈加贴近百姓的审美习惯了。具体表现为一是神情的变化，宋之前的观音像面容整肃，微闭双睛，紧闭双唇，不苟言笑，而宋时的观音像大多面含微笑，和蔼可亲，更加为平民百姓所接受；二是坐姿多样化，不仅有跏趺坐、半跏趺坐，而且还有游戏坐、安逸式等，重庆大足北山佛湾第113号龛的水月观音就呈现为游戏坐；三是服饰的变化，由唐时雍容华贵的恢宏气象，一变而为普通富贵人家的窈窕多姿，如被誉为重庆"北山石刻之冠"的第125号的"媚态观音"，娇中带媚，仪态万方。宋代观音造像的新特点和新风尚，对元明清三代的观音造像的审美取向产生了深刻的影响。这一阶段，观音造像的神性因素逐步淡化，世俗化的气息进一步浓烈起来，更为寻常百姓所喜闻乐见，在创作上观音像的宗教信仰意义甚至被削弱了，赏玩、审美的用途被加以突出，显示出观音造像本土化、世俗化、平民化、戏剧化的特色。

信仰总是人的信仰，从魏晋到明清，纵览观音形象的变迁，不难寻绎出一条从神坛向人间、从神圣往世俗的转化，中国人从自身的信仰需求和审美情趣出发创造出观音的新形象，赋予观音女性化的特征，对外来的观音形象进行了彻底的本土化改造，观音菩萨在民间也被称为"观音娘娘""观音老母"等，这是与作为外来的佛教文化逐步融入本土文化的历史进程相一致的。

佛教于三国时期传入朝鲜半岛，高句丽得风气之先，最早接触到佛教，百济次之，新罗最晚。随着《法华经》的传入，观音菩萨的信仰逐步深入民间。至三国末期，西方净土信仰流行，西方三圣即弥陀三尊像也盛行开来，作为阿弥陀佛的胁侍——观音菩萨的造像也随之出现。

扶余军守里废寺址出土的百济《军守里金铜菩萨立像》高11.5厘米，藏于韩国国立中央博物馆，可能是三尊像中的胁侍

宋《媚态观音》 重庆北山石刻第125号

此外，唐及元时，千手千眼观音、十一面观音、如意轮观音、不空罥索观音等密教观音造像也大量出现，造型独特，呈现出与显教观音不同的造像特点。

百济《军守里金铜菩萨立像》
韩国国立中央博物馆藏

观音菩萨像，也是现存百济最早的菩萨像，但观音菩萨的图像特征并不明显。该像造型夸张，头戴化佛宝冠，面部浑圆，手足丰腴，宝缯飘带垂肩，天衣于身前交叉下垂，双目微闭，面含典型的"百济式微笑"。

《金铜观音菩萨立像》也是百济的造像，则要与通常的观音像接近一些。像高15.2厘米，头戴三面宝冠，两鬟头发垂肩，天衣纤薄贴体，璎珞为饰，在胸前和腹前相扣呈莲花状，左手持净瓶于体侧，右手两指轻拈天衣，面部丰满，双目下垂，静观自在，腰部纤细，整个体量细长、苗条，显现出女性美的特征。

色。"如出现削肩细腰，下半身加长，天衣灵巧轻薄，臂钏、腕钏、连珠纹等多样的形态，可见百济匠师大胆追求新形象的精神与风尚。"

高句丽《金铜菩萨三尊像》
韩国湖岩美术馆藏

百济《金铜观音菩萨立像》
韩国私人收藏

关于百济的观音造像还有《公州金铜观音菩萨立像》《窥岩面金铜观音菩萨立像》和《善山金铜观音菩萨立像》等，可以看出观音特征明显且富于变化，各具特

同时，在三国时期也出现了以观音为主尊的佛教雕像，高句丽的《金铜菩萨三尊像》即是如此，左右胁侍为僧像，一反通常以佛为主尊，菩萨为胁侍的佛教造像惯例，反映了当时观音信仰的兴盛，菩萨信仰成为当时佛教信仰的重心。这一菩萨三尊像高8.8厘米，身像、背光、底座一体铸造，小巧别致，典雅端严。主尊观音菩萨，面容丰润，右手微上举呈施无畏印，

左手下垂结与愿印，肩搭帔帛交叉于身前，裳衣底摆两边飘扬，富于动感。底座呈覆钵状，以莲花纹浅雕，象征莲花座，背光呈船形，饰以火焰纹，象征菩萨的慈辉光耀大千。

7世纪之前，韩国的观音图像或褒衣博带，或曹衣出水，或体态丰腴，或削肩细腰，或手持净瓶，或手拈宝珠，或手结印契，呈现出多样化的特征，反映了韩国佛教造像在接纳汉地佛像风格的同时，又融入了本民族的特色，体现了韩国古代匠师的创造智慧和创新精神。

统一新罗时代，庆尚北道月城的吐含山石窟庵内，有十一面观音像，高218厘米，用深浮雕手法雕刻，刻工细腻，造型精美，左手上抬持净瓶，右手下垂拇指和食指轻拈天衣，面容丰满，身体颀长，雍容华贵，端严无比。

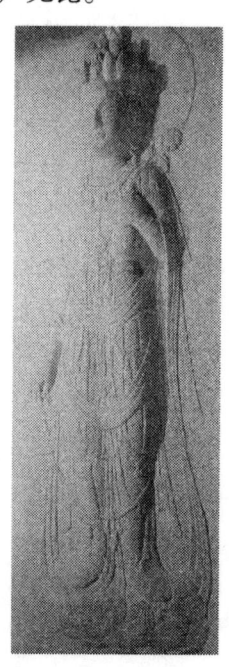

统一新罗时代《石窟庵内十一面观音像》
庆尚北道月城

汤垕所著的《古今书鉴》中说："高丽画观音像甚工，其源出唐尉迟乙僧笔意，流而至于纤丽。"指明了高丽观音绘像源于唐，并给予很高的评价。目前大部分高丽观音像藏于日本，以水月观音画像居多，韩国国内现存的观音画像则多为17世纪以后的作品。

水月观音为三十三观音之一。高丽大觉国师义天的《大觉国师文集》卷第一八中有"和国原公赞新画成水月观音"的记录，表明韩国最迟在11世纪后半叶已经制作了高丽水月观音图。在高丽后期的百余年间，现存有精确年代的水月观音图作品大约40余幅。高丽后期的水月观音图，背景蕴含了很丰富的绘画元素，用笔细腻华丽。高丽水月观音以体态较为自在活泼的侧向半跏趺坐于中央，身着轻罗裳衣，下方以善财童子、海龙王等为胁侍，以流泉水池、岩石修竹、香草铺地为背景。高丽画匠忠实地描绘了《华严经》所描述的观音道场的场景，同时也是现实中人们所憧憬的理想境界的写照。以姿态自在活泼的观音像和山水背景来构成，成为水月观音的特色。

二、中韩观音图像的分析与比较

中国和朝鲜半岛在地理上相毗邻，中韩两国唇齿相依，关系密切，自古以来文化交流频繁而深入。从历史上看，中国文化对韩国文化产生过持久而深刻的影响，朝鲜半岛文化也对中国文化产生影响。朝鲜半岛文化在接受和引入中国文化后，又与当地的社会风俗和文化传统相结合，加以本土化改造，成为本民族文化的组成部分。

中韩两国佛教艺术的交流,是在两国佛教文化交流的大背景之下展开的。372年,中国前秦王苻坚遣使送名僧顺道携佛像、经书到高句丽弘扬佛法,自此高句丽开始建寺,传播佛教。佛教是经中国传入朝鲜半岛的,观音信仰和观音图像也是在中国佛教及其造像、绘画的直接或间接影响下产生和定位的。但韩国毕竟与中国有着不同的风土人情和文化传统,在与本身的传统文化结合后,韩国的观音信仰与观音图像又有着自己的特点。

现存绘制年代最早的水月观音图是在敦煌莫高窟藏经洞中发现的,创作年代推测在唐末五代,有图像可鉴的有三幅。

法国吉美国立东方美术馆藏晚唐至五代《水月观音半跏像》画像中的观音菩萨侧身半跏趺坐在岩石之上,双手前伸抱左膝,右腿则自然下垂踏于莲花上。观音菩萨身体略前倾,头戴宝冠微上仰。身旁身后有笋、竹、棕榈、莲花等植物,有四只野凫浮于水中嬉戏。这幅作品中的观音菩萨,姿态自然,闲适而宁静,给人以清闲自在之感。这幅水月观音的独特之处在于没有手持净瓶和杨枝,而是双手抱膝而坐。嘴上有胡须,男相。这幅图与其他水月观音图不同之处还在于采用强调阴影的西域描法,充满西域风情和异国情调。

英国博物馆藏的《水月观音图》约为五代时期作品,中央为半跏趺坐于月轮中的观音菩萨,左手托着净瓶,右手持杨枝。

晚唐至五代《水月观音半跏像》
[法]吉美国立东方美术馆藏

五代《水月观音图》 英国博物馆藏

画面左上方云朵之上有世俗的一男子、两个侍女。画面的左下方有一供桌，右下方是一位男供养人。关于图中左上的世俗男子和右下的男供养人，王惠民先生在研究中认为供养人正在祈求观音菩萨"除灾因""生福缘"，而左上的世俗男子疑是能"化形万方，观思众生，拔苦与乐"的观音菩萨的化身。

英国大英博物馆藏五代或北宋《水月观音图》中观音菩萨左手持柳枝，右手托净瓶，左腿盘于岩石上，右脚自然下垂踏于水中的莲花上，身体两侧各有竹子三株，下方两侧各有供养人及侍女。

摆在一旁，有圆形头光，戴宝冠，佩有璎珞环钏，整个身形置于巨大的环形透明月轮之中，周围有岩石、竹等，并有五色祥云缭绕。与之相对称的是北侧的《水月观音》壁画，图中水月观音斜倚岩壁坐于岩石上，仰望着空中的月牙，有善财童子合掌脚踏祥云而来。右下方的岩石上绘有"玄奘取经"情景，身着袈裟的玄奘正在合掌礼敬，后面的孙行者一手牵着马一手搭凉棚向前仰望。这两幅水月观音图中的观音姿态优雅娴静，超越尘俗，山石云影，营造出强烈的视觉效果。

西夏《水月观音》　榆林窟第2窟西壁南侧

五代或北宋《水月观音图》
[英] 大英博物馆藏

这一类水月观音的造型均以游戏坐姿出现，杨柳枝和净瓶不持于手上，而是置于观音菩萨旁边，图像中出现善财童子、唐僧取经等新元素。

安西榆林窟第2窟西壁南侧西夏《水月观音》中观音菩萨采用轮王坐姿，坐于水边铺着草的岩石上，杨柳枝插在净瓶里

西夏《水月观音》　榆林窟第2窟西壁北侧

123

唐末五代，水月观音菩萨大都是一手持柳枝一手托净瓶，到了宋、西夏时期，一般为柳枝插在净瓶里放在一旁的岩石上，尤其是西夏时期的观音菩萨手持的形式更是多种多样，或捻念珠，或持宝钗，或握经卷。

宋代《水月观音》　陕西子长钟山石窟

开凿于西夏、元代重修的敦煌莫高窟第95窟中心柱南通道口上方龛西壁有属于元代的《水月观音图》，与西夏榆林窟的水月观音图像相似，有头光和背光，背景有岩石、竹子、云彩等，但也有自己的特点，具体表现在观音双手抱左腿，右足踏莲花的姿态上，有着明显的差异，这是由于地域的不同所造成的。从总体上看，元代的水月观音图像既有继承性，又有新的元素出现。

莫高窟第3号洞窟开凿于元代晚期，是莫高窟中现存唯一以观音为主题的洞窟。绘制于本窟北壁的《千手观音图》，千手观音菩萨立于中央位置，背光两侧是吉祥天女和婆薮仙人，上方左右两侧是两身飞天，下面两侧角为火头金刚和毗那夜伽神，绘画技法高超，人物造型传神。

元代《水月观音图》　敦煌莫高窟第95窟

元代《千手观音图》　莫高窟第3窟北壁

日本镜神社藏《水月观音图》是在至大三年（1310年）创作的作品，是现存高丽水月观音图中年代最早的。观音菩萨半跏趺坐在铺有草的岩座上，插杨柳枝的净瓶放在身旁的岩石上，体态丰满，皮肤饰以淡黄色的金泥。身披透明薄纱，着红色裙子，饰以龟甲纹、莲花纹、牡丹唐草纹等，显得明艳而富丽。观音菩萨脚前有一合掌礼敬的善财童子，与观音相比显得很小，彰显出观音菩萨的高大形象和主体地位，这是高丽水月观音图有别于中国水月观音图的地方。此外还有双竹、水塘、珊瑚、珠子、金沙等，在高丽水月观音图也有很多同样的表现。这幅水月观音图是现存高丽佛画中画幅最大的，整个画面形象准确，布置合理，色彩协调，可以说是高丽佛画作品中的代表作。

高丽《水月观音图》　〔日〕镜神社藏

日本谈山神寺藏《水月观音图》从整体样式上来看，也是典型的高丽水月观音图像。值得注意的是画面左上有记载墨书的撰文："大士普门境，游檀紫竹林，悬崖垂平座，童子是知音，比丘□□拜书。"此段文字的作者和记叙年代已不可考。高丽水月观音图有一个特征是对"双竹"的表现，一般认为是受"洛山二大圣观音正趣调信"中"双竹"内容的影响而出现的，

但是此图的题字中却出现了"游檀紫竹林"的字样。《补陀洛迦山传》中载：

宝陀寺，在州之东海梅岑山，世传，梅福炼丹之所。释所言，东大洋海，西紫竹旃檀林者，是也。自四明陆行，东九十余里，过穿山渡，至大谢，再经嵩子渡，至昌国州。陆行七十里沈家门止，一渡至山。周围仅百里许，环绕大海，凭高望昌国诸山，隐隐如青螺，东极微茫无际，日月出没上下若鉴，微风时来，雷轰雪涌，奇极孤回，非复尘世也。山茶树高数丈，丹葩满枝，犹珊瑚林，水仙紫苏，芳菲满地，金沙玉砾，的落璀璨。

高丽《水月观音图》　〔日〕谈山神寺藏

中国唐代以普陀山为中心兴起了观音信仰，9世纪时新罗与南中国之间在东海上辟出海上航线，出使中国的新罗使节可以直接到达扬州或明州（今宁波）。这样，

通过海路求法的新罗僧人就可能到达普陀山观音圣地,于是普陀山观音圣地与同时代的洛山观音道场就被联系起来,即被认为新罗崛山祖师梵日形成了洛山观音道场。韩国洛山寺红莲庵的观音窟与中国的普陀山的潮音洞在地理位置、布局上也有很多相似之处,观音殿以及里面供奉的观音像也有相同的特点。因此,可以确信这幅水月观音图所题的紫竹林就是普陀山的紫竹林,证明了普陀山观音信仰对韩国观音信仰和图像的影响。

观音菩萨结跏趺坐于莲座上,头上有化佛,莲座的莲花瓣饰以花璎珞,莲座前边也是盛开的莲花。画面左下角是合掌礼敬菩萨的善财童子。观音菩萨居于画面的中心位置,面部有弧形眉毛,微闭双睛,小小的嘴巴和胡须等都是典型高丽佛像的形象特征。

高丽《千手观音图》　韩国湖岩美术馆

从历史上看,中国的观音造像逐步女性化,在宋代虽然也有男相观音,但女相观音已是主流。而韩国的观音像略有不同,虽然观音像的女性特征明显,如手指纤细、皮肤润泽等,但作为男性特征的蝌蚪形小髭,直到高丽时代,大多被保留着。通过以上的分析比较,可以看出韩国的观音造像、绘画是在中国观音图像的影响下形成和发展的,但韩国的观音图像又不是对中国观音图像简单的移植,而是在结合本民族文化特点基础上进行的再创作,独立发展出表现形式不同的新元素,形成了独特的韩国佛教文化。

三、中韩观音图像的经典依据与信仰特征

佛教图像因其朝拜的功能,在宗教信仰生活中发挥着重要的作用。佛教图像是以宗教信仰为基础的,通过雕像、绘画等形式,来生动地阐扬佛法的深刻义理,向人们展现出丰富多彩、异彩纷呈的视觉艺术世界,寄寓着苦难众生的精神追求和理想境界。随着时代和地域的变迁,佛教图像也随之发生变化,同时这些图像也反映出当时当地的信仰特征。

在佛教的诸佛菩萨中,观音菩萨的种类和形象最为众多、复杂。关于观音的形象,佛教经典中多有记载,中韩观音图像所表现的内容,主要出自于《法华经·普门品》《楞严经》《华严经·入法界品》等佛教大乘经典。由于高丽时期华严宗颇为盛行,《华严经》的影响更为突出,观音绘画多以描绘《华严经》中所记述的观音菩萨的道场补陀洛迦山为主,这类绘画数量众多,艺术水准也相当高。中韩观音图

像中的元素都可以在经典中找到依据和描述,这也是中韩观音图像有着紧密联系的关键所在。

中韩观音图像中的重要元素,都能在《华严经》《大唐西域记》中关于观音菩萨的道场补陀洛迦山的记述中找到根据。《六十华严》中说:

尔时,善财诣彼园林,周遍观察,见一大树名曰满月,放大光明,照百由旬;复见大树名曰普覆,其形如盖,放青光明;复见华树名曰华藏,高如雪山,雨众华云,如天帝释波利质多罗树;复见大树名曰柔软,光明普照,常有果实;复见大树名曰明净,不可譬谕摩泥庄严,出阿僧祇清净妙宝;复见衣树,出阿僧祇妙宝衣藏;复见欢喜树,自然演出微妙音声;复见普庄严香熏树,出一切香,普熏十方,无所障碍;复见彼园泉流渊池,栴檀行树周匝围绕,七宝栏楯以为庄严,黑栴檀泥凝渟其底,布以金沙,八功德水充满其中,优钵罗、钵昙摩、拘牟头、分陀利华,敷荣鲜茂遍覆其上;宝树周遍,端严殊妙,一一树下各敷无量师子之座,布以宝衣,熏以众香,张众宝帐,白净宝网罗覆其上,金铃网中出妙音声;或有树下敷莲华藏师子之座,或有树下敷香藏座,或有树下敷龙庄严藏座,或有树下敷宝聚师子座,或有树下敷明净普照藏座,或有树下敷师子乐藏座……尔时,善财闻此语已,心大欢喜,往诣其门。见彼宫宅严饰广大,十重宝墙周匝围绕,列植十行宝多罗树,十重深堑,八功德水充满其中,底布金沙,妙宝莲华、优钵罗、钵昙摩、拘牟头、分陀利,敷荣鲜茂,弥覆水上,出微妙香,能转人心,不生垢染。众宝宫殿,台观楼阁,阿僧祇宝以为严饰;绀琉璃地洒以香水,熏以沉香,涂以栴檀,宝网罗覆;阎浮檀金以为垂铃,出和雅音;散众宝华,犹如降云;诸妙庄严,说不可尽;金刚摩尼真珠宝藏充满宅内,十种园林以为庄严。

《八十华严》中说:

其地清净无有高下,于中具有百万殿堂,大摩尼宝之所合成;百万楼阁,阎浮檀金以覆其上;百万宫殿,毗卢遮那摩尼宝间错庄严;一万浴池,众宝合成;七宝栏楯,周匝围绕;七宝阶道,四面分布;八功德水,湛然盈满,其水香气如天栴檀,金沙布底,水清宝珠周遍间错;凫雁、孔雀、俱枳罗鸟游戏其中,出和雅音;宝多罗树周匝行列,覆以宝网,垂诸金铃,微风徐摇,恒出美音;施大宝帐,宝树围绕,建立无数摩尼宝幢,光明普照百千由旬。其中复有百万陂池,黑栴檀泥凝积其底,一切妙宝以为莲华敷布水上,大摩尼华光色照耀园中。

尔时,善财童子闻是语已,欢喜踊跃,往诣其门。见其住宅广博严丽,宝墙、宝树及以宝堑,一一皆有十重围绕;其宝堑中,香水盈满,金沙布地,诸天宝华、优钵罗华、波头摩华、拘物头华、芬陀利华遍覆水上;宫殿、楼阁处处分布,门闼、窗牖相望间列,咸施网铎,悉置幡幢,无量珍奇以为严饰;琉璃为地,众宝间错,烧诸沉水,涂以栴檀,悬众宝铃,风动成音,散诸天华遍布其地;种种严丽不可称说,诸珍宝藏其数百千,十大园林以为庄严。

这里着重向我们描绘了观音道场的华丽、清净、庄严，如"清净香水杂宝流，种种宝华为波浪""复见彼园泉流渊池""一万浴池，众宝合成；七宝栏楯，周匝围绕；七宝阶道，四面分布；八功德水，湛然盈满，其水香气如天栴檀，金沙布底，水清宝珠周遍间错""香水盈满，金沙布地"等，都是观音图像着力要表现的背景环境。

水月观音图中出现的水池、大海、珊瑚、宝珠、琉璃、金沙、莲花等，也在《华严经》中找到对应物。《八十华严》中说：

菩萨摩诃萨随顺如是大悲、大慈，以深重心住初地时，于一切物无所吝惜，求佛大智，修行大舍，凡是所有一切能施。所谓：财谷、仓库、金银、摩尼、真珠、琉璃、珂贝、璧玉、珊瑚等物。

国城、村邑、宫宅、园苑、泉流、陂池、草树、花药，凡所布列，咸得其宜；金银、摩尼、真珠、琉璃、螺贝、璧玉、珊瑚等藏。

于王座前，有金、银、琉璃、摩尼、真珠、珊瑚、琥珀、珂贝、璧玉诸珍宝聚，衣服、璎珞及诸饮食无量无边种种充满。

又善别知金玉、珠贝、珊瑚、琉璃、摩尼、砗磲、鸡萨罗等一切宝藏，出生之处，品类不同。

净土信仰的重要经典如《佛说阿弥陀经》中也有莲花、宝华、金沙、珍珠元素和《华严经》相类似的描述，水月观音图像中对种种美好事物的描绘，表达了对极乐净土的向往和憧憬。

大乘佛教的重心是菩萨道的信仰和实践，在中国主要为四大菩萨，即观音菩萨、地藏菩萨和文殊菩萨、普贤菩萨，其中又以观音菩萨的影响最大、信众最多。观世音菩萨作为大乘佛教的四大菩萨之一，反映了大乘佛教的基本精神。

通过对中韩观音图像的分析与比较，感悟其图像中所蕴含的内在精神，使我们认识到古代工匠正是通过对观音形象的塑造来表达信众虔诚的信仰，从而唤起内心的慈悲和智慧。

首先是慈悲。慈悲是观音菩萨的核心精神。就像地藏菩萨代表大愿，文殊菩萨代表大智，普贤菩萨代表大行，观音菩萨代表的就是大悲。因此，在大乘菩萨中，一提到慈悲，我们就能想到观音菩萨。很多经典中，佛和菩萨们都赞叹观音菩萨具有大悲精神，如《地藏经》中，佛告观世音菩萨："汝今具大慈悲，怜愍众生。"《千光眼观自在菩萨秘密法经》中，金刚藏菩萨白观自在菩萨言："善哉！善哉！圣观自在，从无量劫来，成就大悲法门利益众生，于生死苦海为作船筏，于无明暗常为法灯。"在一些经典当中，观音菩萨自己也谈到大悲精神，如《菩萨善戒经》中，观世音菩萨言："世尊！我能救护众生怖畏。"《法集经》中，观世音菩萨白佛言："世尊！菩萨不须修学多法。世尊！菩萨若受持一法、善知一法，余一切诸佛法自然如在掌中。世尊！何者是一法？所谓大悲。菩萨若行大悲，一切诸佛法如在掌中。"同经中，观世音菩萨又言："世尊！若人不断大悲，是人则能护持妙法。"正因为大悲是观音菩萨的典型精神，所以《大悲心陀罗尼经》的经文是从顶礼观音菩萨开始的："稽首观音大悲主，愿力洪深相好身。千臂庄严普护持，千眼光明遍观照。真实语中宣密语，无为心内起悲心。速令满足诸希求，永使灭除诸罪业。"也因为观音菩萨具有大悲精神，所以他传授的咒语就叫"大悲咒"。

另外，从观音菩萨的名号中也可以看出他的慈悲精神。由于翻译不同，观音菩萨有两个名号，一为观世音（简称观音），二为观自在。翻译为"观世音"即是为了突显菩萨的慈悲精神。如《法华经·普门品》中，无尽意菩萨问佛："世尊，观世音菩萨以何因缘名观世音？"佛告无尽意菩萨："若有无量百千万亿众生，受诸苦恼，闻是观世音菩萨，一心称名，观世音菩萨即时观其音声，皆得解脱……以是因缘，名观世音。"从这段经文中，我们可以看出，观音菩萨的名号即来源于他的寻声救苦的慈悲精神。

其次是智慧。慈悲是菩萨的利他精神，而智慧则是菩萨的自我修养。有了智慧作为保障，菩萨的慈悲才不会陷入到人间俗情当中去。观音菩萨的智慧主要靠两种法门来修习成就：一种是《心经》所阐述的"般若"法门，如经中言："观自在菩萨，行深般若波罗蜜多时，照见五蕴皆空……三世诸佛，依般若波罗蜜多故，得阿耨多罗三藐三菩提。"另一种是《楞严经·耳根圆通章》所论述的"耳根圆通"法门，如经中说，观音菩萨通过耳根法门的修习，"获二殊胜：一者，上合十方诸佛本妙觉心，与佛如来同一慈力；二者，下合十方一切六道众生，与诸众生同一悲仰"。观音菩萨即是通过这两个法门修习，获得智慧，自在圆通，从而生起慈悲心、平等心，发起精进，广行方便，度化无量苦难众生。

注释

1. 刑莉. 观音——神圣与世俗. 北京：学苑出版社，2001.
2. 阮荣春. 佛教图像的展开. 沈阳：辽宁美术出版社，2015.
3. 张彦远. 历代名画记. 合肥：黄山书社，2012.
4. 陈明华. 韩国佛教美术. 文物出版社，2009.
5. 王惠民. 敦煌水月观音像. 敦煌研究，1987（1）：33.
6. 朴银卿. 高丽时代的佛画：解说编. 首尔：时空社，1997.
7. 高丽高僧一然（1206—1289年）的《三国遗事》的"洛山二大圣观音正趣调信"中载："昔义湘法师始自唐来还。闻大悲真身住此海边崛内。故因名洛山。盖西域宝陀（陁）洛伽山。此云小白华。乃白衣大士真身住处。故借此名之。斋戒七日。浮座具晨水上。龙天八部侍从引入崛内参礼。空中出水精念珠一贯给之。湘领受而退。东海龙亦献如意宝珠一颗。师捧出。更斋七日。乃见真容。谓曰。于座上山顶双竹涌生。当其地作殿宜矣。师闻之出崛。果有竹从地涌出。乃作金堂塑像而安之。圆容丽质。俨若天生。其竹还没。方知正是真身住也。因名其寺曰洛山。师以所受二珠镇安于圣殿而去。"（《三国遗事》卷三，《大正藏》第四十九册，第996页。）
8. 《补陀洛迦山传》，《大正藏》第五十一册，第1136页。
9. 李基东. 罗末丽初南中国和各国的交涉. 历史学报第155辑，历史学会，1997（9）：9.
10. 田重培. 9—10世纪韩中佛教交流——以中国东南沿海地域为中心. 悔堂学报. 第11辑，悔堂学会，2006（6）：17, 46.
11. 大方广佛华严经（卷五十）·大正藏（第九册）. 716.

12. 大方广佛华严经（卷六十四）·大正藏（第十册）.343.
13. 大方广佛华严经（卷六十八）·大正藏（第十册）.365.
14. 大方广佛华严经（卷三十四）·大正藏（第十册）.182.
15. 大方广佛华严经（卷三十六）·大正藏（第十册）.192.
16. 大方广佛华严经（卷六十六）·大正藏（第十册）.356.
17. 大方广佛华严经（卷七十六）·大正藏（第十册）.418.

海洋文化与海洋民俗

吴语美学与舟山传统民歌的高雅再创作

陶芳芝[①]

(浙江海洋大学 人文学院)

摘 要 自古以来江南地区有"鱼米之乡"的美称,而吴语方言作为在江浙沪地区的通行方言,具有古朴典雅、温婉细腻的美学特征,且富有悠久的文化底蕴。以吴语为语言基础的吴语江南民歌也在中国民歌大家庭中有重要地位。而作为吴语江南民歌的一个分支,舟山传统民歌又具有非常鲜明的特色,以舟山渔歌、渔民号子为典型代表。在当代对这些宝贵的非物质文化遗产的保护、传承发扬工作中,抓住其江南民歌的本质,发挥其吴语美的优势,以高雅艺术的形式进行再创作,不失为一种有益的思路。

关键词 吴语;美学;民歌;再创作

舟山传统民歌是舟山群岛海洋文化的重要组成部分,体现了舟山传统涉海民众物质和精神生活的丰富内容,舟山传统民歌的一个重要特征是基于舟山本地方言来进行歌唱或表演,从方言学划分的角度看,舟山方言属于吴语方言。而现今的文艺工作者在传承和发展舟山民歌的工作中,不乏雅俗齐上,多元开花的例子,为当代的舟山民歌发展贡献了不少风格迥异、内容丰富的作品。本文将以吴语及吴语江南民歌的美学特征作为切入点,结合其特色,以高雅方向的音乐再创作作为研究核心,为舟山民歌的创新发展探索一条新思路。

一、吴语舟山方言的特色

(一)舟山方言在吴语中的片区划分

在浙江地区的吴语大致可划分为太湖片、上丽片、台州片、东瓯片、金衢片,其中吴语太湖片除了覆盖江苏南部一些地区及上海地区为主的毗陵小片、苏沪嘉小片(该片区跨江、浙、沪三地)之外,在浙江地区主要包括苕溪小片、杭州小片、临绍小片及甬江小片。其中甬江小片主要包括12市县,即宁波、余姚、慈溪、鄞县、奉化、宁海、象山、镇海、舟山定海、普陀、岱山、嵊泗,故舟山方言属于甬江小片。

[①] 作者简介:陶芳芝(1990—),女,江西南昌人,美国恩波利亚州立大学长笛音乐表演硕士。

以宁波-舟山方言为代表的吴语太湖片甬江小片除了在宁波-舟山地区较为盛行之外，也随着近现代宁波、舟山人向上海地区移民、经商、谋生而输入上海地区，经过复杂的融合之后形成现代的上海话，如今上海话中就带有鲜明的宁波-舟山方言（吴语太湖片甬江小片）的语音语调及词汇，最典型的莫过于形容"我们""我们的"的"阿拉"，形容"强壮""厉害"的"结棍"，形容"玩耍"的"白相"等，因非本文讨论重点，此处不多赘述。

（二）吴语的主要特色

作为吴语体系的一个组成部分，舟山方言与同属吴语太湖片的其他方言具有相当的可沟通交流性，其语音特色也体现鲜明的吴语特色：

一是古朴典雅。历史上，我国曾发生过多次民族大迁徙，其中，以中原民族南迁最具代表性。中原民族的南迁将一些古时中原的汉语元素带入南方地区，又与原本的吴越文化相融合。且吴地自古以来气候宜人、物产丰富，使该区域自古以来民众拥有相对富庶滋润的生活，也极有利于文化艺术的发展。一些吴语方言中的词汇、短语，可在古汉语、文言文甚至当今的书面用语中寻到源流。如舟山方言中"这"的同义词"该"在当代的书面用语中常出现；如舟山岱山地区用来形容"实在、确实、的确"的"委实"①；如舟山普陀方言中常用来指"现在、当时"的"乃朝"；如指"不"的"勿"，以及其衍生的合音字（如"勿要"——覅、"勿用"——甮）；

如指"想、思索"的"忖"；如形容"时间"有时也形容"情况"的"光景"；如形容"事情"的"事体"；又如形容"怎么样"的"怎生"；等等。类似例子数不胜数。

二是温婉细腻。众所周知，软、糯、柔的特色是吴语中表现最为明显的。自古以来，吴地民众无论北至苏南，还是南至瓯越，都依水而居，既有物产丰富、气候湿润的吴地地理特色，又有以稻米为主、多水产且尚清淡少油腻的吴地人民饮食特色。吴人性格有明显的"水文化"特色，以柔带韧，细致耐心。又者，以词繁盛的宋代，宋词作者常喜以吴地江南为背景以抒发灵感，不免结合当地的风土人情甚至语言特色，故吴语如以文字表达常能令人寻见古诗词痕迹（也呼应了前文所述的古朴典雅的特色）。

三是词汇丰富。由于吴语有悠久的历史传承，又有非常众多的使用人口，使得吴语保留了非常多的汉语历史词汇、单字，尤其对一些古时使用频率较高而现当代普通话中相对较少的字词仍然保留了相当的使用频率，而不是不再使用且丢入古汉语的故纸堆里。吴语本身不仅对研究古汉语的读音、语法、源流等具有非常大的资料文献意义，也极大地丰富了当代汉语字词库，留存了资源丰富、浩如烟海的"文化基因库"。

四是流派众多。如前文所述，吴语可以划分为众多片区，而其中覆盖地区最广

---

① 宋代司马光《辞免裁减国用札子》："况臣所修《资治通鉴》，委实文字浩大，朝夕少暇。"明代施耐庵《水浒传》第十五回："你这厮不会答应，便说今日委实没工夫，教他改日却来相见拜茶？"清代刘鹗《老残游记》第十六回："不必用刑，我招就是了！人是我谋害，父亲委实不知情！"

的太湖片又可以分为很多小片，而片区之间的语音音韵又互相不同，有时也会出现同样读音的词汇而意思不同甚至截然相反的极端例子。如"侬"字，浙江宁波、浙江舟山金塘岛（隶属于定海区）读作"náo"，而舟山本岛、岱山岛等地方又喜读作"nóng"，且这种读法影响到了上海；又同时，宁波、舟山、上海将"侬"字表达"你"，而又有一些地方则将这个字表达"我"。

如乐府诗《子夜歌》中有：
"侬作北辰星，千年无转移。
欢行白日心，朝东暮还西。"
又如曹雪芹《红楼梦》（原名《石头记》）第二十七回，《滴翠亭杨妃戏彩蝶 埋香冢飞燕泣残红》中有：
"尔今死去侬收葬，未卜侬身何日丧？
侬今葬花人笑痴，他年葬侬知是谁？"[①]
以上均是将"侬"表达第一人称的用法。这个例子充分说明了吴语中同字（词）多音、多义的现象。

综上所述，吴语听则温婉悦耳、抑扬顿挫，阅则古朴风雅、清丽文采，可谓是汉语语文的一大重要文化宝库。

（三）舟山方言的特殊地位

然而，因舟山特殊的地理位置、人文风土情况，舟山方言也呈现出其特有的风格特点。

一是口音多变，地区差异明显。舟山群岛由1390个岛屿组成，辖定海区、普陀区、岱山县和嵊泗县四个县区，群岛星罗棋布，舟山本岛（包括定海区的主体部分和普陀区的一部分）呈西东向分布，而定海、岱山和嵊泗又以南北走向呈带状排列。如仅以陆地面积来算，舟山的总面积并不大，内陆域约1371平方千米，然而如算上海域面积，则可达到约2.22万平方千米的境域面积，面积超过浙江省其他任何一个地市，可谓幅员辽阔。北至上海、南至宁波象山一代，扼守杭州湾。广阔的境域面积，相对不便的岛际交通，居民居住分散，容易造成相对趋于内的语音趋同和固化。且舟山历史上曾经被实行海禁，居民被多次强迁内陆的历史，使舟山带入了本就多元多变的宁波话，其在接触、融合、交流中产生各种复杂的变化。再者，舟山民众不同的从业情况也使方言的交流沟通产生更多的变数，除了直接和间接从事渔业生产的人口之外，舟山同样也存在不容忽视的农业人口以及城市人口，其生产生活习惯的差异同样蔓延到了口音、性格、观念乃至宗教信仰等各方面。另外，随着舟山人口中来自台州、温州、福建等各地移民的迁入，更形成了舟山方言语音的内部差异，因此，舟山方言呈现异彩纷呈的差异特色。

二是刚柔并济。首先，不同于苏白的明显软糯为主，甬江小片方言则大量采用入声，且在语音上存在较多的爆破音，是造就其相对铿锵有力的基础。其次，甬江小片字音时长较短（相对于苏州方言和与现代上海话），语速节奏较快，使得方言语音的听觉感受发生变化。再次，舟山、宁

[①] 此处引用的为通行本《红楼梦》的内容，有些版本如《脂砚斋评石头记》（上海三联书店）作："尔今死去奴收葬，未卜奴身何日亡？奴今葬花人笑痴，他年葬奴知是谁。"又此处脂砚斋批注为此歌定名为《葬花吟》，而当代红学界对于脂砚斋的真实身份及脂砚斋批注的真实性已有争议，为谨慎起见，此处暂不引用"葬花吟"的标题。

波一代的民众大量从事渔业生产以及相关领域的劳动,其工作生活环境使其在交流中更趋向于采用较大的音量、简短明快地表达。如在海上从事渔业生产,需要以较大的音量发号施令,以使得生产指令能在较大的海洋背景噪声(如海上的风暴、海浪)中被清晰接收;又如海洋渔业劳动生产常会遇上紧急情况(如遭遇风暴袭击、海盗抢劫、搁浅、避让礁石),简短、明确、清晰的指令更有利于渔民快速做出反应。最后,渔业生产充满着大量的重体力劳动,也使得宁波-舟山方言更体现劳动者粗犷豪迈的特色。因此,特殊的历史条件和生产生活状况造就了以温婉柔软著称的吴语方言中特殊的一脉:刚柔并济的吴语太湖片甬江小片方言。俗语中"宁听苏州人吵架,不听宁波人讲话"则很好地表现了甬江小片方言的听觉感受。

二、舟山传统民歌的审美特质

明确了吴语整体的基本概念和舟山方言的主要特征之后,自然带出吴语地区民歌的概念。同时,更要明确舟山传统民歌的"地理属性",从而有助于对其传承发展进行研究。

吴语民歌也称江南民歌,主要指以吴语为载体,富有江南韵律的歌曲。其分布地区主要包括长江中下游平原、华东沿海一带,尤其是以江、浙两省太湖流域(苏南、浙北)、上海、浙东为代表的吴语地区。吴语江南民歌可谓源远流长,如江浙丰富繁杂的水系一般支流众多。

作为汉族民歌的一部分,吴语江南民歌富有江南韵律。从声调上,江南民歌以汉族五声调式为其主要特征,具有明显"腔随字走"的风格,咬字吐字清晰准确,关于这个特征,在以吴方言为主的越剧中体现得淋漓尽致。从曲调特征来看,吴语江南民歌很少使用清角、半宫之类的半音音程,更少使用鲜明尖锐的半音音程和半音倾向;同时,又喜在一些字句中采用婉转曲折的旋律进行处理,吴语民歌的这一特色令人听之婉转动人,韵味十足,美不胜收。

如当代江苏民歌《太湖美》:

短短八个小节,就在"太""湖""就"等字中一次或多次使用了曲折婉转的手法。

江南大陆地区作为"鱼米之乡",水产食物以淡水水产为主,以长江、太湖、钱塘江为主的庞大繁杂的水系为当地民众提供了极其丰富的淡水水产食物资源。而作为吴语江南民歌的组成部分,舟山传统民歌更有其十分鲜明的个性。与其他水网密布的江南水乡不同的是,舟山群岛岛屿密布,远悬海外,与内陆通衢主要依靠海路(直到近几年舟山连岛工程投入使用后才多了桥梁陆路交通)。

同时,舟山群岛在海洋地理上处于寒暖流交汇地带,又处于长江、钱塘江、甬江入海口,故沿岸流丰富,更有台湾暖流和黄海冷水团交汇于此,使海底暗流涌动,泥沙长期悬浮,营养物质流动丰富,为完整丰富的海洋生态系统的形成提供了大量的饵料，从而形成了中国最大的渔场。因此，海洋渔业是舟山传统重要产业。而具有海洋渔业鲜明特色的舟山传统民歌也应运而生，其中最具有代表性的莫过于舟山渔歌、渔民号子，且两者都被官方列入非物质文化遗产。舟山渔歌作为舟山海岛海洋文化的重要组成部分，因其特殊的地理、文化、交通、生产生活特色而具有十分特殊的审美特点，有学者就以"鲜明的泛渔内容（强烈依托海岛渔业生产生活）、倔强的幸福追求（与自然界、外来入侵者抗争以追求幸福）、浓烈的美感形式（海洋特色的鲜明壮丽的审美理念）以及刚毅的精神内涵（直白粗糙的形式表现坚韧的精神艺术情趣）来概括。而与舟山渔歌具有剪不断、理还乱关系的舟山渔民号子，则更加具有鲜明的渔业生产尤其是前工业时代（或者说是体力劳动时代）的特征。因此，舟山渔歌、舟山渔民号子相比兄弟地区的吴语江南民歌，多了一些更为个性的审美特质：粗犷豪迈的阳刚美（渔业生产尤其是传统渔业生产的一线几乎全是男性）、雄浑坚定的力量美（渔业一线生产伴随着大量的重体力劳作）、群体团结的合作美（海上作业需要大量协作配合劳动）、轻重明快的节奏美（渔民号子本身就起到非常重要的协调劳作节奏的作用）。

然而，舟山传统民间音乐中并非只有"粗犷""豪迈"的特色，就如舟山传统文化中并非只有"渔文化"一样，即使"泛渔"文化中，也同样需要上岸的生活、休憩的闲暇、修整生产工具（如主要由渔曲妇女操作的修制渔网、处理海货等），当然渔业人口自然也少不了生活趣味、感情交流、喜怒哀乐等繁杂多变的生活。

同时需要注意的是：舟山传统民歌仍然属于吴语江南民歌大家庭中的一员，除了其本身就是以吴语——舟山方言（吴语太湖片甬江小片）演唱之外，其音乐旋律也大量体现着吴语江南民歌的特征，令人听起来就会产生"来自一个地域"或"归根结底是一个门类"的感觉。如舟山渔歌中也会大量出现江南民歌小调中常见的曲折旋律的手法。

三、舟山传统民歌高雅再创作的可行性及意义

对于舟山传统民歌的传承，笔者主张"雅俗齐上，多管齐下"，而本文着重论述一个再创作中的"雅"字。

首先，吴语民歌本身就有高雅再创作的基础和潜力。如前文所述，吴语具有古朴风雅、温婉细腻、字词汇丰富的语言特征，保留了非常丰富的汉语言文化基因，同时又相对一些北方方言较少拥有外来输入性词汇（如北京方言、东北方言中含有大量的满语词汇；如西北地区的方言也存在或多或少的古游牧民族语言元素），故吴语可以说是一种较为"纯正"的汉语。因此，从语言文化角度来说，作为吴语民歌的舟山民歌具有很大的作词潜力，且有利于高雅创作。

其次，高雅艺术是文化传承的坚强后盾。文化艺术本身是一个整体的概念，不仅包括庙堂之上的阳春白雪，也包括市井弄堂里的下里巴人，是一个立体的、富有层次的体系，而非某几个孤立的"点"，因此，对文化、对传统艺术的传承和发展，既不能光着眼于庙堂之上，只对"高雅的"艺术形式进行褒扬而全盘否定通俗艺

术，更不能一心只顾通俗的、流行的，而对高雅艺术一味以"无法欣赏""听不懂"来拒绝。后者尤其对文化艺术的传承具有很强的消极作用。

最后，古今中外不乏对传统民歌高雅再创作的成功范例。就拿吴语江南民歌来说，如讴歌太湖、无锡地区美景物产的《太湖美》《无锡景》；如电视连续剧《三国演义》中的插曲《子夜四时歌》，就是以古乐府词为基础进行谱曲创作；此外更有在2016年制造很大网络轰动效应的上海彩虹室内合唱团及指挥家、作曲家金承志，以吴语温州话作词，创作出《泽雅集》系列的合唱作品。

因此，以吴语为词载体，以江南风格曲调（当然也完全不限于此）为曲载体来创作高雅音乐，不仅天然具有基础，也存在大量成功的先例。因此可谓是条件成熟，水到渠成。

四、舟山民歌高雅化再创作中的思路探究

（一）音乐烘托语韵之美

在歌曲创作中，词和曲达到有机结合自然是创作者的必然追求。而且无论古今中外，无论是通俗、民族、戏曲、曲艺、歌剧等各类领域，成功的作品往往体现出歌曲创作的音乐旋律对歌词音韵的烘托。音符旋律根据语言的咬字、吐字特征甚至字词的声音特征而变化，同时旋律调整语言的时值、音量、语气，将其字头、字腹、字尾做丰富多彩的处理，不仅可以使旋律本身悦耳动听，更能衬托出语言美。尤其是在有地方特色的音乐创作中体现尤为明显。

如极其富有背景特色的曲艺京韵大鼓中，时常会在句头、重音、句尾加入上下滑音、装饰音，又似唱又似念白，听之趣意十足。如在当代粤语流行音乐中，作曲者和演唱者喜根据粤语的口鼻腔共鸣特征及音调特征，做出各种弧形滑音、吞调处理，极富韵味。

（二）词创作体现文化内涵

首先是体现吴语之"准"。如果从以普通话作为母语语音的地区民众的角度来看，吴语作为不同的方言体系，自然极其难懂。当今一些民众在描述方言的时候，往往会用"相似音"的字词来表述一些方言语句，如把"吃饭"写作"切饭"、把"虾"写作"花"、把"蟹"写作"哈"，虽然能较为直白表达方言语音，也不乏妙趣之处。但如从使用字词的准确性角度来说，不仅不能表达方言语句本意，也极容易引起歧义。吴方言作为历史悠久的方言体系，其看似难懂的字词语句完全可以在汉字中找到对应。如前文所述的"忖""勿""乃朝""委实"，以及形容锅釜的"镬"、形容睡觉的"困觉"、形容餐具的"碗盏"等，并非无字词对应，实则是习惯了普通话字词体系又缺乏对吴语研究而已。

其次是体现吴语之"雅"。如前文所述，吴语中一个重要的特色便是"雅"。江浙一带自古以来就是我国文化交流发展的重要区域，历朝历代围绕江浙的自然人文产生了大量的优秀文化、音乐作品，悠久的历史文化传承更使吴语中携带传承了大量中华古汉语基因。因此，纵使吴语本身存在复杂的变化，堪称"十里不同音"，但改变不了其本身的文化内涵。因此，如

对舟山民歌进行高雅化再创作，势必突出其本身的文化内涵，突出"雅"的特色。

在现实实践中，可能存在一些创作者和评论者陷入一个误区和偏颇：将传统民歌中存在的一些过于不雅的内容等同于其中不可缺少的特色（事实上在各类民歌中都不难找到较为不雅乃至粗俗低级的内容），将"接地气"等同于"反高雅"，这实则有偏激之嫌。"雅"和"俗"本身也都是文化组成部分，但"俗"不代表"低俗""媚俗"，更不代表要与文化内涵的体现唱反调。就如同歌曲存在通俗歌曲，但不代表通俗歌曲就必须充斥着粗口、脏话甚至反社会内容。而且不雅内容还会引起欣赏者的反感，降低传统歌曲的整体品位，阻碍传统音乐真正的传承发展。同时，文化内涵更丰富的作品也更有利于传承和发展。故在这个方向上应当避免过多出现市井流俗俚语（当然也不意味绝不包容），更应避免粗俗、低级的词汇语句，不应混淆"地方特色"与"粗俗鄙陋"的根本区别。

（三）解放题材局限

毫无疑问，舟山民歌中最具代表性的莫过于舟山渔歌、渔民号子，作为省级、国家级非物质文化遗产，也是舟山民间音乐中最为人所熟知的。然而基于前工业时代的渔业生产方式和渔业人口生活内容的传统渔歌、渔民号子，在当今的社会审美和生活节奏下未免显得传承后劲不足。而且如将舟山民歌再创造的题材选择全盘捆绑在渔业主题上，未免自限囹圄。再者，渔业文化也只是舟山丰富多彩的文化的组成部分，却非唯一或全部。多年来，舟山在对外宣传自身的时候，十分重视和强调"渔、佛"等元素，在有力宣传自身特色的同时，实则也容易使受众对舟山的印象局限化、符号化，似乎舟山只有"渔业""渔民""渔船"的概念。实际上，舟山作为千年历史的古城，不仅存在渔业文化、码头文化，也存在以定海古城为主体区域的城镇文化以及乡村文化。而且这些文化存在较多的交流融合，很难分出明显的界限。况且，无论是渔业文化，还是城镇文化、农村文化都具有厚重的历史积淀和深邃的文化脉络，故如以渔业文化以点代面的概括方式去对舟山传统音乐乃至传统文化继承和发扬开展相关工作，无疑会陷入片面境地，甚至误入歧途，就如以维吾尔族文化代替新疆地区文化、以游牧文化代替内蒙古文化，诸如此类反面例子举不胜举，这不仅造成了文化传承的脉络中断，使文化的丰富性遭到破坏，也更使传统音乐再创作的题材单调，灵感受限。

因此，在对舟山民间传统音乐进行再创作的时候，重要又极容易被忽视的是需要跳出"泛渔"的局限，解放思想，将创作的题材和灵感源泉放得更远、更广。从"码头边""渔船上"放宽到"城镇中""田园间""乡村里"，甚至"都市里""街道上"。创作者可以（也需要）以更丰富的题材来体现舟山的特色，应树立"舟山的文化远不止一个'渔'字的理念"。

（四）融入整体和突出特色并重

吴语江南民歌是江南吴语地区的总类，是各个地方的特色民歌的大集合，而非一个单一的类别或孤立的符号。舟山传统民歌是吴语江南民歌的一个分支、一个流派，是吴语江南民歌中的一朵奇葩，然而又应当是其中不可或缺的一部分——在研究吴语江南民歌之时也应当明确这个概念。即使吴语江南民歌以柔美清丽、灵秀洒脱、软糯温婉为主要特色，但也不能将整个吴语地区必然存在的非具备以上特色的民歌排除在这个大家庭之外。同样，纵然舟山传统民歌尤其是舟山渔歌、渔民号子以铿锵、阳刚、雄浑、高亢、粗犷等各种特质为主，但绝不能断言舟山民歌及传统音乐只有这些特征。明确了这些概念，厘清这些关系，那么舟山民间音乐的再创作也有了方向：

首先，要有融入整体的意识。舟山民歌本就是吴语江南民歌的一个支流门类，也是其不可或缺的组成部分。因此舟山民歌在创作时，完全可以向整个吴语江南地区的民间音乐积极借鉴、"取经"。因为吴语地区间本身就包括极其近似甚至沟通无障碍的方言语音，也有类似的人文底蕴和审美情趣，故将自己放回这个大整体中，非常有利于研究自身的音乐源流，也更有利于丰富自己的创作手法。

其次，突出自身特色。吴地江南地区自古就有"十里不同音、五里不同俗"之形容，故体现地方特色是保证创作个性的重中之重。如前文所述，相比吴语江南民歌的主流特色，舟山传统民歌的地方特色十分鲜明醒目，以至于已存在至少两个非物质文化遗产。所以在再创作之时，抓住这个地方特色的灵感源泉也仍然是需要继续保持的。当前舟山本地的艺术工作者在进行再创作工作时已非常注重这点。

综上所述，舟山传统民歌以吴语语言美学作为依托，具备非常大的创作潜力和再创作条件，高雅再创作势必能成为舟山传统民歌现代化传承和发展的重要抓手。

参考文献

1. 赵则灵. 宁波话与上海话比较及其历史成因 [J]. 浙江社会科学，2012（12）.
2. 徐波. 舟山方言与东海文化 [M]. 北京：中国社会科学出版社，2004：252.
3. 吕琳. 略伦吴方言文化与其民歌小调演唱 [J]. 天津音乐学院学报（天籁），2009（1）.
4. 徐波. 吴语舟山方言的语音内部差异及其历史成因 [J]. 杭州大学学报，1997（3）.
5. 柳和勇，方牧. 东亚岛屿文化 [Z]. 北京：作家出版社，2006：108.
6. 张坚，邱宏方. 舟山渔民号子 [M]. 浙江：浙江摄影出版社，2014.
7. 吴开封. 岱山渔歌 [M]. 北京：中国文联出版社，2006.
8. 王颖，杨光熙. 海岛"非遗"的文化记忆——舟山非物质文化遗产传承人小传 [Z]. 浙江：浙江工商大学出版社，2014：34.
9. 红霞. 江南民歌特色研究 [D]. 兰州：西北民族大学音乐舞蹈学院，2008.

舟山渔村变迁中"渔嫂[①]"生活世界的变化
——以蚂蚁岛为例

于 洋

(浙江海洋大学 中国海洋文化研究中心)

摘 要 本文从舟山蚂蚁岛渔村变迁中渔民家庭生活的变化入手,对生活在海洋世界中的人们如何对待他人、如何对待自己、如何对待自己所处的自然环境和人文环境进行描述和分析,去探知他们在特定的地理、历史、经济、政治条件中如何形成独特的海洋社会的文化认同感,进而比较具体地展现舟山群岛海洋文化的真正内涵。并以"渔嫂"颜·AX 的个人生活史为例,具体分析了"渔嫂"的生活世界——渔民家庭生活的变化。

关键词 渔村变迁;妇女;生活变化

一、前言

海洋文化,是包括从古至今的海洋社会的形成过程,渔业生产和发展的历史,以及传承至今的丰富的渔村民俗文化,而其在区域社会变迁中则集中体现在渔民生活的变化。这些海洋文化成为舟山人的精神内涵,影响着舟山人的心理和意识,也逐渐形成舟山独有的人文景观。本文以舟山蚂蚁岛的渔村村落为例,从女性的视角对渔村变迁过程中渔民的家族、婚姻、亲族等社会交往内容是如何变化的进行考察,从而展现"渔嫂"生活世界的变化。

20 世纪 80 年代,我国开始实行改革开放,经济制度也从计划经济向市场经济转变,一系列的社会改革对人们的家族生活产生很大影响。而迄今为止关于我国汉民族的家族方面的研究主要围绕农村村落构造、经济构造(生产模式和组织等)及农民家族构造展开。关于渔村村落社会的研究,最近有学者开始关注广东、福建沿海地区的"水上居民"在陆地的村落社会。但有关舟山地区的渔村村落社会,特别是该地区渔民的家庭生活的研究却不是很多。本文将就新中国成立后舟山地区渔村村落社会的家族状态,特别是改革开放后渔民家庭生活是如何变化的进行考察。

二、本文的目的和调查地的选定

我国关于汉族家族的相关研究有很多积累,费孝通在研究中国乡村结构时提出了"差序格局"的概念,即"每一家以自己的地位作为中心,周围划出一个圈子,

---

[①] 舟山地区普遍亲切地称渔民的妻子为"渔嫂"。

这个圈子的大小要依着中心势力的厚薄而定"，每个人都有一个以自己为中心的圈子，同时又从属于以优于自己的人为中心的圈子。圈子的大小和血缘、地缘、经济水平、政治地位和知识文化水平的大小强弱成正比。圈子的形成可能是一种因素的结果，也可能是几种因素的综合作用。费先生通过差序格局强调乡土社会中以宗法群体为本位、以亲属关系为主轴的人与人之间的关系。

我国一直以来都是一个传统的父系社会，因此，以往的研究基本从男性的视点出发来探讨各种社会问题。植野弘子却从女性视角出发来探究汉民族家族"关系的"侧面，植野通过对台湾地区汉民族的姻戚关系进行分析，提出结婚、祖先祭祀等仪礼中"女家"或"与妻一方"和"男家"或"受妻一方"的概念，并指出对男人和女人来讲姻戚关系存在是否超越家族内外的差异。李霞以山东一个村庄为例，从实践和性别的角度重新考察我国社会的亲属关系体系。李霞指出，妇女在日常生活中的各种亲属关系经营活动，构建了不同于正式父系谱系的实践性亲属关系网络，并使妇女在父系体制内创造出自己的生活空间和后台权力。

本文在之前家族相关研究的基础上，从性别角度出发，就新中国成立后特别是改革开放后的30多年，舟山渔村变迁中渔民家族和亲族的构造以及姻戚关系是如何变化的，尤其是生活在以传统渔业为中心的渔村里妇女的作用进行阐述。并且就该地区渔村妇女从传统的父系集团大家族的亲族关系实践，经过人民公社的过渡期，到现代核心家族的变迁过程中是如何发挥作用的，她们在从"娘家"到"婆家"的各种身份转换过程中是如何实践自身的生活空间和构筑亲族关系的进行考察。

三、调查地——蚂蚁岛的概况

蚂蚁岛隶属于舟山市的普陀区，面积3平方千米，由大蚂蚁岛、小蚂蚁岛、点灯山和老鼠山四个岛屿构成，行政区划为一岛一乡一个社区，三个村落（长沙塘村、穿山岙村、后岙村，原本有五个村落，现在大兴岙村和兰田岙村被造船厂占地所用），五个经济合作社（长沙塘、穿山岙、后岙、大兴岙和兰田岙）。新中国成立前，蚂蚁岛是登步乡的一部分，新中国成立后，独立建制为蚂蚁岛乡。1959年人口有586户，2849人；1999年进入高速经济成长期后人口迅速增加到1236户，4573人。之后因外出打工的人数逐年增加，人口逐渐减少。据蚂蚁岛乡政府报告统计，2006年人口为1155户，4070人，2010年时则变为1143户，3969人。1982年人民公社解体前，蚂蚁岛的主要产业是渔业，也有部分农业耕作。改革开放后，蚂蚁岛因为建设"绿色生态岛"的目标而停止了一切农业耕作，主要发展渔业和工业。至2005年为止，蚂蚁岛拥有179艘渔船，渔业劳动力1000余人，生产作业主要有蟹笼、拖网、张网等，养殖业、灯光围网和虾皮加工业也是蚂蚁岛的重要传统产业。近年因渔业资源的衰退，渔业产量逐年减少，蚂蚁岛的休闲渔业得到较大发展，2007年东海岸造船厂兴建后，蚂蚁岛将产业重心从渔业转到造船工业上来。

四、渔村变迁过程中渔民家族生活的变化

1. 新中国成立前蚂蚁岛传统渔村的渔民家庭生活

新中国成立前，蚂蚁岛渔民和其他沿海地区渔民一样，受到封建主义和资本主义的压榨，渔业生产方式落后，生活极度穷困。当时失业的渔工80人（占全岛渔业生产力的1/4）、靠乞讨为生的有18户。渔村社会的一般家族构成几乎都是三四代同堂，在这种"大家庭"中，兄弟都比较多，他们婚后虽分开居住，但吃饭和农渔作业等依然共同进行。家族内的经济大权都由家长来掌管，每个人都将收入上交给家长并由其统一管理分配。传统渔村中妇女不能登船作业，然而男人出海捕鱼期间家中的所有家务、农业生产及渔业辅助生产（补渔网、织网等）都由妇女承担，因此她们的劳动强度非常大。

比如蚂蚁岛的张姓家族，他们的祖先是从镇海搬迁至此的，到张·DY这一代已经是第七代了。张·DY出生于1927年，家中有祖父母、父母和3个孩子（哥哥、姐姐和张·DY）及父亲的兄弟二人、父亲兄弟的妻子和孩子，共11人。当时这一家11口人都居住在一个三间的石屋中，石屋由张·DY的祖父一块块搬运的石头砌成。当时张·DY的祖父、父亲和2位叔父出海捕鱼时，家中的一切家务、照顾小孩和大部分农活都由两个儿媳妇（张·DY的母亲和婶婶）承担。尤其张·DY的母亲因为是长子的媳妇，所以在家中负担的家务就更加繁重一些。但当时家中的经济大权则由张·DY的祖母掌管，家中有用钱的时候都向祖母索取，然而当时渔民家的生活都非常贫苦，除去家中全部成员的伙食费后几乎所剩无几。因为长子对家的贡献比较大，且长子家有男孩，因此祖母对长子一家更好一点，因此次子的女儿经常抱怨祖母太偏向。之后，随着三子的成家，家庭成员越来越多，大家开始有了分家的想法，于是在张·DY 12岁那年，祖父的去世成了一个契机，张·DY的父亲兄弟三人分了家。分家前家庭总人口17人，当时村里一个家庭的普遍人口都是12~14人，张·DY家的人口算比较多的。

分家时，兄弟三人将房子、土地、家具和其他财产等额平分，祖母决定和长子，也就是张·DY的父亲一家一同住在老房子里，其他两个儿子在村内另建了房子。分家后的三兄弟虽各自居住，但也时常在长子的家中一起共餐，和村里其他人的交往也是以张·DY的父亲为代表进行着，这种既有整体又有个别化的生活直到祖母去世的1953年才变成了完全以各自独立家庭生活的状态。张·DY从13岁开始以学徒身份学习张网捕鱼技术，20岁时，他和哥哥一起有了一只船，并雇了一个人以捕鱼为生。新中国成立后，张·DY以一般渔民的身份加入互助组，之后在父亲去世的1965年，张·DY继承了老房子并开始完全独立的生活。

2. 渔业民主改革（渔区的土地改革）时期渔民的生活

1951年10月，六横区派来土地改革小组，对蚂蚁岛实施土地改革。土地改革的一个重要特征就是改变了渔民的家庭构

成。比如1947—1953年6年间，我国因分家导致家庭数量激增，其结果就是家庭规模缩小。蚂蚁岛的家庭构成在这个时期也受到土地改革的影响。

（1）扩大家族的分家

李·GL是1946年结婚的，1951年其家庭构成是父母、哥哥家（夫妇和孩子两人）、李·GL家（夫妇和孩子两人）和妹妹共11人。当时家里有土地40亩（1亩为666.67平方米），被划为一般渔民阶级，土地改革将他们家40亩的土地减到15亩。当时李·GL的父母不被算为劳动力，家里的劳动力包括哥哥夫妇、李·GL夫妇和妹妹5人。1952年分家的时候，李·GL夫妇因为和父母一起生活所以分得了10亩土地和老房子。

（2）为了分配更多土地，儿子提早结婚

李·YF在1950年时，家中有父母和兄弟4人、姐妹2人，共8口人。在土地改革时被划定为渔工，分得土地12亩。据说当时为了分得更多的土地，他家的长子和次子都提前结婚。

从事例1中可以看出，扩大家族的大家庭都因为土地改革的原因被编成一个个小家庭的渔民经营单位。而以夫妻为核心的小家庭也有独立成为小的经营单位的这种诉求。而从事例2中可以看出，渔民会想方设法分配到更多的土地，其结果也是缩小了家庭的规模。

3. 人民共识时期扩大家族到核心家族的转变

土地改革以后，人民公社生产制度确立，家庭内部血缘关系被冠以"小集团"和"宗派主义"而大肆批判，宗族的祖先被认为是封建迷信而被否定，因此与之相连的丧葬仪式也被禁止举行。1958年"大跃进"运动为了建设社会主义而开展了"平墓运动"，广大农村的祖先坟墓都被相继破坏。蚂蚁岛在这一时期也将所有的坟墓都迁到了小蚂蚁岛上，因此形成了死人和活人"分岛而居"的形态，并延续至今。也因为这个运动使得同一祖先的亲族之间的观念淡薄下来，大家更看重人民公社里社员间的"人民公社大家庭"的同志感情。当时，蚂蚁岛为发展人民公社，提出集资造船的想法，全岛每家每户将火卤、烛台、铜盆和首饰等金属品都交到公社，集资了9500多元买了一艘船，并命名为"火卤船"。这种一心为公的以公社利益优先的热情远远超过了亲戚之间的私人感情。

人民公社时期，大多数的扩大家族都纷纷解体，核心家庭成为普遍的家庭构成。比如之前提到的李·GL的儿子结婚后马上自己建了房子，从父母那获赠一些生活用品开始独立生活。这种传统和"分家"不同，不是父母将财产平均分配给儿女，而是在子女结婚之际以"赠予"的方式分一部分财产给子女。而李·GL结婚后仍和父母一起生活，所以继承了父母的老房子，也因此比自己的哥哥承担了更多照顾父母的责任。

而提到婚姻，在传统社会里的婚姻都是要听从父母之命，媒妁之言。到了人民公社时期，政策强调"婚姻自由"，违抗父母之命而按照自己意愿结婚的年轻人开始增加。人民公社的妇女委员会也不断宣传提倡婚姻自由的《婚姻法》，并介入到反对年轻人婚姻的家庭中，因此恋爱婚姻和相亲婚姻的方式逐渐得到更多人的认同。蚂蚁岛传统的婚姻中，岛内结婚是岛民们的第一选择，且同姓者虽然可以结婚，但先祖相同的同姓者依然被禁止结婚。人民公社时期，妇女被编入到公社的生产队赚工分，妇女对家庭也有了看得见的经济贡献，因此她们在家庭中的经济地位逐渐增强，家庭中夫妻间的关系开始发生变化。

4. 现代渔村社会的核心家庭

20世纪80年代以后，我国进入到改革开放时期，渔村社会的家庭构成也随之改变。现代渔民子女婚后都是独立生活，因此传统的大家族的家庭构成已经基本看不到了，而以夫妻和子女为主的核心家庭成为常态。近年来随着渔业资源的衰退，渔民的渔获量大幅减少，极大地影响了渔民的生活质量，很多"渔嫂"开始创业，以"渔家乐"为代表的休闲渔业和水产品养殖日渐兴旺。这也使得渔村的专职家庭主妇数量迅速减少，妇女成为家庭中的劳动主体，有的甚至成为家庭的主要收入来源，她们在家庭中的地位和作用也越来越大，因此夫妻关系比以往更为趋向男女平等。比如张·HY是1965年出生在蚂蚁岛渔民家庭的妇女，她和同乡也是渔民的丈夫结婚，因为自己也是渔民家庭出身，从小就和母亲一起在家从事劳动，因此，结婚后承担了家里的所有家务劳动。结婚后的起初7年里，她们和公公婆婆一起生活，后来自己建了房子才开始独立生活。2000年的时候，张·HY的丈夫用自家渔船出海捕鱼，张·HY自己则开始经营"渔家乐"。但随着竞争日趋激烈，经营"渔家乐"变得越来越艰难，故2007年蚂蚁岛设立了造船厂在当地募集员工，张·HY就开始在造船厂担任中层管理人员。张·HY是现代渔村妇女的代表，她们不甘于只做家庭妇女，而是要通过自己参加劳动，为家庭做出贡献从而更好地管理家里的经济大权和大小事务。

近年，渔民开始重视子女的教育，蚂蚁岛的学校在2007年被废止，岛上渔民的子女到了入学的年龄都会由母亲陪同到沈家门的学校里读书，陪读的母亲一般会一边陪读，一边在当地打工。这样的结果就是现在蚂蚁岛居住的本地人大多是学龄前儿童和老人，所以蚂蚁岛的留守儿童和空巢老人问题也日渐凸显。比如，前面提到的李·GL夫妇年逾90依然独立生活居住，他们和岛内居住的两个儿子每天都能见到，但是和岛外居住的两个儿子和四个女儿只能每半年见一次。而实际上蚂蚁岛1/4的老人都居住在后岙村的老年公寓里。这座老年公寓由乡政府和造船厂共同出资建立，入住时交2000元押金，去世后返还，公寓分单间和夫妻间两种，虽然住在公寓里的老人们可以每天相聚聊天，但老人们还是时常感觉寂寞，或许对他们而言和一家人在一起享受天伦之乐才是最大的愿望吧。

五、颜·AX的个人生活史：从"娘家"到"婆家"

个人作为社会个体生活在具体的社会空间和时间中，个人的生活史也体现了个人同社会的交流。因此，为了具体展现在渔村变迁中渔民生活的变化，本文以普通渔村妇女颜·AX的个人生活史为例，对她在人生不同阶段如何适应不同的角色，如何处理家庭内外的各种关系的全过程进行考察。

颜·AX，于1944年出生在蚂蚁岛的渔民家庭，她是家中最小的女儿，和同是渔民家庭出身的1937年出生的周·LD结婚，其家庭构成如图1所示。具体的分析将围绕颜·AX一生中从女儿、媳妇、母亲到婆婆各个角色的动态转换过程展开，同时也会结合每个角色所处的时代背景进行同一角色在不同时代间的变化进行静态比较分析，这样即可通过对颜·AX的分析来展现渔村变迁过程中妇女的作用。

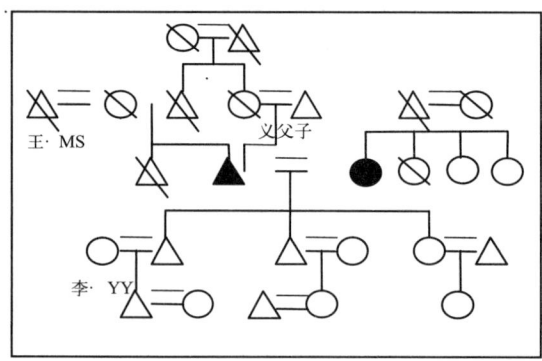

图1　周·LD家的家族构成

（2010年，▲：周·LD、●：颜·AX）

1. 作为女儿

颜·AX在她未出生的时候父亲便去世了。这个五口之家里早期都是靠母亲和长女、次女来支撑的，因为家中无男人，女人又不能登船，于是母亲和长女从近海渔民那里收一些渔获物到桃花岛去换些粮食，次女每天的任务就是到山上拾柴，作为煮饭的燃料，一家人就这样艰难地维持生计。

传统渔民家中几乎都靠男人捕鱼为生，因此一般渔民家女儿比儿子的地位低，在分家的时候也没有继承财产的权利。新中国成立前蚂蚁岛渔民们生活都很穷困，所以即使分家境遇也不会有什么改变。颜·

AX和一般的渔民家有稍许不同，因为家中皆是女子，故无"重男轻女"的氛围。在颜·AX的记忆中，她儿时岛上"童养媳"很普遍，邻居当时也劝颜·AX的母亲将一两个女儿去做"童养媳"，也可减轻些负担，但母亲哪个女儿也舍不得。新中国成立后，颜·AX小学毕业时，长女和次女都已结婚，因此为了赡养母亲，三女便从桃花岛招赘了夫婿进来，三女婿此后便成为家里的主要劳动力，但因他性格不是很好，和母亲争吵不断，在结婚数年后带着三女回桃花岛了。

颜·AX 16岁（1960年）时刚上初中一年级，当时根据国家政策，所有学生必须强制从事农业劳动。颜·AX作为最小的女儿得到几个姐姐很多照顾。后来几个姐姐结婚后经常带着孩子回娘家，也会将自己在婆家的生活和交往的事和母亲诉说，母亲也会将自己作为媳妇的经验传授给她们。在颜·AX成年后，她们就开始关心给颜·AX找个好归宿。

2. 从女儿到媳妇

在人民公社时期，渔村规定男女两人年龄加起来超过48岁即可结婚。颜·AX 22岁（1966年）时，由媒人介绍，嫁给了也是渔民家庭出身的29岁的周·LD。当时因为人民公社提倡勤俭节约，所谓"不买新衣不买鞋，不买毛线不买棉，攒下钱来赠公社"，因此她们结婚时没有彩礼、没有嫁妆，也没有举行婚礼和婚宴。周·LD家本来有一对双胞胎，其父在周·LD 3岁时去世了，周·LD由姑姑收为养子抚养，而周·LD的双胞胎哥哥则和母亲一起生活。周·LD的哥哥8岁时因生病夭折了。之后母亲再婚,并没再生孩子。颜·AX 和周·LD 刚新婚的时候,家里只有一个房间,夫妻两人独立生活,结婚一年后的 1967 年生了现在的长子,1968 年生了次子,1971 年生了女儿。在婚后第 8 年的 1974 年,家中盖了三间新房。周·LD 于是将母亲和继父接到家里一起生活,因为婆婆眼睛不好,所以家里的一切家务都是由颜·AX 承担,周·LD 既没有烟酒等嗜好,性格也比较温和,所以家里的一切大小事务几乎都是由颜·AX 和母亲商量后决定的。

颜·AX 和母亲还有婆婆一起生活,所以对她来讲娘家和婆家是重合的。一般情况下,女儿结婚后和娘家的关系主要靠和母亲间的感情维系着,而颜·AX 虽结婚了仍和母亲一起生活,故不论遇到什么困难都能和母亲马上商量,所以跟一般的人比起来相对幸福一些。加之,三个姐姐也时常来看望母亲,颜·AX 的家又成了三个姐姐的娘家,因此姐妹间的交流还是非常频繁的。

3. 作为母亲

在传统的父系社会里,妇女在夫家的地位通常都是在作为母亲,特别是作为生了男孩的母亲之后才得以确立的。生儿育女、传宗接代是妇女在家庭中最大的责任,且孩子的性别和数量也和她们在家庭中的地位密切相关。新中国成立后,妇女的整体地位比以前有所提高,但她们在家庭中的地位仍然要通过成为母亲这一角色来确立。作为妇女,孩子的诞生一方面可以使得她们在夫家更安定地生活,另一方面也使得她们和夫家的亲属关系更深。

颜·AX 的三个孩子都出生在人民公社时期,当时蚂蚁岛的各项事业都处在发展的开始阶段,因此社员的劳动强度非常大。当时蚂蚁岛有 5 个渔业生产队、1 个精农生产队(种植农作物)和 1 个半农生产队(在山中种植番薯和加工水产品)。人民公社实行工分制,农业队的妇女每天 6.5 工分,每月 200 工分可以获得 16 元工资。颜·AX 是 8 人家庭的重要收入来源,家里的大小事情、孩子们的衣食住行几乎都由她来管。到后来孩子们结婚、生子也几乎都由她一手操办。

4. 从母亲到婆婆

颜·AX 在儿子结婚前,家里的一切大小事情几乎都由她决定。然而随着子女相继结婚,她在家里的权力也从顶点走向衰退。蚂蚁岛的传统是儿子结婚后都会在自建的新家里独立生活。颜·AX 的长子从中学毕业时 17 岁开始就为修建自己的房子存钱,在 23 岁时,颜·AX 拜托媒人促使长子和当时乡里的副书记的女儿李·YY 成婚。次子在 23 岁时也通过自己赚钱盖了房子成婚。女儿 21 岁成婚。

20 世纪 80 年代,颜·AX 的长子结婚 1 年后生下孙子,在孙子 1 岁时长子夫妇到桃花岛去工作,从那时起颜·AX 开始照顾孙子直到 8 岁,儿媳妇只在每周末回来看望孩子。可以说颜·AX 虽是婆婆,实际上承担了二次母亲的角色,因此孙子和颜·AX 的关系比和自己母亲更亲近。之后次子结婚后生的孙女也是由颜·AX 从 6 岁照顾到 12 岁。随着渔村也开始实施计划生育政策,渔村的家庭也完全从大家庭走向了核心家庭时代。

颜·AX的个人生活史展现了普通的渔民家庭从传统社会到人民公社进而到现代渔村社会阶段的方方面面的变化。不同时期，作为女儿、媳妇、母亲和婆婆各种角色的具体社会交往和行动模式也随之发生相应的变化。为了适应新时代的社会氛围，像颜·AX这样的渔村普通民众也在不断地调整自身的思想和行为来适应时代的要求。

六、结论

通过上述论述，舟山渔村在变迁过程中，渔民的家庭经历了传统的扩大家族阶段、人民公社时期由扩大家族到核心家族的转换阶段和现代渔村的核心家族阶段。而从颜·AX的个人生活史也可以看出妇女在家庭各个阶段的角色——从女儿、媳妇到母亲和婆婆——是如何随着时代的变迁而变化的。

1. 妇女角色变换

传统渔村的"女儿"有着根深蒂固的男尊女卑观念，她们在家中的地位很低，没有继承家产的权利，还要遵从父母之命、媒妁之言结婚。改革开放后，渔村里的人们也有了更多受教育的机会，妇女们外出打工的机会变多，她们开阔了视野，也越来越重视依自我意愿寻找结婚对象。

传统渔村的"媳妇"，结婚后一般都要和公婆一起生活。而传统渔业作业都以男人为中心，妇女几乎都是从事一些没有工资的辅助性的劳动。人民公社时期，妇女开始和男人一样可以参加公社劳动赚工分，自此她们逐渐在结婚后开始和公婆分开生活，并开始了管理自己家庭的一切事务。

传统渔村的"母亲"，负担着家里的所有家务，包括照顾孩子，直到孩子长大成人，甚至儿子结婚后的很多事情也都要母亲帮着做决定。但近年来，外出打工的年轻妇女日渐增多，照顾孩子的责任都由婆婆来承担，或者很多年轻妇女陪孩子外出就学。

传统渔村的"婆婆"，一般都和媳妇一起生活，在大家庭里掌管着很大的权力，但从人民公社后，儿子结婚后都是自然分家独立生活，因此婆婆几乎不会直接管到儿子家的事情。但改革开放后，媳妇外出打工的越来越多，由婆婆代替媳妇照顾孙子的越来越多。

2. 家庭的变化

传统渔村家庭的分家一般是伴随父母亲的过世而分解成独立的生活单位，财产在男孩子间平均分配，而现代渔村则是随着子女的结婚自然分家为独立的生活单位，财产平均分配给所有孩子。

传统渔村重视宗族体系和制度，男子平均分配财产后由儿子照顾父母是固有观念，但在现代渔村核心家庭体系中，女儿结婚后也有照顾父母的责任，特别是计划生育政策的实施，使得儿子和女儿在继承财产的权利和赡养父母的义务方面没有太大差异。

传统渔村的大家庭里，婆媳一起生活，家庭成员间关系错综复杂，婆媳矛盾突出，而现代渔村以核心家庭为主，婚后婆媳都分开独立生活，只有在年节时才见面，因此婆媳间的相处与对待客人无异，故婆媳矛盾也弱化很多，更多的是互惠互助的关系。

参考文献

1. 于洋. 渔民社会交往与渔村社会转型关系研究[J]. 中国渔业经济, 2007 (4): 13 – 16.
2. 俞锡棠. 舟山渔场体制现状与改革新路[J]. 中国渔业经济, 2000 (2): 15 – 18.
3. 于洋. 漁村家族生活における女性の役割変化[J]. 日本期刊:比较民俗研究, 2013 (11): 29 – 57.
4. 王玉. 从妇女生活与家庭结构变化看渔村变迁——基于流水镇沿海某渔村的调查[J]. 福建省社会主义学院学报, 2014 (2): 80 – 83.

"互联网+"促进涉海村落生态保护与活化
——海岛民宿发展实践研究

陈 默 邵露雯

（浙江海洋大学 人文学院）

摘 要 通过演绎逻辑、对比论证等分析法，从国内外海岛民宿的发展现状、舟山群岛新区海岛民宿发展现状及不足等方面来分析海岛民宿改造的利弊，并以舟山高校及民间组织团队的具体实践为例分析原生态、零成本理念在海岛民宿改造中的可行性，同时，通过对"互联网+"的分析研究来探讨关于海岛民宿改造的后续推广问题。

关键词 海岛民宿；原生态；活化；"互联网+"

当下，人们的生活水平在经济发展的推动下，都在不断提高，同时旅游市场也呈现出了欣欣向荣的景象。生态旅游成为当下的热门选择，作为新型旅游业的民宿旅游在全国各地也逐渐发展起来。在舟山群岛新区，海岛民宿在舟山旅游业中发挥了越来越重要的地位，这是机遇与挑战并存的新阶段。

本文将从以下几个方面对生态海岛中零成本民宿建设的实践进行研究和分析，以舟山群岛新区涉海村落为例，通过演绎逻辑、对比论证等方法来探讨在海岛民宿建设中关于原生态理念所发挥的作用。一是从整体上把握，纵观国内外海岛民宿现状，进而了解其一般情况，以助于在分析研究海岛民宿发展时将原生态理念更好地运用其中。当下，国内外都处在"民宿热"的发展趋势中。在中国，丽江和成都等地区的民宿发展较好，海岛民宿作为民宿的一种，在实践过程中有许多值得借鉴之处；同时，在国外，例如日本等国家的民宿发展也具有代表性，都可为原生态的改造提供实践经验。二是通过演绎逻辑，运用正反论证法着重分析研究舟山群岛新区的海岛民宿发展现状，从客观立场上多角度分析海岛民宿发展现状及不足，以求在实践中总结经验，推动原生态海岛民宿发展。三是由理论推向实践，分析舟山高校及民间组织团队暑期海岛民宿改造实践活动，研究讨论原生态改造的可行性。四是在对原生态民宿改造背景下，分析"互联网+"对海岛民宿后续推广的重要性和必要性。通过以上几个方面的研究和分析，

---

① 本文系浙江省哲学社会科学规划项目"生态海岛建设背景下零成本民宿设计研究与实践——以舟山群岛新区涉海村落为例"（编号：16NDJC223YB）的研究成果之一。

以期推动涉海村落的生态保护与活化。

一、海岛民宿资源与发展环境逆差格局存在的根源

（一）从民宿起源与发展看国内外海岛民宿现状

民宿指的是通过自家住房空余的部分空间，结合本地特有人文、自然景观，生态环境资源以及农林牧渔等生活和生产活动，用家庭副营业经营方式，提供给游客一些当地游玩体验时的住所。从一般到特殊，海岛民宿就是指提供给一些来海岛体验生活的游客住宿的房子，民宿比星级酒店规模小，但可以给人以温馨感。正是在这一趋势下，使得民宿发展越来越受关注。在这一定义中，民宿强调了以"家庭为导向"的产业，也就是说，家庭经营成为民宿的特点和要素。[1]

"民宿"起源于欧美一些资本主义国家，随后才逐渐传入亚洲。其中，经营规模小，住宅所用者即经营者，可亲身体验当地的自然、人文景观，注重"慢生活、家服务、趣体验"是民宿发展的主要特征。

在亚洲，日本的海岛民宿发展较为规模，是较有代表性的一种海岛民宿发展模式。在中国，民宿发展起步较早且较为典型的有台湾、丽江等地，从起步至今，已初具规模。海岛民宿的发展属于民宿发展的其中一种，作为一种全新的旅游业，它的发展同时面临着机遇和挑战，对于海岛民宿的发展，目前所积累的经验并不多，但在当下"民宿热"的潮流下，面对机遇与挑战并存的局面，在实践过程中不断积累经验应是当务之急了。

（二）机遇与挑战：洞察海岛民宿在舟山发展现状

在20世纪90年代，舟山市开始发展民宿，到2004年，海岛民宿的发展速度加快。根据相关部门的分析统计，截至2014年年底，整个舟山市共有31个民宿旅游村，71个民宿旅游点，1925户民宿经营户，与2010年年底相比，分别增加了6个、2个、1109户；可提供餐位48 230个，床位28 316个，分别比2010年年底增长2.2倍和2.4倍；到2014年年底，舟山民宿的直接从业人员总数达到了5498人，间接从业人员总数也有11 270人之多。舟山作为一个群岛城市，海岛旅游资源是当地旅游发展的一大优势，经济发展始终将海洋经济作为发展主线，海岛民宿作为旅游经济发展的载体，不断受到重视，在2015—2017年的"民宿推广年"期间，海岛民宿在舟山迎来了一个快速发展的新阶段。

1. 机遇：舟山海岛民宿优势条件

（1）地理条件

舟山，这个由1390个岛屿组成的群岛新区，拥有着"东海鱼仓"和"中国渔都"之美称，在舟山经济发展中，渔业、港口和旅游业成为它的三大优势。舟山群岛岛屿众多，大大小小共计占中国海岛总数的20%之多，众多的海岛资源是舟山发展海岛旅游的特有优势。

（2）政策支持

近年来，在旅游业的不断发展下，

旅游方式也随之产生了较为显著的变化，从以观光旅游为主逐渐转向休闲游，人们对乡野旅游，即类似于民宿游的方式产生了愈加浓厚的兴趣。

随着舟山群岛新区建设以及舟山群岛海洋旅游综合改革试验区的不断推进，民宿旅游发展呈现出不断上升趋势。相关政策的出台也都推动着海岛民宿的发展。

2011年，舟山市出台《关于全面提升发展渔农家乐休闲旅游业的若干意见》，对民宿产业的发展提出相关具体措施、发展目标及政府扶持政策，各级政府每年都会安排专项资金对基层的相关海岛民宿协会给予经费补助，支持其开展各类活动。在海岛民宿的发展实践中要始终注重海岛风貌特色和海洋民俗文化特色，在建设过程中，充分利用当地的原生态风貌，始终将原生态理念贯穿在海岛民宿的改造和发展之中。同时，海洋文化作为舟山发展海岛民宿的独有优势，在实践过程中，应考虑将具有舟山特色的海洋文化元素最大化地融入到海岛民宿的改造之中，使旅游文化的地域性特色得以丰富。[2]

舟山的海岛民宿还在一直发展中，原生态海岛民宿改造实践依旧呈现了一种蒸蒸日上的景象，海岛优势条件以及海洋文化背景作为强大动力，都在推动着舟山海岛民宿的发展。

（3）实践动力

近年来，舟山市渔家乐发展从起步至今，已有一定成效，它的发展为当下的海岛民宿奠定了良好基础。市人大代表金飞珍针对"渔家乐规模扩大，产业问题逐步显现"中"理念陈旧、经营档次相对低档、产业形象受损、特色缺失、产业品质难以提升"等问题，提出"要树立民宿经营理念，全域规划民宿发展格局。出台《美丽海岛民宿产业发展规划》，将佛教文化、海洋文化及山海优势资源融入民宿发展中，科学规划民宿差异发展的区域格局，打造民宿产业链。同时，将民宿开发与特色村打造融合起来，使美丽海岛民宿成为风景中的'风景'，成为舟山旅游的新业态"。[3]正确的理念是海岛民宿发展成功的重要因素。

结合舟山市特有的海洋文化特色，因地制宜，在实践中探求在原生态理念中推动海岛民宿的新发展。

舟山的海岛民宿发展，一方面有政府出台的一系列的政策支持，另一方面还有当地渔民们的积极参与，使得海岛民宿发展在起步时就有了较为显著的成果。同时，高校积极参与实践与研究，帮助当地渔民进行海岛民宿改造，提供给他们更多创新的理念，进而促进了舟山的海岛民宿改造与发展。

2. 挑战：危机意识下发展海岛民宿

目前，舟山海岛民宿的发展依旧处于较为薄弱的阶段，若想将海岛资源的利用达到最大化、有效化，成为保护海洋生态、创新海洋文化，推动海岛经济旅游业发展的有力举措，仍然需要进一步的探索，在实践中积累经验，在研究中完善发展。

当下，海岛民宿的发展还存在着一

些问题。

（1）理念陈旧，缺乏创新意识

当下经济发展状态下，城市经济迅速发展，导致农村中出现越来越多的空巢老人和留守儿童，年轻人纷纷涌进城市，这种现象不利于地区经济发展和文化建设。在舟山，偏远小岛上的这种现象则更加明显，这些小岛村落，由于交通等条件的限制，严重缺乏与外界的信息沟通，观念落后，理念陈旧，缺乏创新意识，这些问题都不利于民宿发展。在一些小岛上，长期的历史积淀，有许多独特的海洋民俗文化流传下来，但是，这些民俗文化只停留在自己的生活圈范围内，缺少与外界的交流沟通，这就会导致渔民们固守陈旧理念，缺乏创新意识。

当下海岛民宿的发展，经营档次普遍不高，渔民业主文化程度较低，缺乏现代经营理念，一味追求眼前经济，加上市场调控机制的缺失，随意抬价、无序竞争等问题普遍存在，粗放经营与中低端市场的非良性循环问题突出。[2]与此同时，粗放型的海岛经济发展模式在一定程度上也背离了原生态理念的改造初衷。

当下，由海岛渔民就业情况分析见表1。

表1 就业决策分析平衡单

	权重 （-5到5）	民宿主 得（+）失（-）	企业员工 得（+）失（-）	渔民 得（+）失（-）
个人物质方面的得失：				
1. 收入	5	20	15	20
2. 工作环境	4	16	16	12
3. 未来发展	5	25	20	15
他人物质方面的得失：				
1. 家庭收入	5	20	10	15
2. 家庭地位	3	18	15	12
个人精神方面的得失：				
1. 社会地位	4	20	16	8
2. 适合自己的兴趣	4	20	16	12
3. 健康影响	3	18	21	15
他人精神方面的得失：				
1. 父母	5	20	15	10
2. 朋友	4	16	12	8
总分	42	193	156	127

(2) 同质化现象

随着习近平总书记的"青山绿水就是金山银山"理念逐渐为人所熟知，民宿行业发展越来越热门。相应地，民宿的同质化现象开始不断涌现，一味复制，使得海岛民宿的发展失去海洋文化特色，缺乏竞争优势。盲目复制，容易产生海洋民俗文化被忽视的现象，还会使海洋资源利用率得不到提高。

在舟山，据有关部门调查研究，本市的海岛民宿发展主要分为三类：一是能够结合当地风土人情和海洋特色，有一定设计理念，具有独特性的海岛民宿，这类民宿在当下的发展中还是不多，它们可以起到模范作用，提供一些参考；二是在自家民宿基础上加以翻新的民宿，多以模仿为主，这类民宿虽缺乏自身特色，但多少能融入海洋元素，并用到原生态理念；三是没有特色的普通装修的民宿，缺乏设计风格，结合海洋元素相对较少甚至没有，这类民宿在内陆就很常见，所以对海岛旅游来说就毫无优势了。

海岛民宿形式单一，缺乏海洋文化特色，无论在经营方式上还是主题设计上，都有同质化的弊端。同时，民宿经营者的专业水平并不高，缺乏设计意识，造成了模仿成风的现象。

(3) 基础设施落后

涉海村落上的基础设施建设相对内陆而言，是比较落后的。由于交通等条件的限制，海岛上渔民的生活大多以因地制宜、就地取材的方式为主。海岛上的民宿具有独特的海洋特色，当地房屋建设使用的材料大多与大海有关，墙壁的堆砌、屋顶的盖制等使用的材料都是海边可以取到的最原始的材料。基础设施的落后制约了海岛的民宿改造。同时，在海岛民宿旅游开发中，海岛村落基础设施的承载力明显滞后于游客容量，环境问题涌现，而相应的改造基础设施设备没有及时跟进，这些都不利于海岛民宿发展。

(4) 形式单一

舟山的海岛民宿旅游中，民宿主基本上只是给游客提供一些住宿和餐饮服务，并没有利用好周边的海岛特色，单一的民宿游方式，没有形成相应的产业链。关于海岛的民宿发展，通过延长产业链的方式，体验方式单一的现象还是能够改善的。

针对海岛民宿发展形式单一、体验方式少的问题，可以推出让游客参与到海岛民宿改造实践中的旅游方式，同时，还可以使原生态改造理念更大化地为人们所熟悉，并在实践中嵌入这一理念，既迎合了当下生态文明发展的主题，又有利于海岛资源的充分利用。

(5) 发展分散，缺乏规划

在舟山，民宿主大多以自主独立经营为主，行业间相互交流较少。这种经营方式虽有助于保持海岛民宿中的不同特色，但另一方面，不利于行业交流及舟山海岛民宿的整体发展。原生态民宿改造在缺乏统一规模的背景下，是很难获得较大发展的。

如果政府出台相关政策，对民宿主进行统一培训，不仅可以较好地给民宿主们传授原生态经营理念，还能对其改造进行统一规划，推动舟山海岛民宿的整体发展。

（6）文化滞后

生态型、海岛型、本土型、海洋休闲型都应作为当前舟山海岛民宿发展的重要方向。近年来，民宿发展与城市的酒店宾馆同质的现象越来越严重。目前，众多旅游项目在开发理念等诸多方面带有城市化、纯景区化和房地产化的痕迹，这些都是相关企业和部门盲目将城市规划和风景名胜区规划等同于旅游发展规划所致，使相关产业在旅游市场上失去了竞争力。[4]这一现象的产生，盲目跟从城市化，没能将海岛民宿的改造与当地的海洋民俗文化结合起来，一方面使海岛的民宿发展失去了与内陆民宿的特有竞争优势，另一方面过于追求城市化的发展模式，也很难实现海岛民宿的因地制宜、物尽其用的改造方式。

二、"互联网+"下海岛民宿后续推广论证

当下，时代发展处在互联网化的大背景下，笔者认为互联网在一定程度上能改善当前海岛民宿推广中面临的被动局面，在广度和深度、安全性和可靠性、针对性和普适性等方面提供了新的思路、方法及手段。利用新的技术拉近大众与传统的距离，利用新的导览模式，建立新的旅游形式，从而达到传统与互联跨界的目的，为原生态、零成本海岛民宿改造提供足够的内动力。

（一）利用不同技术拓宽推广路径

1. UGC与UGM

（1）UGC

用户将自己原创的内容通过互联网平台（博客、视频分享、社区网络等应用形式）进行展示。

（2）UGM

根据用户在互联网上留下的痕迹，创建市场，提供相关服务，同时为整个互联网催生新市场。也可以说是对用户产生的内容和在线行为实现市场化，是一种全民参与的、新型的产品形态和营销形态。

由此，利用UGC技术，在互联网这个平台上迅速集结有相同兴趣的人参与感兴趣的事，加快信息传播，改变传统旅游方式，在发展海岛民宿的过程中发挥作用。

由团队技术开发中心开发的传统村落导向性公众号（创艺）基于舟山民宿协会《海岛民宿名录》的信息，利用百度Geocoding API获取坐标位置，囊括舟山1200余个岛屿的位置和基本信息，兼具村落介绍、民宿信息、上传图片、评分、线路、附近等常规功能，且新增警示功能，使用者可在海岛村落遭遇突发状况时通过后台通知及时联系相应部门及周边团队（图1）。

图1 海岛民宿后续推广平台

2. 应用程序

APP是指智能手机的第三方程序，

APP可以在智能设备上直接面向用户,利用APP所提供的平台,为用户提供相关服务。现在,五花八门的APP产品满足用户各种各样的需求,而智能手机用户有60%的时间花在新活动上,这些新活动包括地图、游戏、社交网络等。手机APP已渗透到出行、餐饮、购物、医疗、理财、社交等生活的各个领域,相信未来更将影响到旅游出行等方方面面。

在海岛民宿方面,开发民宿APP平台与网站,鼓励更多的人前往传统涉海村落,体验民宿生活。利用使用者的力量,通过优质的评论、照片、信息补充等众筹的方式收集各地民宿与传统涉海村落的资料,逐步整合全国的涉海村落信息,建立一个全国性的以民宿为主要载体的信息分享平台。

3. 定位服务

LBS有两层含义:一是确定用户或相关移动设备当前所在的地理位置;二是提供定位附近相关的各类信息服务。如新建海岛民宿位置的定位推广。其中,LBS分为休闲娱乐型、生活服务型、社交型、商业型等具体形式,随着对LBS服务质量和用户位置相关隐私保护意识的不断提高[5],要更加全面地将LBS服务与海岛民宿建设联系在一起。

4. 签到模式

指用户主动在APP中签到、评论和记录等同步分享自己所在的位置。这种模式最大目的在于使用户养成每到一个地点就签到的习惯。该商业模式较为明显,可以为商户或品牌进行各种形式的营销和推广,也可以提供周边生活服务搜索、生活指南、旅游信息标注分享等功能。[6]

(二)"互联网+"对海岛民宿发展的促进效果

互联网技术在原生态海岛民宿的推广应用中包括两方面:一是作为民宿旅游的营销手段;二是实现以民宿为载体的传统涉海村落和海洋文化的保护与推广。

传统涉海村落保护与活化,在保护传统村落前提下,深化旅游发展所能带来的经济动力,对传统村落的保护与发展展开分析,运用互联网影响下公众参与程度的改变对旅游方式的转变加以分析(图2)。

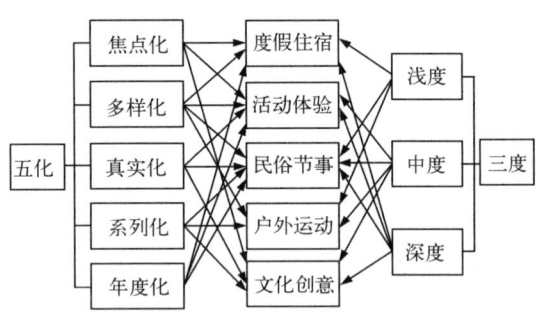

图2 传统村落民宿活化模式

互联网技术在本课题中的使用,将遵循以下三个原则:其一,以公众为中心,整合民宿资源,创建民宿"虚拟信息中心"。基于公众的旅游需求,将除民宿之外的旅游信息、交通、网上景观、呼叫中心等技术一体化。其二,以数据为基础,在旅游、文物保护等行政管理机构和村落景点之间,构筑民宿、景区信息、购票搜索、广告营销为一体的平台。其三,以技术为驱动,借助云计算、移动互联网、数据挖掘等技术,对民宿资源进行系统整合和深度开发利用,创建"虚拟博物馆",实现传统涉海村落、民宿资源和海洋文化低成本高回报的储存与推广。

总之,在原生态海岛民宿改造的后期推广中,无论是营销策略还是宣传手段,只要相互之间寻找联系,相互串联起来都将是推动海岛民宿后期推广的强大动力。

通过海岛民宿的国内外对比分析,在多角度探索海岛民宿发展的过程中,寻求原生态改造最佳效果。基于对舟山海岛民宿改造发展进行的探讨研究,结合相关调查研究以及具体实践,探讨关于保护和活化涉海村落的可行性。海岛民宿还在不断发展中,在这个过程中,要始终谨记习总书记"青山绿水就是金山银山"理念,将原生态理念切实结合到海岛民宿改造中。当地政府还要对海岛民宿改造做好统一规划和管理,通过相应的政策来推动海岛民宿的生态保护和活化,并做到以渔民为主体,呼吁社会多方力量支持,实现海岛民宿的创新与蜕变。希望通过此文,能为舟山海岛民宿提供一些原生态改造的参考价值,使得在"互联网+"背景下实现舟山涉海村落生态保护与活化。

参考文献

[1] 吴玮. 台湾民宿业发展现状及数字化营销策略研究 [J]. 泉州师范学院学报, 2015 (3).

[2] 刘玲玲. 对舟山发展美丽海岛民宿游的思考 [J]. 农村经济与科技, 2014: 25 (10).

[3] 舟山市旅游委员会. 【议政录】舟山可发展美丽海岛民宿游 [N]. 舟山日报, 2014-02-20.

[4] 王跃伟. 舟山市海岛旅游发展战略研究 [D]. 大连: 辽宁师范大学, 2006.

[5] 李英. LBS 的应用及其安全分析 [J]. 内江科技, 2012 (10).

[6] 陈清凝, 王鹏. 互联网技术促进传统村落保护与旅游发展的实践 [J]. 旅游规划与设计, 2015 (17).

舟山海岛传统村落价值评价研究及其保护和利用

段贝丽 陈修颖

(浙江海洋大学 政府和管理学院)

摘 要 本文以舟山6个传统村落为评价实例,介绍典型村落的现状及存在的问题,对6个村落的综合价值进行评价,采用问卷调查法、实地调研法、十分赋值法、线性加权法相结合的方式,对各个村落的各指标进行打分,并计算出综合价值得分及排序。为保护和利用海岛传统村落,提出维护村落原貌、展现文化特色、充分利用优势资源的建议。

关键词 海岛传统村落;价值评价;舟山

舟山历史源远流长,浩瀚的海洋是舟山的立岛之本。梯航泛舟,是舟山随处可见的场景,正因为这样才形成了特征鲜明的舟山海洋文化。其实,舟山市在1991年就荣获了"浙江省历史文化名城"的荣誉称号。根据传统村落的调查情况,目前舟山有一个国家级传统村落和两个省级传统村落。2012年,舟山市渔农办对该市的传统村落进行了全面的统计,最终确定下来30个传统村落。这些传统村落是深厚的传统文化的缩影,凝聚着人民生生不息的精神追求和精神财富,是一个村落的内涵之所系,也是人们的精神家园。

一、舟山典型村落的现状

近几年以来,在国家、省政府、市政府的鼓励和扶持下,以舟山群岛新区、美丽海岛建设、两美浙江等为发展目标,走出了一条具有海洋特色、海岛风貌的建设道路。据统计,自"美丽海岛建设"提出以来,创建美丽海岛社区108个,创建完成73个;景观线的建设、中心村的培育、传统文化保护利用均有涉及。舟山市具有典型性的村落有普陀区的西岙村,定海区的石马岙村、柳行村和紫薇村,嵊泗县的峙岙村,岱山县的东沙社区。这里以6个具有代表性的典型村落为例,对它们进行一一介绍。

(1) 西岙村:位于普陀区朱家尖岛西南端,南面是洋鞍渔场,总面积为16.65平方千米,与桃花岛隔海相望,是一个渔业和农业相结合的新型社区。西岙村有国家级生态园——大青山生态园、里沙生态园两个核心景区,是一个拥有自然生态环境和丰富的旅游资源的村落。正因为独特的自然生态环境,长期以来相关部门称其为生态旅游保护区。还有,西岙村的里岙古树枝繁叶茂,郁郁葱葱,100多棵参天大树,让人拍案叫绝。西岙村不但拥有自然的生态资源,还有丰富的历史人文资源,马秦酒坊、碧云庵、兵船湾石器等出土文物和历史遗迹吸引大批游客纷纷到访游览观光。

（2）柳行村：位于定海区金塘镇，此处是一个天蓝水清、民风淳朴、人杰地灵的海岛古村，在舟山有着"群岛第一巷"的美誉。柳行村的古建筑资源丰富，半边街的金井桥和陈家老宅、徐氏司马第都是建筑风格不拘一格的珍贵遗存：金井桥古朴淡雅；陈家老宅处处散发着儒家气息，是融入了儒家文化的传统民居；徐氏司马第气势恢宏，是定海区唯一一座保存至今的官邸建筑。此外，柳行村居民信奉佛教，位于西佛岭下的普济寺建于后汉1065年，迄今已经有千年的历史，佛教文化在他们的认识中早已根深蒂固，子子孙孙传承沿袭，每逢农历二月初十至十五，"外庙会""里庙会"好不热闹。

徐氏司马第由正厅、厢房、照墙、正墙门、擂鼓墙门五部分组成，因早年失火，正厅和厢房被毁，现如今尚有照墙、正墙门、擂鼓墙门保存完好。照墙做工精细，石料、砖均是手工打磨雕刻，极为珍贵；正墙门约4米高，门槛竖石上镌刻着"地接仙人岫，门迎长者车"，横幅为"海岳传芳"的对联[1]；擂鼓墙门的正门有3.4米宽，正门上方悬着写有"司马第"三个字的牌匾，两侧都有青石雕刻的一个擂鼓，擂鼓直径0.9米，长1.2米，约千斤重，是中国南方古建筑中安放在大堂门前的常见石饰。[2]

（3）紫薇村：位于定海区双桥街道的北边，原名紫皮岙。紫薇村景色优美，环境基本属于原生态，它的美不仅源于自然和谐之美，还包含着茶文化、龙文化、山水文化等文化元素。这里的茶人谷景区是茶文化元素的典型，古老的锦线龙女传说是龙文化的体现，东海大峡谷是山水文化的代表。另外，这里的跳蚤舞、舞龙舞狮、木偶戏、翁洲走书的民间艺术名声远扬，吸引各地游客纷至沓来。[3]正因为有着天然特色和后天所形成的优势，东海大峡谷将被打造成海岛山谷生态型旅游度假区。[4]

紫薇村最出名的非木偶戏莫属，此处是定海木偶戏的发源地。木偶戏在清朝咸丰年间从外地传到定海，迄今已有约150年的历史。需要的道具很简单，一个戏台、一个箱子搭成的小舞台就是各类生旦净末丑展现自己艺术才华和共享、传递幸福的阶梯。至今，木偶戏已经传承到第五代，传承人侯夏玲。第三代传承人侯惠义80多岁，从艺时间长达60余年。第四代传承人是侯雅飞，与木偶戏相伴40多年，2003年被选为舟山市木偶学会的会长，他所表演的《薛丁山与樊梨花》，唱法别具一格，演绎到位，唱腔优美，深受大众喜爱。[5]

（4）峙岙村：位于嵊泗县黄龙岛的西北角，占地面积在0.7平方千米左右，是一个典型的原生态海岛渔村。峙岙村后面是元宝山，三面环海，既有靠山也有靠水的优势。正所谓靠山吃山，靠水吃水，在常年的海洋捕捞作业中，形成了独特的生产方式和劳动方法，经过长年累月的应用和适应，最后成为非物质文化遗产。峙岙村同时也是洋溢着浓厚的石文化气息的场所，村里处处怪石奇礁，山峦起伏，村落的建筑大多也是用石头建筑而成，单体外观简单淡雅，村落群鳞次栉比，错落有致。更特别的是，此地盛产花岗岩，品质优良，村内多为石质材料构成的产物,石屋、石路、石码头随处可见,给人一种清新脱俗、远离喧嚣之感。村庄依山而建,层峦叠嶂,峰回路转,满眼石境,犹如迷宫,被称之为"海上布达拉宫"。村落傍海而成,金涛碧浪,相得益彰;山峰连绵起伏,变幻莫测。

峙岙村保留着"东海云龙"摩崖石刻、"蔡恒兴"渔行等历史文物,这里不仅历史元素浓郁,而且还有着丰富的具有渔村特色的礼仪风俗,像做羹饭、送年、请船贵老爷、请龙王等民间风俗,婚姻风俗有发嫁妆、相禧、抢床头糕、挑孝礼等,葬礼习俗有充白、烧基包、关山、赶扫等。这些习俗人情是峙岙村的非物质文化遗产,是世世代代一脉相承的魂,是生生不息的海岛风情。

(5) 东沙社区:位于岱山岛的西北端,东濒岱山镇,南接岱西、高亭两镇,北邻岱衢洋。近些年,旅游业已经成为东沙社区新的经济增长点,这里旅游资源丰富,人文底蕴深厚,传统历史悠久,有古镇门楼、羊府宫石碑文、北畚斗新石器文化遗址、念母亭、东沙小岙渔村、中国书雕城、中国海洋渔业博物馆等多处胜地。[6]而且此地社区发展状态良好,人们生活质量较高。

小岙渔村位于东沙古渔镇西北郊,依山傍水,由数十座渔民宅院组成,宅院的修建时间在明末清初至20世纪60年代,几百年来,完好地保存了传统四合院、手工作坊等传统建筑,原来的橱窗、水缸、瓮、雕花床等历久弥新地展现它的风采,结构设计的是中式偏现代风格。在这里,传统的房屋比比皆是,时过境迁,房屋依然存在,这里可以称得上天然的博物馆。沿着水泥路走,斜坡处可以看到木质的旧式建筑,属于典型的民国建筑风格,还可以看到现代的砖混建筑。另外,这里有一条叫"工人里"的路,也是这里唯一一条有门牌的路。[7]据了解,小岙村将打造成"特色名宿村",也将打破东沙古镇零民宿的状态,正因为它传统的基本格局和建筑特色,使得这里成为"特色民宿"的理想选择。

(6) 石马岙村:石马岙位于舟山市蓬莱仙岛岱山县的高亭镇,是一个以"秀才村"而闻名的典型村落。该村也是依山而建,背靠省级旅游风景区磨心山,三面环山,一面与大海相接,周围群山环绕,山峦连绵不绝,风水奇佳。村落选址讲究天人合一,师法自然,与山水自然相互交融。[8]石马岙周围有20多座山峰,层峦叠嶂,山上绿树成荫,布满了奇松怪石,行于山中,触目成趣,村内溪流奔腾向前,最后流入大海。石马岙"耕读传家、崇文重教"的风俗习气已经传承了300余年,岱山自古以来就崇尚儒家风范,早在宋咸淳七年(1271年)设立岱山书院,先辈们在此传教授课,儒生们也都在此交流学习,所以在宋代有徐愿、朱介登进士第。石马岙的人们坚信读可为官,荣归故里,造福一方百姓;耕可为商,发家致富,救济乡亲父老。在这300多年里,於氏家族出了1名武举人,20多名秀才,3名贡生,28名国学生,10名太学生,做官的最高做到六品官员,还有许多前往各地任职的官员。一直以来,耕读文化都是石马岙的核心文化之一,它不仅是其繁衍兴盛、悠悠文脉的本源,而且是其最为独特、重要的核心竞争力。

石马岙现存较为出名的建筑主要是举人府、秀才楼、走马楼等。举人府,当地人称"旗杆墙门",建于清朝道光年间,是清朝举人於九皋的生活住所。大门口竖着两个旗杆,旗杆上挂着蜈蚣旗,旗上写着"大清举人於九皋"七个字,与此同时,於九皋还获得一武魁额匾,上面书着"於斯为盛"四个字。里面可以看到保存良好的正房、厢房、台门等建筑,这些屋子是用原石和木块搭建而成的,处处渗透着一股大气,仅仅800平方米的建筑群也能展现当时的繁荣与辉煌。石马岙曾有一句民谣风行一时:"老楼屋破喽嗖,新楼屋秀才多。"这里的"新楼屋"指的就是秀才楼。秀才楼于清朝同治年间修建而成,当地称为"楼屋道地",因为在这里曾经出过4名秀才。在楼里还能看见四张保存至今的秀才报喜单。在石马岙的古宅大院,有很多寓意深远绵长,反映耕读传家理念的匾,如秀才楼的"余庆堂"匾,有着善德善行之意;举人府的"於斯为盛"匾,饱含着家族繁荣昌盛之寄托。[9]

二、舟山传统村落的特色及存在的问题

自古以来,海洋就是舟山的立岛之本,耕海牧渔、梯航泛舟是其特有的生产生活方式,"浩荡熏风里,扬帆东复西"。作为地处海岛的舟山传统村落,其特色与其他区域相比,明显地具有海洋气息。

(1) 舟山传统村落具有海岛特别的地理文化理念。舟山海域面积广阔,陆域面积狭小,土地资源缺乏,人们一直有着惜土如金的观念,村落选址一般在既靠近海边又三面隆起的山岙,如普陀区朱家尖筲箕湾村。村落房屋之间前后相连,左右相接,布局紧凑,这是受海岛特殊的地理环境因素的影响。该地区属于海洋性气候,为了适应海洋性气候特征,传统民居建筑以石材为主。如省级历史文化名村里钓山村,墙体所用石材是加工石板留下的一些碎石块。在传统民居装饰上,有的民居的屋脊两翼的脊翼弯曲度大,呈飞鸟羽尾之态,民间称之为"燕尾"或"凤凰尾巴",这种脊翼样式在江南地区传统民居中比较少见,如小沙街道光华村。

(2) 舟山传统村落拥有海岛特殊的佛教文化背景。作为史称"震旦第一佛国"的普陀山所在地——舟山,传统村落同样深受佛教文化的浸透,佛教纹饰图案在居民建筑中作为装饰可谓随处可见。如佛教"八宝"中的莲花、金鱼等常作为传统民居的纹饰,以传达居住者的美好祝愿。传统民居的墙门、厅堂门扇和屋脊等醒目部位常用莲花纹饰,厅堂门、内窗以及门楣、廊檐等处常用盘长吉祥结的装饰,人们还特别喜欢在屋脊、门扇、窗户上装饰含有佛教意蕴的卷草纹样,如定海区柳行村、岱山县石马岙村。

(3) 舟山传统村落蕴含海岛独特的民俗文化风情。舟山传统村落有着浓厚海洋气息的民俗乡风,民间传统艺术绚丽多彩,形式独特,如定海区紫薇村,嵊泗县峙岙村。目前,我市"舟山渔民号子""观音传说""舟山锣鼓"等入选国家级非物质文化遗产名录,"跳蚤会""翁洲走书""岑氏木船作坊""渔用绳索结编织技艺"等入选非物质文化遗产名录。这些民间传统艺术以及民俗乡风有着独特的艺术魅力与欣

赏价值，充分展现了海岛人豪放诙谐、热爱生命的张扬个性，具有较高的文化价值，对传统村落的旅游发展，对其知名度和竞争力的提高，都有一定的意义。

舟山传统村落也存在一些问题：

（1）政府监督力度不够，传统风貌丧失。舟山传统村落受城市化的影响，房屋新建之风兴起，加上相关部门没有出台相应的保护措施，也没有通过立法进行统一监管，村子里具有现代元素的建筑拔地而起，灰瓦变红瓦，石墙变砖墙。新建民居与原村落建筑风貌反差甚大，新旧建筑风格迥异，格局失调，严重破坏了村落的原有风貌。[10]

（2）文化发掘不深，村落缺乏个性魅力、文化品位。舟山传统村落拥有丰厚的渔民文化、海岛文化积淀，但是目前针对这方面的研究比较薄弱，可行性、系统性、全面性的研究成果不多，导致人们对海岛传统村落的特殊价值认识不够。很多村落的发展模式走的是大众化路线，有的村落在原有农渔业生产、乡渔村景观上稍加变动，缺少个性新意，甚至有的村落处于"空白"状态，没有突出创新魅力和文化内涵，产品粗糙，文化特色不明显。[11]

（3）村落居住环境较差，基础设施不齐全。村落里环境卫生设施匮乏，垃圾收集点少；公共活动场所、集中绿地不足，影响了村庄的景观村容。另外，路灯照明设施不齐全，道路系统、排水系统不健全，消防设施不完善，存在一定的安全隐患，居民的基本生活受到影响；停车设施、旅游服务设施缺乏，是影响旅游业、服务业发展的一大因素。[12]

三、舟山海岛传统村落的价值评价

（一）舟山海岛传统村落的价值评价体系

根据建立的海岛传统村落的价值评价体系，首先采用层次分析法确定评价因子的权重，然后利用因子赋值的方式，进一步应用线性加权法算出得分情况，最后整合结果并对综合价值加以排序。

1. 确定评价因子权重

在完成价值评价体系的构建后，结合德尔菲法（专家赋值法）向相关部门的该领域的专家、学者问询，每个人对评价指标赋权值，对各个权值求权重平均数，一般情况下这个平均数就是最终的权重，可是对于相对重要的评价来说，在采用专家赋值法得出权重值后，可以运用层次分析法再次对权重进行调整，如此更具有科学性。具体做法是：按一定的准则，比较两个元素 A_i、A_j 的重要程度，对重要程度赋予数值，组建各级指标之间的比较判断矩阵，通过引入合适的标度对重要性进行量化，得出各级指标的相对权重，下一步需要对构造的矩阵进行一致性检验。[13]

（1）比较判断矩阵。

表1　比较判断矩阵的标度

标度	意义
1	两个指标同样重要
3	两个指标相比，一个比另一个稍微重要
5	两个指标相比，一个比另一个明显重要
7	两个指标相比，一个比另一个强烈重要
9	两个指标相比，一个比另一个极端重要
2、4、6、8	相邻两级的折中值

表2 比较判断矩阵

A_{ij}	1	2	3	4	…	n
1	1	W1/W2	W1/W3	W1/W4	…	W1/Wn
2	W2/W1	1	W2/W3	W2/W4	…	W2/Wn
3	W3/W1	W3/W2	1	W3/W4	…	W3/Wn
4	W4/W1	W4/W2	W4/W3	1	…	W4/Wn
…						
n					…	1

该类矩阵有三个基本性质是[14]:

$A_{ij} > 0$,$A_{ij} = 1/A_{ji}$,$A_{ii} = 1$

（2）计算各级指标的相对权重。

表3 海岛传统村落价值评价（A1）比较判断矩阵

海岛传统村落价值评价（A1）	历史条件（B1）	基础评价（B2）	居民意向（B3）
历史条件（B1）	1	1	2
基础评价（B2）	1	1	2
居民意向（B3）	1/2	1/2	1

注：$C_r = 0$（C_r是一致性比例）

表4 历史条件（B1）比较判断矩阵

历史条件（B1）	历史久远度（C1）	历史事件名人影响度（C2）	历史建筑规模（C3）	历史文物价值稀缺度（C4）
历史久远度（C1）	1	4	4	2
历史事件名人影响度（C2）	1/4	1	1	1/2
历史建筑规模（C3）	1/4	1	1	1/2
历史文物价值稀缺度（C4）	1/2	2	2	1

注：$C_r = 0$

表5 基础评价（B2）比较判断矩阵

基础评价（B2）	经济发展水平（C5）	村落建筑使用比例（C6）	非物质文化典型性（C7）	传统行为生活的延续（C8）	建筑与环境的协调性（C9）	村落保护完整性（C10）
经济发展水平（C5）	1	1	2	2	2	2
村落建筑使用比例（C6）	1	1	2	2	2	2
非物质文化典型性（C7）	1/2	1/2	1	1	1	1
传统行为生活的延续（C8）	1/2	1/2	1	1	1	1
建筑与环境的协调性（C9）	1/2	1/2	1	1	1	1
村落保护完整性（C10）	1/2	1/2	1	1	1	1

注：$C_r = 0.048$

表6 居民意向（B3）比较判断矩阵

居民意向（B3）	村落的舒适程度（C11）	现住居民的幸福感（C12）	公众参与（C13）
村落的舒适程度（C11）	1	1	1/3
现住居民的幸福感（C12）	1	1	1/3
公众参与（C13）	3	3	1

注：$C_r = 0.007$

第一，求解各行指标的积：

$$M_i = \prod_{j=1}^{n} A_{ij} \quad (1)$$

第二，计算M_i的n次方根

$$B_i = \sqrt[n]{M_i} \quad (2)$$

第三，将B_i归一化：

$$G_i = B_i / \sum_{k=1}^{n} B_k \quad (3)$$

（3）一致性检，检验步骤为：
第一，计算最大特征值：
$$\lambda_{\max} = \sum_{i=1}^{n} (AG)_i / nW_i \quad (4)$$
第二，计算一致性指标：
$$C_i = (\lambda_{\max} - n)/(n - 1) \quad (5)$$
第三，计算一致性比例：
$$C_r = C_i / R_i \quad (6)$$
R_i 是平均随机一致性指标，其值与矩阵阶数相关，所列值如下：

表7 一致性指标

阶数	1	2	3	4	5	6	7	8	9	10	11	12
R_i	0.00	0.00	0.58	0.90	1.12	1.24	1.32	1.41	1.45	1.49	1.54	1.56

以居民意向 B3 为例，求解相对权重及一致性比例，矩阵如下：

$$A1 = \begin{pmatrix} 1 & 1 & 1/3 \\ 1 & 1 & 1/3 \\ 3 & 3 & 1 \end{pmatrix}$$

第一步，用方根法求解特征向量：
首先，求解各行指标的积：
$M1 = 1 \times 1 \times 1/3 = 1/3$
$M2 = 1 \times 1 \times 1/3 = 1/3$
$M3 = 3 \times 3 \times 1 = 9$
然后，求各 M 的 3 次方根：
$B1 = \sqrt[3]{M1} = \sqrt[3]{1/3} = 0.691$
$B2 = \sqrt[3]{M2} = \sqrt[3]{1/3} = 0.691$
$B3 = \sqrt[3]{M3} = \sqrt[3]{9} = 2.080$
最后，将各 B 归一化得相对权重 W：
$W1 = B1/\sum B = 0.691 \div 3.462 = 0.208$
$W2 = B2/\sum B = 0.691 \div 3.462 = 0.208$
$W3 = B3/\sum B = 2.080 \div 3.462 = 0.584$

第二步，求最大特征值：
$$A \times W = \begin{pmatrix} 1 & 1 & 1/3 \\ 1 & 1 & 1/3 \\ 3 & 3 & 1 \end{pmatrix} \begin{pmatrix} 0.208 \\ 0.208 \\ 0.584 \end{pmatrix}$$
$$= \begin{pmatrix} 0.595 \\ 0.595 \\ 1.784 \end{pmatrix}$$

$$\lambda_{\max} = \sum_{i=1}^{n} (AG)_i / nW_i$$
$$= \frac{1}{3} \times \left(\frac{0.595}{0.208} + \frac{0.595}{0.208} + \frac{1.784}{0.584} \right)$$
$$= 3.008$$

第三步，一致性检验：
首先，计算一致性指标：
$$C_i = (\lambda_{\max} - n)/(n - 1)$$
$$= (3.008 - 3)/(3 - 1)$$
$$= 0.004$$

然后，计算一致性比例：
$C_r = C_i / R_i = 0.004 \div 0.58 = 0.007 < 0.1$
所以满足一致性条件。

根据上述方法，求解比较判断矩阵，汇总得出指标的权重（保留三位小数）。

$A1 = (0.400 \quad 0.400 \quad 0.200)$
$B1 = (0.500 \quad 0.125 \quad 0.125 \quad 0.250)$
$B2 = (0.25 \; 0.25 \; 0.125 \; 0.125 \; 0.125 \; 0.125)$
$B3 = (0.208 \quad 0.208 \quad 0.584)$

一般来讲，一致性比例 C_r 越小，比较判断矩阵的一致性越好。当 $C_r < 0.1$ 时，矩阵是满足一致性要求的；当 $C_r > 0.1$ 时，需要重新调整矩阵，修正检验，直至达到一致性要求，才能确定最终的权重。[15] 综上所述，相对权重得到了求解，再通过一致性检验可以得知，各个指标的一致性比例均小于0.1，充分说明各比较判断矩阵的一致性符合要求。

通过方根法求得各级指标的相对权重值，子准则层的最终指标权重应该是目标层指标的相对权重和准则层指标的相对权重的乘积，此权重值作为线性加权法评价的权重。[16]现汇总如下：

表8 各指标的权重

指标	权重值	指标	权重值
历史久远度（C1）	0.2	传统行为生活的延续（C8）	0.05
历史事件名人影响度（C2）	0.05	建筑与环境的协调性（C9）	0.05
历史建筑规模（C3）	0.05	村落保护完整性（C10）	0.05
历史文物价值稀缺度（C4）	0.1	村落的舒适程度（C11）	0.0416
经济发展水平（C5）	0.1	现住居民的幸福感（C12）	0.0416
村落建筑使用比例（C6）	0.1	公众参与（C13）	0.1168
原住居民人口比例（C7）	0.05		

2. 指标赋值

这里采取十分赋值法，以赋值的方式来加以量化，以尽可能地减少主观因素带来的影响。同时，结合问卷调查法和德尔菲法进行评价。对各个典型村落发放调查问卷，主要对象为当地居民、相关部门、游客等，对发放的问卷进行回收并对结果进行统计分析，根据整合的结果专家们予以赋分，取分值的平均数，再经过多次征询、修正，最后确定各指标的赋分。

根据海岛传统村落的赋值标准，对6个典型村落的评价指标打分，然后进行线性加权，最后得到6个海岛传统村落的综合价值得分及排名。

表9 海岛传统村落价值评价赋值标准

指标	赋值标准
历史久远度（C1）	民国1~2分；清3~4分；明5~6分；元7~8分；宋9分；唐及以前10分
历史事件名人影响度（C2）	无0分；一般1~3分；较重大4~6分；重大7~8分；非常重大9~10分
历史建筑规模（C3）	0~1公顷0~2分；1~3公顷2~5分；3~5公顷5~8分；5公顷以上8~10分
历史文物价值稀缺度（C4）	市县级1~4分；省级5~7分；国家级8~10分
经济发展水平（C5）	不好0~1分；一般2~3分；较好4~6分；好7~8分；非常好9~10分
村落建筑使用比例（C6）	0~20% 0~2分；20%~40% 3~5分；40%~60% 6~8分；60%以上 9~10分
原住居民人口比例（C7）	0~20% 0~2分；20%~40% 3~5分；40%~60% 6~8分；60%以上 9~10分
传统行为生活的延续（C8）	没有保留0~1分；保留一般2~3分；保留较好4~6分；保留好7~8分；保留非常好9~10分
建筑与环境的协调性（C9）	不和谐0~1分；一般和谐2~4分；较和谐5~6分；和谐7~8分；特别和谐9~10分
村落保护完整性（C10）	保护不好1~2分；保护一般3~4分；保护较好5~6分；保护好7~8分；保护很好9~10分

续表

指标	赋值标准
村落的舒适程度（$C11$）	不舒适 0~1 分；舒适度一般 2~3 分；较舒适 4~6 分；舒适 7~8 分；很舒适 9~10 分
现住居民的幸福感（$C12$）	不幸福 0~1 分；幸福感一般 2~3 分；较幸福 4~6 分；幸福 7~8 分；很幸福 9~10 分
公众参与（$C13$）	不参与 0~1 分；很少参与 2~3 分；有时参与 3~5 分；经常参与 6~8 分；总是参与 9~10 分

表 10 典型村落各指标得分

传统村落	$C1$	$C2$	$C3$	$C4$	$C5$	$C6$	$C7$	$C8$	$C9$	$C10$	$C11$	$C12$	$C13$
西岙村	5	7	7	6	6	7	6	6	7	7	8	7	5
柳行村	9	7	7	8	7	6	7	7	7	7	7	7	5
紫薇村	5	7	6	7	7	7	7	8	8	6	8	8	4
峙岙村	7	6	7	5	7	6	7	9	8	7	7	7	4
东沙社区	5	7	7	7	8	6	6	7	8	7	8	8	5
石马岙村	6	7	7	6	7	6	7	6	9	7	8	7	5

表 11 典型村落的综合价值得分及排名

传统村落	历史条件		基础评价		居民意向		综合价值	
	得分	排名	得分	排名	得分	排名	综合得分	排名
西岙村	2.3	6	2.6	6	1.208	2	6.108	6
柳行村	3.3	1	2.7	5	1.166	4	7.166	1
紫薇村	2.35	5	2.85	1	1.133	5	6.333	4
峙岙村	2.35	4	2.85	2	1.050	6	6.250	5
东沙社区	2.4	3	2.8	3	1.250	1	6.450	3
石马岙村	2.5	2	2.75	4	1.208	3	6.458	2

（二）舟山海岛传统村落的价值评价

从舟山 6 个海岛传统村落综合价值评价得分及排名可以知道，在 6 个典型村落中，柳行村、石马岙村、东沙社区的排名较为靠前，西岙村、峙岙村比较靠后。

从历史条件上来看，村落的得分有一定差距。柳行村西佛岭下的普济寺建于后汉年间，迄今已有千年的历史，石马岙村的举人府和秀才楼伴随着多代人的成长，东沙社区的小岙渔村历经岁月变迁，至今也有几百年的历史。这些村落在历史久远度、历史建筑规模、历史文物价值稀缺度方面稍胜一筹，像这等古建筑村落其历史价值极具潜力，科考价值极大，经济价值也会不断上升。

从现状条件的基础评价上来看，6 个典型村落的得分相差不大。在海岛这片特殊区域内，在海洋文化、传统行为生活延续的影响下，发展的速度是平缓的，经济的发展趋于一致。如紫薇村在该项的得分靠前，其木偶戏的传承沿袭功不可没，可谓代代相传，时至今日还深受大众喜爱，广为流传。

从现状条件的居民意向上来看，得分的差距微乎其微。该项指标主要是评价生活在此的居民的主观感受，前两项指标是通过客观的事物来评价村落的价值，这一指标是通过人的主观体会来衡量村落的价值。在一个地方生活，舒适度、满意度、幸福感十分重要，从指标的得分情况来看，这几个村落的居民意向分挺高，只是其中的公众参与度相对来说欠缺了一点，有待改善。事实上，一个村庄就是一个整体，每家每户都是其中的一部分，应该互帮互助、相互扶持、积极参与。

四、保护与利用海岛传统村落的建议

（一）维护海岛传统村落的原貌以确保与自然的和谐统一

英国19世纪的批评家拉斯金曾经提出："人类所谓的修复是一种隐形的变相的破坏。"意大利19世纪建筑师卡米诺·波依托认为历史建筑是一本"历史文献"，它的每一部分都印证着历史的痕迹，见证着历史的发展。[17]修复、修葺建筑物难免会抹掉历代在建筑物上留下的历史印记，如果印记不复存在，建筑物所经历的沧桑岁月和历史踪迹也将模糊不清。所以在改建或是整修之前，应该按照规划要求确定最终方案，并在实施过程中严格依照方案执行。在原有特色保留的基础上，根据需要改善破旧、杂乱的生活环境，对一些摇摇欲坠的、残缺不全的建筑局部加以整改或加固。

传统村落从始至终都遵循着"以人为本，天人合一"的理念，选址、布局、建设、修补等方面与自然和谐共生，有利于可持续发展。正因为考虑到这方面的因素，在新建的评价体系中，固然传统村落生态颇佳、环境优美，有着远离喧嚣的宁静清幽和独特的生活气息，但是随着现代化进程的日益加剧，传统村落终究会受到或多或少的影响，其凋敝的状况经常存在。如果找不出引起衰败现象的根源，仅仅为了保护而保护，为了发展而发展，治标不治本，结果可能不能得偿所愿，传统村落也得不到真正意义上的发展。

我们应该用发展的眼光、科学的视角来看待这个问题。传统村落的规划与发展应该满足海岛风貌特色与风俗人情；满足保护周边环境的完整性、统筹兼顾自然的需要；满足发展经济、提高人民生活水平的需要；满足完善基础设施，改善人民生活质量的需要；满足符合国家政策、政府规定的需要。通过周密的规划安排，海岛传统村落天人合一的和谐统一终究是可以如愿以偿的。

（二）最大限度地保护海岛传统村落的文化特色

海岛文化是海岛传统村落核心之所系，没有灵魂而得以存在的事物是缺乏特色与灵气的。海岛传统村落有很多特色文化，诸如海岛文化、渔民文化、宗教文化、习俗文化等。面对人们不断增长的物质文化需要，独特的传统文化可以产生一定的吸引力，有鉴于此，经济效益可以得到改善。所以，文化的挖掘、整理、保护很重要。由于海岛的特殊性，历史悠久，山水格局、非物质文化遗产在一定层面可以反映海岛文化特色，为此应该加大力度予以保护。

（三）充分利用海岛传统村落的优势资源

归根结底，充分合理地利用资源也是展现价值的一种体现。海岛传统村落的古老的建筑物、斑驳的街道、自然的环境、宗教文化、海岛文化等，都是不可多得的可利用、可开发的隐形资源，同样也是优势资源，使得海岛传统村落的旅游开发和文化产业的发展成为可能。从另一个角度来讲，经济效益的提高与资源的开发利用联系紧密，尤其是优势资源。像这样一些特殊的村落，特色文化的深入研究和旅游项目的引进是大势所趋，因为与众不同才更加有吸引力，广大群众都知道才更具市场竞争力和发展前景。

1. 特色文化的深入研究

海岛传统村落是传统村落的特殊类型，为热衷于研究传统建筑学和海岛文化的学者们提供了材料支撑。可以以成立海岛传统村落学术研究小组的方式，集合相关领域的专家学者为特色文化的发展、发扬建言献策。特色文化涉及人们的生活习性、宗教信仰、乡风民俗等，是与人们的生活息息相关的。一座村庄本身就是一个不可分割的整体，再加上特色文化的熏陶渲染，凝聚力、向心力自然而然得到增强，人们的满足感、幸福感随之得到提升。理所当然，本地的特色文化应该在当地深入人心，有口皆碑，对于外面的人通过口耳相传的方式或是广而告之的形式加以宣传。文化是一种软实力，属于内在的东西，独特的文化散发着无形的魅力，在不知不觉中影响着人们的行为生活。

2. 旅游项目的引进

近几年，尽管海岛已经纳入游客们生态观光旅游的范围之内，村落周围没有设围墙划界线，也没有明显标记不准游览的信息，可是收费制度和旅游公司的不完善造成海岛传统村落的旅游产业发展后劲乏力。一个区域要实现发展，精心的规划是必要的，需要设计方案环环相扣，各个环节密切配合，才能做到有条不紊。海岛有着陆地没有的优势，就是它既有土地又有海洋，发展旅游业是推动经济发展的不二法门。海岛传统村落应该引进旅游项目，根据旅游规划方案对村落进行合理的、有序的、科学的开发，其一可以吸引外商投资和上级财政扶持，改善人民生活现状；其二可以开辟当地新的经济增长点，发展旅游业增加收入；其三有助于农业、农村、农民的协调发展。[18]在旅游规划的过程中，应该注意结合当地的实际情况和历史因素，舟山传统村落的观光可以选择海上交通，如此不仅可以近距离地游览村落，而且可以在海上尽收它们的远景、全景之美。

参考文献

[1] 姚峰. 金塘徐家"司马第"的传说和遗存[EB/OL]. http://dhnews.zjol.com.cn/dhnews/system/2009/02/16/010907648. sht-

ml, 2009 – 02 – 16.

[2] 夏至刚. 柳行"司马第"之谜新探 [N]. 舟山日报, 2015 – 09 – 29.

[3] 林上军, 季勤. 美在东海大峡谷 [J]. 文化交流, 2014 (7).

[4] 郑元丹, 张柳静. 定海打造海岛山谷生态型旅游度假区 [N]. 舟山日报, 2014.

[5] 薛余斌, 余海芳, 倪嵊英. 海岛型历史文化村落保护利用价值与路径浅析 [J]. 舟山群岛新区农林与渔农村网, 2014 – 3 – 5.

[6] 马丽卿. 就舟山东沙渔镇谈非优区位旅游资源的开发 [J]. 浙江海洋学院学报（人文科学版）, 2003, 20 (2): 61 – 64.

[7] 郑剑锋, 金春玲. 小峧渔村：游离在失落与坚守之间 [N]. 舟山日报, 2011.

[8] 高海霞. 新农村乡村村落形态的保护与发展研究——以陕北米脂县农村为例 [D]. 西安建筑科技大学, 2013.

[9] 翁源昌, 於有财. 海岛"秀才村"石马岙保护利用价值与美丽乡村建设之研究 [J]. 浙江国际海运职业技术学院学报, 2013, 9 (2): 53 – 56.

[10] 陈虹, 康兴斌. 传统村落价值特色分析、评价及发展对策——以福建漳州平和钟腾村为例 [J]. 长江大学学报（自然科学版）, 2015, 12 (21): 18 – 21.

[11] 罗浩波. 海岛型美丽乡村建设与渔农村复兴研究——基于舟山市五种典型村落的调查 [J]. 浙江国际海运职业技术学院学报, 2013 (2): 46 – 52.

[12] 汤文君. 论传统村落保护价值及发展对策 [J]. 赤子（上中旬）, 2015 (5).

[13] 梁水兰. 传统村落评价认定指标体系研究——以滇中地区为例 [D]. 昆明理工大学, 2013.

[14] 桂涛. 乡土建筑价值及其评价方法研究 [D]. 昆明理工大学, 2013.

[15] 秦吉, 张翼鹏. 现代统计信息分析技术在安全工程方面的应用——层次分析法原理 [J]. 工业安全与防尘, 1999, 25 (5): 44 – 48.

[16] 张成洪, 陈浪涛. 应用AHP法确定高校信息化评价指标权重 [J]. 教育信息化, 2005 (7).

[17] 杨春蓉. 传统村落的价值评价及可持续利用模式探讨——以永安市青水沧海畲族村为例 [D]. 福建农林大学, 2014.

[18] 杨春蓉. 历史街区保护与开发中建筑的原真与模仿之争——以成都宽窄巷子为例 [J]. 西南民族大学学报（人文社科版）, 2009 (6).

普陀山诗词在旅游文化中的推广与应用

贾 敏 程继红

（浙江海洋大学 经济与管理学院）

摘 要 普陀山不仅是中国佛教名山，还是东海诗歌名山。这些诗歌具有较高的史料价值、文学价值和旅游文化价值，是中国海洋诗歌史的重要组成部分，对当代旅游文化建设具有积极意义。本文旨在开发诗词旅游资源，重视保护真实性，深层次营造艺术氛围，分析游客心理体验，打造普陀山文化旅游新境界，提升旅游文化在旅游中所占分量。

关键词 普陀山；诗词内容；旅游文化；文化旅游；诗词应用

普陀山诗词流传至今的有1000多首，其中相当一部分是对普陀海天佛国壮美景色的衷心感叹以及对观音圣恩的赞扬，还有一些是普陀历史上交往中的迎送酬唱，写景诗中皆有情，抒情诗中亦有景，寓情于景，情景交融。历代诗词中所载的景物、事件、情感积淀成为普陀山的诗词文化资源，笔者以王连胜先生编写的《普陀山诗词全集》为基本范围进行了系统的分析整理，在总计1500多首诗歌中，几乎有一半是写景诗歌，对于普陀的每一处景色都有诗赞，然而在普陀实地考察中，诗词利用范围极小，数量极少，尚有较大的开发空间。

一、普陀山诗词在旅游文化中的发展现状及问题

笔者在普陀山实地调研中，发现这里对普陀山诗词利用的范围较窄，内容较少，属于较为薄弱的环节，亟待开发利用以提高普陀旅游中的文化因子。从码头登船开始，船舱内播放的宣传片围绕自然风光和观音信仰展开，诗词的浸润缺乏，没有把普陀独有的文化遗产融入其中，宣传不具个性，没有突出普陀特色，缺少独有的文化情怀。在普陀景区内，诗词覆盖范围小，数量少，较多的是楹联、石刻。入口处"普陀灵境"的牌匾下，现代化的建筑表层上没有任何文化的痕迹。南天门只是楹联加见解，无异于其他景区，普陀山诗词中有题南天门，清代著名将领蓝理有诗《登南天门题"山海大观"于石上有赋》，他曾任定海总兵，康熙曾为其题词"所向无敌""勇壮简易"，如此历史上颇有声明之人题词南天门，如若引用，此地不仅是"山海大观"，更有历史底蕴、人文内涵。著名的观音道场之始"不肯去观音院"只有牌匾，没有楹联和诗词。巨石林立的海边，如"磐陀石""短姑圣迹"这些地方，石刻以题字为主，诗词颇少。

普陀山的旅游专线有"二龟听法石—

普济禅寺—普陀山风景区—宝陀讲寺""南海观音—法雨寺—千步沙—紫竹林"等,大部分是祈福专线或是海滨观光,没有以诗词为文化基础的旅游专线。在来普陀的游客中,不乏以行"五体投地"之礼表达对观音的恭敬,以及自己虔诚的信徒。然而岛上并没有开发以僧侣诗词为专线或欣赏或体验的旅游方式。还有少数旅游团是来自日韩,他们深受中国传统文化影响,中国古诗词会让他们的体验更深厚,更具有历史感和中国特色,这也是面向国外游客亟待开发的文化资源。

自秦朝安期生始,继而有梅岑、葛洪等人前往普陀炼丹修行,普陀的清净名气已开始慢慢传播。纵观历史上有据可考的普陀山诗人有749位,名人志士往来不绝,甚至皇室都遣人前往上香祈福,这在无形中传播了普陀的名气。从诗人的身份来看,僧人、官员、文人游历者,他们的目的各有不同,有的因为信仰,有的为了祈福,还有的是被普陀盛景吸引而来,无论是对美景的喜爱,还是对信仰的追求,都可以于此地实现。再从诗人籍贯地理分布状况看,749位诗人遍布24个地区及国家,涉及范围广泛。普陀山诗词内容丰富,有与观音信仰相关的赞颂观音的诗词,对佛国诸景的称赞全面而优质,诗词中对普陀历史上真实生活场景的重现,都可以使游客了解普陀的历史,体验它的历史,加深旅游的文化意义,提升旅游的品位层次。情感抒发的诗词,发生在古人分别之时或人生失意之际,在赏景时感受先人的情绪,想象脚下的土地曾立着一位失意的故人,思绪飘远,真实地深入普陀,了解普陀。普陀山诗词丰富的资源可从景到情,由情及景,可增强游人的体验感、带入感。

普陀山现有的旅游文化模式,没有形成自己的特色,以诗词文化为主题推行非静态化的旅游途径势在必行。现在去往普陀的旅游者接触最多的文化内容就是观音文化,以观光、拜谒、上香、祈祷等形式体悟,但此种旅游方式并不能真正体验到观音文化更深层次、更浓厚的内在,随着精神文化的充实,这种旅游方式渐趋落伍,终会被淘汰。因此,为了普陀山的长远发展,文化的体验与参与要从新的切入点开发,调动游人的积极性,增加参与性与体验性,策划文化旅游新事件,如以僧为经,以诗为纬,参与到寺院生活中去,与僧人一起做功课,体验禅修,体验僧人生活,感受观音文化,洗去尘世的繁芜杂念,净化心灵和慰藉灵魂。同时,应充分利用普陀山诗词旅游文化资源。现其中很大的价值还没有得到充分的开发利用,诗歌的载体也因历史久远或年久失修而不复存在。宣传也不是很充分,创新点较少,对游客的吸引不是很大,主要问题有以下四方面。

一是观音文化为主,载体单一。普陀山的旅游者前往普陀的目的多是三大寺进香、菩萨前许愿、紫竹林参拜、佛顶山顶礼,只是单纯的观光或拜佛,以观音文化信仰为主线,不能收获不同层次、不同品味的体验。普陀山诗词中多数资源仅作为古文献存在,没有得到开发利用。诗词资源开发程度低是当代诗词旅游资源丰富的旅游区域中普遍存在的问题,比如游客在景区见到最多的文化因素便是石刻,石刻的内容多是古人题字,如若没有更加深层次的解读,对于今人而言,石刻内容也只是对数千年前古人遗迹的表层触摸,它的历史价值、人文价值会被忽略，这是一大损失。

二是诗歌载体或已不存。由于普陀山历史悠久，兴衰变迁，有些诗歌中咏叹的事物现已不存。总体来说，普陀山的兴衰与佛教有很大关系，从具体景观而言，普陀山的很多物质景观已残损或不存，尤其是一些寺庙建筑，有的因为时间久远在历史上就有重建新修的记载，原貌已不在。再加上历史上外国殖民主义者于普陀山大肆抢掠佛像、法器、藏经等，对普陀山的建筑也有相当程度的破坏，部分诗词景观被湮没。在普陀山被冷落的各个时间段，僧侣迁出、佛事败落，寺庵失修，名胜古迹遭到严重破坏。从精神层面来讲，现代青年对古典文学的兴趣不浓，对古诗词的理解不深入，现代文化气息中古典韵味不够深厚，诗词文化的普及度较低，古典的诗词氛围难觅。

三是宣传力度不足。普陀山文化旅游资源丰富，尤其是诗词资源，但却没有很好地利用这一得天独厚的优势，尚未广泛宣传，形成品牌文化特色。目前的宣传内容、宣传手段和宣传载体都可以改进，诗词是一种很好的宣传手段，对于提高普陀山知名度，打造"诗词普陀山"具有重要作用。

四是创新不足。文化旅游缺乏创新性，旅游文化的主要内容是观音文化，古诗词这一主要的文化内容没有很好地被利用，还停留在传统的观赏、浏览、浅层面解读上，没有与时代接轨，游客所接触的诗词文化旅游，一程走下来只对诗词大意、作者生平和主要学术成果、重要事迹有些许了解，离开景点后容易忘却。整个旅游过程，游人主动性不强，只是被动地接受知识、被灌输概念，没有参与到文化旅游中来，没有体验到文化旅游的乐趣和诗词的趣味，要试图将文化性和娱乐性结合起来，适当创新，使古典文学不脱节于现代社会。

二、普陀山诗词在普陀山旅游文化发展中的应用

在第三产业不断增温的现代社会中，旅游业的发展也愈加兴盛。旅游地的竞争力主要体现在它与别地拥有相异的自然风光，但是，自然景观的地方特色总是容易雷同，只有文化内涵才是灵魂，古诗词里具有的历史文化内涵是地方旅游制胜的必要砝码，它的融入会使旅游业有档次、有品位，经久不衰。普陀山诗词是专门描写、记录、咏叹普陀山的古典文学，是普陀最独特的文化特色，它的独一性使其具有成为旅游资源的可能性，普陀山诗词内容丰富，涉及范围广博，从唐朝到清朝，从自然风光到宗教信仰再到人文情怀，都在普陀山诗词的涉猎范围中，这使提升普陀旅游层次具有可行性。再者，普陀山是历史悠久的观音道场，在古诗词中有172位诗僧，他们的诗作中有对佛学的深刻感悟，体现普陀从不名到兴盛的历史进程，经过这些诗词的点润，普陀会以更厚重、更深沉的形象示众，这无论是对佛教信徒还是非信教人士，在内心都会受到佛家清净之洗礼。

普陀山诗词提升旅游文化品位的可行性主要通过诗词资源的普查与评价进行初期评估，再通过对旅游主体综合素质的调查评价，二者相结合，在普陀旅游现实情况下整合规划。

在古代社会，交通条件不足以满足多数人的出游，有机会游历江河大川的只占少数，王公贵族和文人墨客是古代旅游的主体。在当代教育普及的现实情况下，受教育者接受不同层次的教育，人们对诗词及相关载体的认知不同，使得旅游者对旅游目的地的期望各异。高学历的旅游者期望了解外部世界，追求旅游的刺激性和目的性；中等学历的旅游者受大众媒介的影响比较多，从众心理比较强；低学历者对旅游的要求不是太高。从目前我国的教育水平看，九年义务教育结束后，学生对于名诗名句都有一定的了解，对著名的诗人及他们生活的社会环境、生平事迹和成果都有一定了解，同时也具备了基本的鉴赏陌生诗歌的能力。在接受更高等的教育之后，对诗歌的解读达到了更高的水平，同时具备了评价及创作素养。所以，从旅游主体的角度出发，我国的旅游者基本素质普遍达到了认知诗歌、解读诗歌的能力，推进普陀山诗词文化旅游，势在必行。另外，从新中国成立以来积累的各学历人口数量分析，初中以及高中学历的人口数量与每年的旅游人数存在明显的相关性。虽然客观上旅游人次的增长并非是具有初中学历或高中学历人数的增长作为主因引起的，但对一般性诗词知晓的人数确实大大增加。可能这还不能直接引导旅游者开始旅游行动，但对已经处在旅游过程的旅游者而言，则可以形成附加的旅游引力，引导旅游者以诗词为线抚今追昔。

普陀山诗词在千年的历史中流传下来，作为一种可读性和可鉴赏性较高的文化资源有内在的原因。诗人咏叹的地方一般自然景观皆独特，经历过难忘的历史事件或者在历史上有一定的意义，可以将诗歌中的自然与人文景观精选出来，发掘开发其现代意义。就资源本体来看，比如潮音洞、磐陀石、会仙峰等具有相对优越的自然景观；而普济寺、法雨寺则是著名的寺庙，寺僧居所和礼佛圣地；至于磐陀晓日、梅湾春晓和茶山夙雾、龟潭寒碧等著名的"普陀十二景"则强化了旅游地的优美雄壮程度，引导游客在感知地理景观的同时，在精神上完成了一次行而上的内心体验。

普陀山古典诗词文化是普陀山所特有的一种文化形态，将它作为独立的旅游文化传播形式有很大难度，目前一般从属于其他的旅游文化形式。但如果诗词文化在旅游文化中得以传承，依托诗词的旅游点则可以看成旅游地文化的凝结和延伸，不仅普陀山优秀的传统文化得以传播，而且将为普陀山的旅游市场开辟出一种新型旅游形式。因此，普陀山古典诗词的旅游意义显而易见，普陀山诗词文化若推广成功，也会使众多人热衷于这一新型旅游形式。可考虑从以下几个方面对普陀山诗词文化旅游推广模式进行规划。

（一）形象定位及宣传

当今社会对于非物质文化资源越来越重视，并且体现在社会生活的各个方面，在旅游中亦是如此。文化在旅游中的地位越来越重要，但是诗词文化因为其归属模糊、市场面未拓展开等特殊性反而有被忽视的倾向。普陀山诗词作为普陀山本地传承下来的经典古代文学作品，从历史背景到形式内涵都有本地的影子，对当地文化旅游发展有重要意义。要充分发掘诗词资源，走市场异化战略，突出普陀山文化旅游的地方特色，把握这一宝贵的历史遗产，促进普陀山文化旅游的可持续发展。将普陀山诗词利用到文化旅游中，既提升了普陀山文化旅游的品质，又宣传了当地的旅游特色。

"诗词"本身具有的短小精悍、易于传颂的特征使得它成为宣传的最好手段，现代的宣传方式，集数字化、新奇化于一体，最终的目的无非是让人们记住被宣传的内容。以诗词为宣传促销的载体，组织引导人们朝着诗词描绘的意趣方向思考，是对于旅游地宣传的最好策划案。比如"桂林山水甲天下"，这是被人们熟知的一句诗词，也是对桂林山水最适合的宣传口号。再如"上有天堂下有苏杭"，也是对苏杭的极度赞美。同样，可用"观音过此不肯去，海上神山涌普陀"这样的诗词来宣传普陀山。对于当代的旅游者而言，理解诗词文化知识的能力在学校教育中已经完成，只是不同知识层面以及个人情感倾向的影响会对诗词的解读有所不同，这时就需要导游的引导，将诗词文化贯穿于导游培训及导游词设计中，让导游在解说过程中提供一个诗词理解的正确方向，传达诗词中的意境，让旅游者感同身受，体会到诗词文化中蕴含的无穷魅力。

常有一些知名度不高的景点因为有名人前往游览而声名大振，这一条定律在现代社会也适用，如国家领导人曾来舟山考察，他去过的南洞一时间热闹非凡，游人争先恐后地在领导坐过的位置拍照，南洞因名人效应而被追捧起来。古代流传至今的风景名胜，也并不是一开始就名扬四海，经历了由起步到发展的漫长过程。普陀山已兴盛千年，如今已是众人皆知，再要提升非走文化道路不可，历史上有一大批著名诗人曾于普陀题诗，如王勃、王安石、黄庭坚、陆游、黄龟年、吴莱、宋濂、屠隆、张邦岱等，他们的存在增加了普陀的名人效应，无形中为普陀做了旅游宣传。

普陀山在宣传推广中可以发挥诗词的易记忆特性，择名人名句作为宣传语录，陆游《晓望海山》中的诗句："暮山青尚浅，晓山如黛染。开窗望海山，天清雾方敛。"海上雾气围绕，海天相接，可作为景色宣传的广告语。在自然风光的文化塑造方面，还可选用祝德风的诗词，他是普陀山诗人中诗作最多的，有183首，而且他的诗歌涵盖了普陀山的大部分实体景观，对普陀山的山寺、高峰、奇石、洞壑、沙滩、清泉、幽潭、古桥、险岩等都有诗赞，可做一个整体的、系统的诗词宣传策划。在观音文化深化与拓展方面，诗僧的诗作会起到推波助澜的作用，首先因为信徒的信仰，他们愿意从古之贤僧的诗歌中汲取他们对佛的解读，抑或品味高僧所要表达的情感。总而言之，诗歌是传达普陀山本质文化的恰当介质。普陀山诗词风格各异，有豪放俊逸、傲慢不羁的，也有温柔婉约、含蓄内敛的，同时诗词中包含了许多观音传说及古代文人逸事，丰富了普陀的形象与内涵。

充分发挥品牌在广告中的作用。普陀山诗词涉及的内容，与现在普陀山开发的旅游景点有很多重合之处，这对文化旅游地的建设有指导作用，要建设出有特色、有底蕴、有品质的旅游目的地，要充分利用本地区的文化资源和旅游主题，结合本地的自然地理环境，将普陀山定位为具有休闲娱乐氛围和拥有深刻古典底蕴的目的地，同时采用诗词描述较多的几个意境形象作为普陀山旅游品牌的形象代言,如观音圣地、海天佛国、海岛沙滩、千岛之城等,以此为主线建设旅游整体新形象,形成自己独特的品牌。以诗词为主题的旅游纪念品的开发也是传播旅游文化的一种途径,以此为内容可开发系列旅游纪念品,如书画系列可加工普陀山诗词全集微缩本、普陀山观音文化诗词册、普陀山风景名胜古诗词、普陀山古代僧人诗集、普陀山古今僧人诗集合集、普陀山诗词半寸本、普陀山诗词意境画册、普陀山诗词寺庙题咏寄等;再有以诗词为主题的工艺纪念品,如微型诗词石刻、米上题普陀诗、诗词沙雕、贝壳诗词风铃、题诗纸扇、诗词摆件等;还可开发佛教特色的诗词纪念品,如著名僧人开光的诗集、念珠等。纪念品材质、大小、用途、价格多样化,适合各层次、各阶级。游人游览归去时,纪念品随之流传到各地,起到宣传作用。

(二)诗词中景点可视化

在利用普陀山诗词遗产进行景点建设,推广普陀山旅游文化的过程中,将诗词中景点可视化主要从以下几点切入:普陀山诗词知名景点恢复重建、普陀山诗词本身作为展示内容、普陀山诗词对旅游地整体文化底蕴的控制、普陀山诗词对景点建设意境主题的影响。换句话说,具象化普陀山诗词文化资源就是把诗词中出现过的景点、描述过的事件、陈述过的意境进行可视化处理,以现代媒体网络、报纸、电视广告、文化小品、出版刊物等为媒介,展现普陀山诗词的历史底蕴、风光景色、意境内涵、传说逸事等,从而提高普陀山的文化品位与知名度。此项措施可分为具体景观复原和景观意境重现。

1. 具体景观复原

首先,普陀山诸多景点在诗词中有迹可循,目前有的景点已经消亡了,有的已经过后代改造,可以将其中吟咏较多的景点,结合旅游市场热点,顺应普陀山当地的自然和地理环境,有选择性地修复,实现景点可视化。旧的景点重建与新造景点相交融,层次分明,使得复原景观不至于唐突。对于已经破坏或尚未开发的资源,应该尽快重建,如果原址不具备条件,可以考虑移址。如陈常的《宿烟霞馆》其中描写烟霞馆"生怕寻游犯碧穹,幽香围住路难透"的景象,今已不存,它本在普济寺的后山上,清时改为四监祠,今圮。普陀山诗词尚存三首涉及烟霞馆的诗词,分别是姚燮《鹫峰烟霞馆二首》、释德立《古烟霞馆晤樾堂禅师》、释广慈《烟霞馆志感》,如若计划对烟霞馆进行复原,便可借助以上诗词中所述景象、意境为参照物进行景点重建。普陀山在历代的发展变化中,毁坏或者消亡的景点中寺庙较多,这与历史上普陀的"三起三落"相关。再如朱瑾《仁德堂》中所述的仁德堂本在普济寺附近,由僧人普勒等建造,现如今已废。这里并不是说所有景点都要恢复,要挑典型、选经典和有吸引力、能调动旅游者兴趣的景点进行恢复重建,这样的复原工作才有意义。

其次,普陀山临山靠海,这得天独厚的地理位置,使得普陀山海天风光颇具特色,所以在诗词景观重建的过程中,要把握普陀山的地方文脉,而且作为观音说法道场,数千年来积淀的观音文化影响范围广、力度大,在景观建设时要尊重本地原有的海天结合的自然风光与绵长悠久的观音文化,不能随意打造,加入过多现代旅游因素,失去其本真。在普陀山诗词文化旅游规划中,建议景观以海天盛景为特色,保持"山势欲压海"的旷远恢宏意境,要求建筑空间在高度、广度、深度上都有规定。

2. 景观意境重现

建议把吟咏普陀山景色的古诗词规划展示,尤其是著名的"普陀十二景",可将诗中描述的景象重现,在自然条件允许的情况下,可配解说词观赏,若未逢恰当时机,可人工营造或者借助媒介,让今人与古人感同身受。下面择几景简单介绍:

"梅湾春晓"之梅湾位于普陀山西麓,又因普陀也称梅岑,明清时又遍植梅树,故名梅湾,此景描绘的是初春梅花遍开,春满大地,花香四溢的景色,被誉为"海上罗浮"。有诗赞春天雾气笼罩下,幽暗模糊的梅湾景象:"万树梅花开满湾,溟濛春色驻枝间。"(李桐《梅湾春晓》),梅花不会四季常开,所以梅湾春晓这样的景色得在特定的季节前往观赏,若此刻有这样的体验馆,人工种植调节适合的温度,虚设梅湾,虽不若实景逼真却也不枉来一次。与"梅湾春晓"一样需要有恰当时机观赏的景色不在少数,如"茶山夙雾",茶山是指佛顶山后因盛产茶叶得名的一座山,"茶山夙雾"指的就是茶山上的雾景。普陀山多雾,全年的雾日平均有30多天,每年的3—6月份是普陀山的雾季。每到雾季,白色的云雾常常悠然自得地随处飘散,为普陀山添上了一丝神秘的色彩。尤其是在日出之前,茶山上的茶树林里夙雾缭绕,如梦如幻,令人无限遐思。古人有很多赞美茶山夙雾的诗作,明朝的丁鸿阳有:"珊瑚几树旁莲台,薄雾氤氲锁不开。漫向定中觅色相,分明龙女献珠来。"邵辅忠也作诗赞曰:"菩提那不是莲花,雷荚云林长露芽。山气谁嘘晴不散,半笼只树半笼茶。"此等美景若非雾期前往,总难得一见,这就需要人工营造,让今人也感受到浓雾笼罩下"山山争说采香芽,拨雾穿云去路赊"的繁忙景象。普陀茶山的茶叶,被人叫做"云雾佛茶",因为茶树多是僧人种植的,因而山僧谈论"茶山夙雾"也别具情韵。此外,普陀诸多盛景如"莲洋午渡""洛迦灯火""磐陀晓日"等都因为观景时间的限制,导致游人难得一见。旅游地应创造机会、创设情景、创新途径,使普陀山全景齐现。

3. 建立诗词碑林

普陀山风景名胜区可以规划建造展示普陀山诗词的空间,比如普陀山诗词石刻碑林、诗词博物馆。国内的碑林大都由文而碑,由碑而景,比如毛泽东诗词碑林、中国翰园碑林、苏州碑刻博物馆、西安碑林博物馆,在中国不仅分布广泛且数量巨大,它们因为自身传达的中国传统文化经典而闻名全国,受游人追捧。普陀山可接受此启发,把赞美普陀山风光的诗文、字句镌刻下来,建造数量质量俱佳的碑碣数千块,在景物中发掘出于景而入情的可贵品德,将人类的美德赋予自然,让游人在观赏山水时达到物我交融的意境,充实景观内涵,完善人类道德。在国人的深层心理结构中,对道德的尊崇不同程度地积淀在内心的认知之中。中国人偏爱"梅兰竹菊"，以此为四君子，那是因为梅花不畏严寒坚韧不拔，兰花不与芜草为伍象征清雅，翠竹修直不弯高风亮节，菊花凌霜飘逸不趋炎附势，除此以外，荷花"出淤泥而不染"品德高洁，松柏不畏严寒、斗风傲雪的气魄都是国人在静观默照景物之时对它们附载了人文美的特点。元代的王悍在《从游东山记》中说，"赤壁，断岸也，苏子再赋而秀发江山，帆首岘岭也，羊公一登而名垂宇宙"，从中也可以看出古人这种对自然景观充满人文气息的朦胧含蓄的审美态度。

普陀山诗词碑林的建设对于朱家尖观音文化苑的建设有实用性意义。朱家尖在历史上与普陀山有很深的渊源，它是普陀山的庙产地，清朝时，普陀山僧人在朱家尖垦荒造田、建庙设庵，把朱家尖作为普陀山观音道场的扩充。虽然，观音文化苑已经建成，但在日后的改造中可以此设想为蓝图，创建诗词碑林。创建过程中要将文化性与娱乐性紧密结合，可选择规整的石块整齐地排列起来，按照诗词内容分布，或者按朝代先后排列，也可择几首著名诗人的诗作，供人赏读。对于碑林的雕刻则可邀请著名的书法家、雕刻家，齐集普陀挥毫泼墨，为创建碑林做出贡献。

总之，古诗词秉承了大量的文化信息，彰显了城市的悠久历史和深厚底蕴。古典诗词是普陀山文化的灵脉，将其服务于城市旅游业，能够陶冶游人的心灵，丰富文化内涵，同时，也可以提升普陀山高雅的海岛形象。打造诗词文化旅游定能促使普陀山文化旅游焕发新的活力，推动普陀山旅游经济的进一步发展。

（三）诗词旅游事件规划

普陀山诗词是普陀山传统文化的精髓，在规划旅游事件时，要以普陀山诗词为媒介，开设以诗词为主题的文学性项目，可以以诗会、诗书、诗宴等形式举行，以满足游客对旅游地的文化需求，增加趣味性，加强体验感。比如普陀山诗词名句评选、历代普陀山诗词残句续补活动、普陀山佳节诗词吟诵大赛、书画大赛以及普陀山诗词书法大赛、古诗译文比赛等。同时，可以诗词为主线设置旅游线路，如"普陀十二景"诗词意境游览专线、寺僧生活体验专线、名人名作景点欣赏专线、历代普陀山著名景点兴衰发展专线等。同时诗词旅游文化的传播可应用到朱家尖观音文化园的建设中，如打造诗词碑林，增加观音文化苑的历史厚重感和人文情怀。具体设想如下：

1. 举行诗词活动

第一，诗会。普陀山每年可筹划召开规模化诗会，邀请著名的现代诗作家或者对诗词颇有研究的学者来普陀山诗会吟诗作赋，彰显才华。诗会的形式要有多样性，诗词创作竞赛、诗词鉴赏评比等，营造古典旅游文化氛围。诗会的建设点可设于千步沙。千步沙面积较大，有宽敞的活动空间，沙滩四季皆可参观，对于这样的景观，在保护的同时，又要开发，增加它的文化底蕴和旅游价值。没有诗词的点缀，千步沙更多意义上只是自然风光，没有区别于其他沙滩的独特之处。关于诗会的开展有以下几点建议：首先，对诗歌内容与格律限制要少，无论是海天胜景还是观音信仰的咏叹都能被接受，不管是现代诗还是古体诗都会被欣赏，与普陀山相关即可，这对于丰富普陀山的诗词资源、传播诗词文化，建设新世纪高文化涵养、高层次、高品位的普陀山有极大的贡献作用。新诗旧诗交汇、对比，内容不同、情感不同，比较中可见古今文化差异、情感不同，这可以作为普陀旅游文化中的一部分传承下去。也可附和古人诗句，次其韵而言情，实现古今对话。这种次韵方式在普陀山诗词中有载，如明代屠隆作普陀山诗，清代有两位诗人次之，清朱大奇有《和屠隆〈钵盂鸿浩〉韵》和清祝骏声《和明屠隆韵》。当代和古人韵，被载入书籍后，于千年后的时代，如今的诗作也是古诗，也是古人与古人的对话，也是经典的流传，普陀山的人文底蕴。其次，诗会形式多样化。作诗、吟诗、赏诗、赛诗、评诗多种形式组合进行，增加诗会趣味性，调动民众参与积极性。最后，正式化、规模化，要形成相当规模、一定体系的诗歌大会，诗人所作诗歌都编辑成书、装订成册，出版发行，作为普陀山独特的风景文化线，形成具有高雅趣味的普陀山诗歌情结。

第二，诗书。举办诗词书法会展。书法作为中国传统文化中的一部分，在当代社会也备受追捧，书写可以怡情养性、陶冶情操，而书法向来与诗歌有密不可分的关系。对于喜爱诗词、书法的游客，可以将他们召集起来现场执笔书法，表达自己。对于书写的内容，临摹古人与现场创作相结合，可以赛书法、评书法、赏书法，增加诗书的多样性。对于书写的方式，毛笔、硬笔、石刻等都可设项目。再者，将书法大赛正规化，由书法协会和书法杂志社策划成一个系列的比赛，设最高规格的书法大赛，注重形式创新，也可以面向在中小学接受教育的学生，关注、发现并培育新人。举办成型的书法大赛，会因为其高度权威性和极具代表性增加它在人们心目中的分量。还可以邀请国内著名书法家来此挥毫，题写普陀山诗词中的名诗雅句，在宣传普陀山的同时，也对普陀山旅游者素养和文化品位进行有效提升。

第三，诗宴。普陀山的海鲜远近闻名，从古至今也有大量的海鲜诗词在流传，分类详细，诗作繁多。可设以海鲜为主题的晚宴，从打捞到烹饪再到食用，每一环节都可以诗为媒，采用多种游戏形式，如接龙、击鼓传花等，以古人诗题菜名，或现场作诗给晚宴供应品命名，在餐桌上感受普陀山的文化底蕴，将吃饭这样一件日常生活中的俗事提升为怡情养性之为。海鲜宴罢，以茶会诗，以乐助兴，将诗词文化与饮食文化、茶文化、音乐艺术相结合，使赏诗、吃饭、品茗、听乐相得益彰成为一个整体。也可以此为主要形式在普陀山游客集中的景点处设置小型休息厅，使游客在感到疲劳的时候，得到全身心的放松。这样可以吸引对诗词有兴趣、对中国古典文化有激情、对生活品质有要求的人们来普陀山旅游，或写诗，或吟诗，或喝茶谱曲，在旅游中品味乐趣，享受悠闲。

2. 打造诗歌文化旅游专线

根据普陀山诗词资源的分布状况及景点热度，可考虑由旅行社组织"诗词旅游"活动，由诗词内容做牵引主线，进行旅游，比如观音诗词文化专线游，以观音诗词为主体，由不肯去观音院的传说开始，将游客引入佛国净地的深处，配以观音传说，观音现身处、观音说法处的诗词记录，这样游览起来就不是单纯的自然景观，也不只是具有佛教性质的宗教景观，是集自然、宗教、人文三位于一体的专线旅游，妙不可言。

首先，可打造观音诗词文化旅游专线，以普陀山诗词中的观音诗词为载体，在解说观音形象时，用历代普陀山观音诗词中描写观音庄严宝相的诗歌引导游客扩散思维，不局限于眼前实景，观音显化盛景在脑海中展现，使游人有一腔诗情默默、满心含情脉脉。盛行多时之后，以观音文化盛行的普陀山，就是区别于其他地域意义独特而内涵丰富的普陀山特色。

其次，普陀自然风光秀丽迷人，历史上留下了700多首诗作，要以此为出发点，开创自然诗词旅游专线，挑出吟咏较为集中的景点深度发掘，结合重点龙头景观打造独具特色的文化旅游专线。择一简述之，建议建造一个"普陀十二景"体验馆，利用现代媒体展现，3D视野近距离欣赏美景，4D影片切身体会"十二景"中的烟雾、细雨、巨石、山峰、夜月、灵洞、佛光，看普陀山日升日落、潮涨潮退，从诗句中体会古人观景的心情，配有相应的诗歌朗诵和人工解说，真正意义上将诗词融入旅游，提升普陀旅游的文化内涵。

再次，普陀梵宇众多，历史上题咏寺庙的诗词也不在少数，不甚了解普陀历史的游客看来，只是禅院、和尚、诵经、礼拜，与其他地方并无异处，可是普陀山诗词中的记录并不是如此简单，有已坍塌的寺庙，有重修新建的庙宇，有古时已废，今留遗迹的梵宇，如若有诗词引导，古兴今废、古损今修、古坍塌今重建，寺庙在游人眼里新建、破损、坍塌、重建，俨然变成了动态图。

最后，僧人的生活对于一些非佛教信徒来说相当陌生，甚至佛教信徒也不甚了解，这样的好奇心会激发他们探索僧人世界的欲望，以释海观的《山居偈》为例，可打造一条僧人生活体验专线，博得眼球的同时，也让普陀山诗词以这样一种文化旅游形式传播开来。比如，僧人大殿诵经、拜佛上香、打坐修行、吃斋饭、品清茗等日常生活，都可以成为游人体验的对象，这种超然世外的生活态度，对于长时间生活于市井中的游人而言，是极具吸引力的。

另外，为了上述几种具体的文化旅游专线更好地实施，还可策划一系列普及性线路，与之配合达到全面、具体、多方位的良好效果。之所以要用普及性线路配套文化线路，是因为诗词旅游专业性较强，游客在领悟程度、体会深度和认识广度方面都会因为自身的知识结构或情感态度及价值观的不同而得出不同的结果。所以要结合公众旅游的特点，充分利用景点的解说系统这一重要媒介，加强诗词知识、诗人身份、诗作背景的介绍，使得景点被游览者认同并接纳它被赋予的古典诗词内涵。普陀山的观音传说、寺僧的日常生活、古代文人的交往逸事等，本身均可充实旅游景点的文化涵养，再将承载这些事迹的有案可稽的诗词作为传播的客体，渲染普陀山的历史与人文内涵，对于普陀山旅游文化的应用及文化旅游的推广具有深刻的现实意义。

参考文献

1. 刘利娜. 普陀山观音文化旅游的产品创新研究 [D]. 郑州：郑州大学，2012.
2. 康炜佳. 风景旅游区游客中心的功能配置及空间形态研究 [D]. 西安：西安建筑科技大学，2012.
3. 王延波. 风景名胜题咏诗与旅游研究 [D]. 延吉：延边大学，2012.
4. 潘丹丹. 基于文学背景的文化旅游产品开发研究 [D]. 金华：浙江师范大学，2012.
5. 赵娅红. 现当代旅游文学创作研究 [D]. 兰州：西北师范大学，2012.
6. 尹向东. "诗词旅游"探微 [J]. 桂林旅游高等专科学校学报，2004（1）：87 – 89.
7. 来其. 舟山海洋文学：历史与现实的考察 [J]. 浙江海洋学院学报（人文科学版），2004（4）：26 – 31.
8. 陈展之. 舟山群岛的海洋文化与旅游开发 [J]. 浙江师范大学学报（社会科学版），2009（3）：78 – 82.
9. 邹本涛，谢春山. 旅游文化新论 [J]. 北京第二外国语学院学报，2009（11）：20 – 24.
10. 文梦，王连胜. 普陀山历史人物 [J]. 佛教文化，2009（3）：68 – 70.
11. 李爱华. 体验经济视角下滨海旅游产品开发研究 [D]. 大连：辽宁师范大学，2010.
12. 芮永锋. 舟山群岛文化资源产业化开发研究 [D]. 舟山：浙江海洋学院，2011.
13. 张丛. 海洋生态旅游资源开发战略研究 [D]. 青岛：中国海洋大学，2009.
14. 许照成，张璟. 我国海洋文化旅游研究综述及发展趋势 [J]. 海洋开发与管理，2013（6）：105 – 110.